德克勒克与曼德拉
用妥协和宽容重建南非

Chained Together: Mandela, De Klerk, and the Struggle to Remake South Africa

〔美〕戴维·奥塔韦（David Ottaway）著
启蒙编译所 译

上海社会科学院出版社
Shanghai Academy of Social Sciences Press

1993年的诺贝尔和平奖授予南非总统德克勒克和非国大主席曼德拉。两人为废除南非种族隔离制度和建设新南非做出了贡献。

曼德拉在狱中

1990年，曼德拉获释，结束了27年的牢狱生涯。

曼德拉出狱后，带着妻子温妮同南非共产党前任领袖、改良主义的倡导者乔·斯沃洛会面。

在种族隔离制度下的南非，白人警察驱赶黑人小孩的场景随处可见。

1990年最后几个月里，非国大和因卡塔的暴力斗争不断升级。

1992年9月7日，西斯凯军队和警察对非国大和南非共产党的游行队伍进行屠杀。

1992年9月26日，曼德拉与德克勒克的峰会达成协议——恢复和平进程。

2013年曼德拉去世，德克勒克夫妇参加了曼德拉的追悼会。

目 录

致　谢 / I
绪　论 / 1
第一章　我的人民正在等我 / 1
第二章　革命领袖 / 28
第三章　加尔文式的改革家 / 52
第四章　越过卢比孔河？/ 77
第五章　南非非洲人国民大会 / 92
第六章　垫脚石和绊脚石 / 108
第七章　蜜月的结束 / 128
第八章　纳尔逊·曼德拉的悲哀 / 153
第九章　全都倒下了 / 186
第十章　雷霆在右 / 210
第十一章　一步之遥 / 239
第十二章　无处藏匿 / 266
结　语 / 289
年　表 / 316
索　引 / 324

致 谢

在近3年的南非记者职业经历中,我有幸得以接触所有政治派别和各种社会地位的黑人和白人。他们的个人故事和见解或多或少地帮助我了解到了新旧南非这场永不落幕、掺杂着历史遗留问题和种族纠葛的剧目。当然,在这里我无法对所有人一一表示感谢。但我仍想提及几位特别重要的人,虽然他们对后面文章中的意见和结论概无责任。首先进入我脑海的是以下5位要特别加以感谢的南非人:阿利斯特·斯巴克斯(Allister Sparks),多年来为《华盛顿邮报》(*Washington Post*)写稿,并带领我进入了南非政治的奥秘之中;《每周邮报》(*Weekly Mail*)的菲利普·范·尼克(Phillip van Niekerk);约翰·马迪森(John Matisonn),记者,1990年和1991年任职于美国国家公共广播电视台;《基督教科学箴言报》(*Christian Science Monitor*)的约翰·巴特斯比(John Battersby);约翰内斯堡《星报》(*Star*)的帕特里克·劳伦斯(Patrick Laurence)。在外国记者中,《伦敦独立报》(*The Independent of London*)的约翰·卡林(John Carlin)给了我关于德克勒克政府运作的珍贵见解,《纽约时报》(*New York Times*)的克里斯·雷恩(Chris Wren)则在许多重要场合中给予了我宝贵的陪伴,我们一路走来,见证了一场又一场大屠杀。

在我认识的南非白人中,我要特别感谢维姆·博伊斯(Wim

Boyce),他是比勒陀利亚的一位独立危机分析师,还有开普敦大学的赫尔曼·吉尔摩(Hermann Gilomee)。在探寻白人政权的奥秘方面,我经常求助于民主党人彼得·索尔(Peter Soal)和同在开普敦大学的戴维·威尔(David Welsh)。这里也要特别感谢同校的罗伯特·撒切尔(Robert Schrire)从许多角度帮助我揣摩德克勒克总统的性格。

在黑人的政治舞台上,我非常感谢来自路透社的里奇·默孔多(Rich Mkondo)以及尤金·那亚提(Eugene Nyati),他们给了我温暖的友谊和源源不断的帮助,后者是一位具有独立思想的政论员。当然,我肯定不能忘记经常给我帮助,与我分享见解的姆福·马修里尼(Mpho Mashinini)、莫诺·巴德拉(Mono Badela)、司马义·雷格丁(Ismail Legardien)以及莫勒蒂斯·姆贝基(Moeletsi Mbeki)。朱·麦甘迪(Zbu Mngandi),一位周刊城市出版社的调查记者,慷慨分享了他所掌握的广博的纳塔尔政治知识,对此我非常感激。许多南非国民大会的官员和议员也大方分享了他们所知的与政权组织相关的历史和当代事件。其中一位发言人——热情洋溢的吉尔·马库斯(Gill Marcus)——引导我进入了遭受政治暴力蹂躏的受害者世界,其中不仅有她的同事,还有身处城镇的人民。

能写成这本书,多亏了《华盛顿邮报》的编辑给我安排了半年休假,以及来自转行做了发行的老同事——彼得·奥斯洛斯(Peter Osnos)的鼓励——他自始至终都坚定不移地相信我能写成这本书。我还要感谢保罗·葛洛布(Paul Golob)和莎拉·弗林(Sarah Flynn)这两位细心周到的编辑。他们以惊人的速度将本书编辑成型——要知道绝大部分原稿都是我在长途奔波中完成的,因为当时我正在前南斯拉夫进行新的采访任务。万分感谢他们在我奔波不定的旅途中给予我的承诺和耐心。

最后,关于发生在南非的一系列戏剧性变化,与我讨论得最多的人是我的妻子玛丽娜(Marina),她那超凡脱俗的观念和研究方法在我分析日常政治活动的过程中发挥了重要作用。同时,她也在为她即将创作的关于南非的书收集资料,我们在旅行中一起探索南非的长度和广度,追逐着南非难以捉摸的真相,这是一场无休止的冒险。

绪　论

　　1990年2月11日,这是一个重要的日子,因为这一天纳尔逊·曼德拉出狱了!谁能忘记这个男人重生的笑容和难以置信的魅力?他和妻子手牵着手走出开普敦外的维克多·维斯特监狱(Victor Verster Prison)这一幕将永远定格在历史的记忆中。南非以及世界的希望降临了!世界上最糟糕的种族冲突终于有机会通过和平谈判得以解决。曼德拉致力于和谈和种族合作,这也是释放他的白人统治者——南非总统德克勒克——的政治倾向。南非的救世主终于到来了,在这个与众不同的日子里,世界各地数以万计的人们通过电视共同见证了曼德拉走向自由。

　　曼德拉和德克勒克迅速赢得了全世界的赞誉和钦佩,因为他们着手于寻找一个历史性的和解。两个如此和平的伙伴在南非乃至全世界都前所未有,闻所未闻。曼德拉,经久不衰的黑人抵抗种族隔离的象征,即使是在监狱度过了27年也不曾对白人产生积怨和仇恨。德克勒克也因为其非凡的政治勇气和推行初级改革的魄力迅速成了与苏联的戈尔巴乔夫比肩的人物。自此,曼德拉与德克勒克携手合作,试图带领他们各自的人民共同开创"新南非"的篇章。

　　但是3年多过去了,南非依然纷扰不断。1993年4月,一件惊天大案轰动全球——克里斯·哈尼(Chris Hani)被暗杀,他是

2　德克勒克与曼德拉：用妥协和宽容重建南非

共产党的一位高级领袖，同时也是非国大（African National Congress，全称南非非洲人国民大会）领导人。事实上，迄今为止种族合作的迹象依旧十分模糊，和平解决冲突的运动影响和作用也十分有限。根本性的改革难以推进，南非依旧处在水深火热之中，每天都充斥着各种各样的暴力事件：黑人砍死黑人、白人开枪射杀黑人、黑人用烧灼和刺戳报复白人。曼德拉和德克勒克只能尽量减少对话，以免在艰难的和谈过程中引发更加惨烈的冲突。1990年2月11日的梦想宣言到哪儿去了？为何一个充满希望的国家却在逐步走向不可避免的消亡？为何绝望吞噬了和平的星星之火？在曼德拉重获自由的荣耀之日，在这两位满怀崇高使命和理想的和平缔造者身上到底发生了什么事情？

南非，这张由激进民族和种族群体组成的复杂拼图早已发现试图赎回自身的道德价值和政治权利并非易事。全国上下450万白人在掌握了300多年的统治权后绝不会心甘情愿地将权力拱手奉还。而遍及全国的3300万黑人无论站在本土政治的忠诚立场还是出于团结民族关系的考虑，都纷纷转向内部，共同反抗白人霸主。因此，曼德拉和德克勒克的和平努力一而再再而三地被一个个暴力炸弹击退。和平的进程一度脱轨或延迟，一年多的时间都被浪费在了指责谁该为暴力行为负责的问题上。从1990年开始，南非被卷入了其历史上最严重的一次政治暴力和犯罪浪潮之中。白人安全部队犯下了屠杀黑人示威者的罪行，非国大与曼戈苏图·布特莱奇（Mangosuthu Buthelezi）酋长领导的因卡塔自由党（Inkatha Freedom Party）也升级了他们的权力斗争以及针对彼此的屠杀行动。白人极端分子同样不甘示弱，秀出对克里斯·哈尼的暗杀来证明他们也是一支不可忽视的力量。

南非的暴力行动中出现了许多老者的身影,许多参与者的脸上伤痕累累。然而,无独有偶,这并非一场单一的大规模抗争,全世界同时还在目睹正在南斯拉夫上演的种族战争。6个月之后,波斯尼亚战争的死亡人数比自1984年开始的南非暴乱的死亡人数更高。相反,南非的杀戮虽然规模相对较小,但持续时间却很漫长。平均每天有6至10人死于城镇冲突或别的恐怖事件。杀戮的主阵地位于印度洋沿岸的纳塔尔省(Natal Province),在一片美丽的绵延起伏的绿色山丘之上,这里也是布特莱奇酋长的家乡。在约翰内斯堡附近的城镇上,垃圾遍地的养兔场一片荒凉。人们把暴力行动统称为"大屠杀",实际上,许多战斗往往只持续短短几日。从周边城镇搭乘火车往返约翰内斯堡的乘客也不断遭到砍刀、匕首和枪支的袭击。

每个恐怖组织的袭击风格都不一样。因卡塔的首选是伏击和滥杀,通常的攻击方式是袭击火车上、出租车里和葬礼上手无寸铁的平民。从另一方面看,非国大的支持者似乎更专注于肃清敌后。他们通常针对身份明确的或者疑似的因卡塔成员、警察以及向警察告密的人。他们毫无顾忌地烧毁房屋,给受害人戴上"火项圈",然后点燃这些在汽油里浸泡过的轮胎。西里尔·多金(Cyril Dorkin)——我在约翰内斯堡附近的索韦托(Soweto)黑人城镇遇见的一个非国大的街头霸王——坦白地告诉我:"我更喜欢给他们戴'轮胎项链',这比他们用砍刀攻击我们的方式有趣多了。"白人至上主义者们经常毫无理由地攻击黑人。比如,1991年,一群白人在路易·特里哈特城(city of Louis Trichardt)殴打了一批在市政厅门前的草坪上野餐的黑人学童。同时,白人至上主义者们在韦尔科姆(Welkom)的矿业中心组织了一个自卫团,一度在傍晚将所有他们认为"看上去可疑"的黑人驱赶出白人社区。在约翰内斯堡甚至还有两三个这样的例子:白人无端地殴打或杀害一个在路上偶然遇见的黑人。警察也参与到了这场暴力行动之中,有时是在大规模的示威活动中开火,但更多的是趁团伙相互残杀时借机施暴。

白人或多或少能合法公开地武装自己,而因卡塔的暴行主要依赖所谓的祖鲁(Zulu)"传统"或"文化"武器。这些武器包括砍刀(在南非被称为短刀)、矛和一种叫knobkerries①的圆头木棒。但是因卡塔党和非国大双方使用的武器很快就升级成了苏制AK-47步枪,他们从邻国莫桑比克走私了数以千计的武器。单是在1991年警察就追回了1800多把。当时连银行劫匪和劫车犯也使用这种枪。

西方媒体一贯专注于报道曼德拉出狱后的社会状态——南非可怕的政治暴行让整个社会结构分崩离析。然而,这些日益增多的暴力犯罪或许才是最佳晴雨表——反映一系列政治剧变所造成的社会创伤,且情况远比20世纪80年代白色政权瓦解时犯罪分子趁机作乱糟糕得多。手持AK-47步枪的绑匪随处可见,他们经常残杀受害者——不论白人还是黑人。1989年至1993年,南非的谋杀率成倍增长,人均犯罪率为美国的10倍。在世界范围内同规模人口水平的城市中,开普敦的谋杀率最高。1990

---

① 南非土人昔时用作武器的圆头棒。

年,官方统计全国共发生了 15100 起谋杀,其中约 11000 到 12500 件谋杀案是普通犯罪,而不是政治暴力。1992 年,根据警方统计,在南非 4000 万人口中,被谋杀的人数上升到了 19400 人,其中只有不到 2500 人死于政治迫害。

大多数犯罪和暴行集中发生在黑人社区,那里几乎没有警察巡逻,部分原因是警察也身处政治暴行的威胁之中,他们作为腐朽的种族隔离秩序的执行者,自然而然成了施暴的目标。1992 年有 226 名警察死亡,是同一时期美国警察丧生数量的 12 倍。但是在 1990 年和 1991 年,死于政治暴行和刑事犯罪的受害者中,96% 依然是黑人。城镇变成了丛林,中产阶级的黑人成了暴徒、汽车勒索者和劫车匪徒的猎物。那些住在索韦托的黑人晚上回家途经约翰内斯堡北郊的白人地盘时,时刻都处在对劫匪和偷车贼的恐惧之中。

对于白人来说,虽然他们并不惧于政治暴力,但他们的生活却笼罩在暴力犯罪的恐惧阴云之下。在约翰内斯堡的北部郊区,房屋变成了武装阵营,四周筑起了越来越高的围墙。某个社区里的居民邓克尔·维斯特(Dunkel West)甚至提出了一个建议,就是围着整个社区建一堵围墙来防止小偷。房主们都买了恶狗,其中最受欢迎的是罗纳威和斗牛犬;还有许多人在外墙上安装了铁丝网或昂贵的电子设备来监控入侵者。私人保安公司应运而生,一旦房子的警报响起,他们可为房主们提供"即时武装响应"。白人越来越不愿意在夜间冒险出行。人们生活在被攻击的恐惧之中,以至于邻里之间宁愿开车去对方家吃晚餐,也不愿步行短短一段路程。"我们生活的这个国家,唉,再也没有安全感可言。"白人主办的保守派报纸《公民报》(Citizen)于1992年1月如此评论,恳求政府遏抑犯罪,以免国家"突然陷入无政府状态"。

1990年初,曼德拉和德克勒克还未曾充分意识到横亘在他们之间的障碍的严重性。尽管世界的新秩序已经建立,但国际环境非常不利于他们成功寻求和平解决。黑人民族主义政治如旋风般席卷了整个南非大地,这似乎正与当代历史潮流背道而驰。在苏联、南斯拉夫和捷克斯洛伐克的民族分裂势力被迅速粉碎之后,大多数南非黑人领袖都渴望将他们因种族隔离而支离破碎的国家重塑成一个单一制国家。尽管这些国家都希望南非能融合全国不同的民族,并将各个种族群体纳入一个统一的、没有种族歧视的国家,但是东欧的民族主义者却鼓励南非的白人领袖坚持自己的狭隘民族主义(带有严重种族主义倾向),这使得在南非境内创建一个没有种族歧视的国家变得更加艰难。

同时,南非还存在着另一个危机:许多南非黑人民族主义者依旧奉行"守旧思维"。对于他们来说,共产主义和社会主义就像"解放论"的有效组成部分,虽然身处1990年,却仿佛还活在1960年。虽然当时南非政府准许共产党蓬勃发展,但世界其他地方的共产党同人却处境相当艰难。那时流行一个瑞普·范·温克尔(Rip van Winkle)①的说法来形容新南非,即南非仿佛正从长达30年的休眠状态中醒来。相较于大多数同时代的非洲国家,南非的黑人民族领袖刚刚登上历史舞台,他们整整晚了30年。他们对领导政府毫无经验,也没有机会学习任何关于独立的

---

① 比喻时代的落伍者,嗜睡的人。

沉痛教训。1960年的新一代领导人的典型特点是沉迷于对权力和官职的幻想。他们的态度与夸梅·恩克鲁玛（Kwame Nkrumah）如出一辙，恩克鲁玛是1957年加纳独立运动的领导者，其座右铭是"追寻政治王国乃第一要义，世间万物终将臣服于你"。

就非洲大陆的本土条件而言，情况也非常不利于曼德拉和德克勒克通过和平方式解决本国的冲突。各个黑人民族主义团体之间的内战已经使安哥拉和莫桑比克在独立15年之后变成了荒地；索马里氏族之间的战斗让其沦为无政府状态；管理不当使绝大多数非洲国家陷入贫困，就连津巴布韦也未能幸免，它曾一度是民族和解的光辉榜样，如今也滑向了经济灾难。

国内暴力和种族战争持续在非洲其他地区和东欧上演。在这种背景下，德克勒克和曼德拉发现很难说服白人和黑人达成种族和解也就不足为奇，那么在南非重建一个非种族歧视的新秩序也是行不通的。更糟糕的是，他们的个人关系——对于整个和平进程而言至关重要——成了暴力行为的牺牲品。他们对对方的期待和信任越来越弱，互相质疑支持对方的选民，并意识到他们对如何管辖新南非的愿景实质上南辕北辙。有时候，这两位关键性的和平缔造者似乎决心毁掉对方，他们在公共场合发生强烈冲突，谴责对方搞"双重议程"和背信弃义。德克勒克似乎无法判断曼德拉到底是他的首席合作伙伴还是首要劲敌。曼德拉似乎也对德克勒克充满了不确定。双方都指责对方"拿和平当战争的幌子"。

和平进程处处受阻，只因两位领导人未曾尊重他们最初达成的一系列协议或精神。一次又一次地，德克勒克和曼德拉带领他们的追随者签订新协议,但紧随而至的却是执行意见的分歧以及对主题无休止的误解和争论。雪上加霜的是,两人的领导能力遭到了前所未有的巨大挑战。他们花费大量的时间和精力相互沟通,并与盟友协商。结局不难想象,从1990年5月至1992年9月——不论是释放政治犯、安置回国的流亡难民、缴械非国大的隐藏武器,还是平抑暴乱——没有一个协议被及时执行或落实。

作为和平缔造者,德克勒克和曼德拉有时会显示出令人难以置信的缺点。德克勒克曾做了一些明知会破坏和平进程却不为人知的事情。曼德拉也对德克勒克发起过剧烈的人身攻击,这使人深感疑惑——为什么他要这样不停地挑衅国家总统呢?有时,曼德拉也会表现得缺乏政治勇气,不敢像指责对手一样地责骂自己的非国大追随者使用了同样过激的暴力行为。偶尔,双方也会得到提醒,他们的行为并不符合和平缔造者的形象,甚至连优秀领导者都算不上。曼德拉——作为毫无权力和饱受压迫的黑人群体的代言人——变得越来越沮丧,或许他的失控和愤怒可以得到谅解,但却很少有人为德克勒克辩解,这个男人手中掌握着国家政权并控制着安全机构,只要他愿意,随时可以呼风唤雨。还有第三方,理查德·戈德斯通(Richard Goldstone,国家安全审查委员会的领导者,旨在反抗政治暴力),指责曼德拉和德克勒克双方都应该为政治暴力事件负责,而且两者身为国家的政治先驱,都有维护和平的职责。戈德斯通说,他们绝对不会让自己成为狭隘的党派竞争和民族主义的捍卫者。

即便如此,德克勒克和曼德拉也曾在——并将一直在——南非迟来的寻求种族和解和非种族性质的民主进程中起到至关重要的作用。毕竟他是曼德拉，纵然身处监狱，盘坐在摇摇欲坠的种族隔离之墙下，却仍然向南非白人伸出了黑人民族主义的和平援手。他也凭借一己之力打通了与南非白人精英对话的通道，并说服他们以与非国大谈判的方式来取代对黑人人民的永恒压迫。德克勒克也使用同样的方式证明了自身不可或缺的重要性，他引领着极端的白人社会跨入了不可逆转的飞跃——进行前所未有的和平会谈，随后又解散了立法部门，使维系腐朽的种族隔离制度的大厦轰然倒塌。无论个人行为还是团结执政，这两个男人都正在把国家从无政府状态和内战的边缘拉回来，其背后动机都是把即将脱轨的和平进程拉回正轨。尽管他们对彼此的希冀时有幻灭，甚至后来还衍生出仇视心理，但最终这两位英雄发现他们仍旧被共同的使命紧紧拴在了一起，那就是将南非从永恒的种族冲突深渊中解救出来。

第一章　我的人民正在等我

　　他是当世的黑面摩西①吗？还是从南非监狱这个地下墓穴里冒出来的现代基督？全世界最著名的政治犯纳尔逊·曼德拉在1990年即将出狱时，被世人视作《圣经》中的救世主。曼德拉就是出现在地平线上的曙光，就像摩西与他的人民一般——他的自由象征着他们的崛起。但他真的可以如同"摩西开海"②一样分开南非这片种族动荡的水域，引领他的人民抵达乐土吗？或许

---

　　①　摩西（Moses）是《圣经》中所记载的公元前13世纪时犹太人的民族领袖。他在犹太教、基督教、伊斯兰教和巴哈伊信仰等宗教里都被认为是极为重要的先知。

　　②　"摩西开海"的典故出自《圣经》中的《出埃及记》，当神的仆人摩西带领在埃及为奴的希伯来人逃离埃及到达红海边时，眼见要被埃及追兵赶上，在情况万分危急的关头，摩西用耶和华的手杖指向滔滔红海，使海水分开，显露出一条海底大道助希伯来人逃生，当埃及追兵赶到时，海水又复合起来，将埃及军队淹没。

他将会像摩西一样,在他的有生之年都看不到种族和解的大地?① 还是成为一个被寄予厚望的平凡之人,在71岁的时候重新开始生活?

迄今为止,曼德拉已经成为一个活着的传奇,象征着整个黑人民族的苦难——黑人自身87%的土地被侵占,他们硬生生地被切断了与家园的联系,在种族隔离的剥削体制下沦为奴隶苦役。曼德拉被白人政府关押了近28年之久,人们甚至都快忘记了他的长相。只有当年造势的海报上还印着他在战斗中的年轻脸庞——脸上满是刚毅坚韧,人们轻而易举就能看出这位维权人士曾经是一位业余拳击手。2月11日早晨,公众第一次见到了年华已逝的曼德拉的真容,时任总统德克勒克向当地媒体发布了一张彩色照片——曼德拉与他并肩站在开普敦的办公室里。在曼德拉获释的前一天晚上,两人已经会面并敲定了其获释的全部细节。虽然很清楚他的年龄,但我仍然被照片中曼德拉的老态所震撼,在他身上已经看不到拳击手的影子。他的身体看起来很虚弱,但浑身依旧散发出高高在上的贵族气质;虽然身形瘦削憔悴,但装扮依然完美无瑕——一身浅灰色西装让人无可挑剔。他与德克勒克拥有同等的尊严、自信和声望。

就个人而言,曼德拉对于他的人民来说仍然是一个谜。因为代表政治象征意义的海报只能象征无形的黑人反抗精神,却缺乏

---

① 根据《出埃及记》的记载,摩西受耶和华之命,率领被奴役的希伯来人逃离古埃及,前往一块富饶的应许之地。经历40多年的艰难跋涉,他在即将抵达目的地的时候去世了。

鲜血和生命。是谁要求这个男人带领最后的非洲黑人人民摆脱白人奴役走向自由？他是否有足够的智慧、计谋和良好的体力来应对南非白人——他们占整个国家白人人口的60%并且认为自己是这个国家中生存得最长久的白人"部落"。这位作为政治神话存在了几十年的有血有肉的男人需要我们花费数月时间才能了解。而我，一个美国记者，在曼德拉获释当天清晨的约翰内斯堡《星报》头版上一睹了其真容。

世界各地都在对曼德拉的获释进行现场直播，这个重大事件让南非的白人和黑人产生了同样的困惑。南非450万白人的生活发生了翻天覆地的变化，他们必须面对被3300万黑人统治的现实。白人们突然意识到黑人与他们是平等的，甚至应该称其为同胞——黑人早已不再是山间的砍树工，也不再会称呼白人为"老板"或者"夫人"；他们甚至得将黑人视为有潜力的未来老板——很快就会对他们发号施令。这对于南非白人来说绝对是震撼的消息，对于一些人来说这甚至意味着终极噩梦变成了现实。建立在340年之前或更早的政治等级制度要坍塌了，这个意识几乎摧毁了所有白人的价值观。30多年来，非国大一直被诬蔑为万恶之源，同时也被诽谤成"全面进攻"战争的策划者——旨在将白人社会剔除出南非的战争。当地报纸也被禁止刊登非国大的只言片语，不得引用任何领导人的名字。但突然之间，白人通过国营南非广播公司（SABS）——南非白人昔日的宣传机器和权威发言者——亲眼见证了曼德拉从维克多·维斯特监狱中走出来。白人从小就被教导要仇恨和害怕的这个人——他是黑人权力恶魔的化身，但曼德拉却奇迹般地在一夕之间变成了世界知名的领导者——而且是未来他们应该满怀尊敬和期待的下一任国家总统。

对于黑人来说,他们当中大多数人从未见过这个男人。作为国父的纳尔逊·曼德拉终于回到了久违的家园,并将带领他的人民走出荒野。他的出狱振奋了人民的精神,好似从前的苦难从未降临到他们身上,因为曼德拉的出狱标志着他们长期反抗种族隔离斗争的胜利,也意味着无休止的城镇叛乱——人们用石块、燃烧着的轮胎和粗糙的街道路障来抵御警察们致命的子弹、催泪瓦斯防护垒和咆哮的恶狗——终于停止并结出了来之不易的胜利果实。老老少少的黑人都在庆祝曼德拉获释,全国各地成千上万的人们在大街上跳起了非国大的"toyi-toyi"(一种原地不动的战阵舞),并反复高呼"权力属于人民!"曼德拉回归后受到热情款待,尤其在他的第二故乡索韦托——位于约翰内斯堡西南部一个拥有200万人口的庞大黑人城镇——呈现出一派喜庆欢腾的景象。他位于维拉卡兹街(Vilakazi Street)8115号跟火柴盒一般大小的老旧住所也成为庆典的焦点。

作为《华盛顿邮报》驻南非约翰内斯堡的通讯记者,我一抵达南非就开始执行任务。2月2日,也就是在我到达两周后,德克勒克总统在年度庆典上宣布了标志着议会开放的全面改革计划,这将为南非的发展开辟一条新的康庄大道。所有反对种族隔离的党派——包括共产党——被打上世界共产主义代名词的烙印已经几十年了,但从今以后,他们全将获得合法身份和党派自由。德克勒克将尽快展开与非国大的磋商,会谈旨在终止白人少数派的统治。其他改革措施还包括立即废除死刑;承诺释放所有关押在南非监狱中的政治犯；允许40000名流亡者重返家园；修正现有的安全保障法——恢复黑人的正常公民权利和政治活动自由权利；最后，立刻更新自1986年实施的国家安全预警机制。不过他的改革演讲中的核心要点却是纳尔逊·曼德拉即将被释放的爆炸性新闻。可德克勒克并未告知南非和世界曼德拉的确切出狱时间，仿佛他正在执导一部经典悬疑大片。

德克勒克将按照以上宣言致力于改写南非300多年的历史和废除种族隔离制度——他所在的民族党已经推行种族隔离制度长达42年之久，旨在镇压南非黑人人民的反抗斗争。德克勒克所说的彻底改革，之前从未听闻任何一位南非白人总统或首相提及。而这一次，他提出了详尽的方案，真诚地希望能够与黑人民族谈判并和解。

数以千计的国际记者如雨后春笋般冒出来。由于当局一直对释放曼德拉的时间和地点保密，许多记者面临抓狂边缘——因为根本不知道该如何着手报道曼德拉即将出狱的爆炸性新闻。执政政府会用飞机将曼德拉送往索韦托过夜并在那里释放他吗？因为在1989年10月，那里曾经释放了8位著名的黑人政治犯。或许他将被送往开普敦监狱？还是直接让曼德拉从他所在的田园监狱①中出狱？同样让人困惑不已的是非国大成立了一个特殊的国家接待委员会。因为非国大官员坚信德克勒克迟迟不肯

---

① 几乎刚到罗本岛时，曼德拉就要求狱方允许他在院子里开辟一小片菜园。多年来，狱方一直对此置之不理，但最终还是发了"慈悲"，允许曼德拉在院子里的一块狭长空地上开垦自己的小菜园。

公布确切时间是企图破坏早已谈拢的曼德拉释放计划,试图通过故意制造大混乱并嫁祸非国大,以此作为非国大无能的例证。更糟糕的是,德克勒克宣布第二天将在维克多·维斯特监狱提前释放曼德拉,这让记者们措手不及(本来德克勒克有足够的时间可以提前通知大家)。原本从官方得知的消息称将于下周末释放曼德拉,结果释放时间提前至 2 月 10 日——即本周六下午。非国大接待委员会和一大群电视、广播和报纸媒体记者只剩下不足 24 小时的时间赶往现场。我们后来才得知,问题的关键在于政府、曼德拉本人和接待委员会不能就释放曼德拉的时间、地点和方式达成一致。曼德拉打算给委员会一周时间来准备他出狱的相关事宜,但政府却觉得他在牢狱中待得太久,想立即释放他。情况出人意料地颠倒了过来:曼德拉准备在监狱里再待一个星期,政府却迫不及待地要让他出狱。

关于释放的讨论一直没有结果,直到周五时,德克勒克总统与曼德拉在他的办公室——位于开普敦泰因海斯(Tuynhuys)的官方办公大厦内——进行了私人会晤。德克勒克原计划让曼德拉搭乘飞机赴约翰内斯堡,并在深夜与之在监狱会谈,然后周日下午 3 点准时将曼德拉移交给国家接待委员会。曼德拉立即拒绝了这个提议,他们不得不重新就出狱的准确时间、地点和方式进行了整整 6 小时的谈判。曼德拉将永远铭记这次经历,这完全是一场"灵魂与肉体的斗争"。在一年之前,曼德拉曾经告诉《阿古斯报》(Argus),虽然他渴望出狱,但打算给接待委员会 7 天的时间来做好必要的准备。最后,双方领导人及随行人员在新一轮的和平会谈之后,终于达成了各项妥协:曼德拉将于周六下午 3

点整准时出狱,届时他将自己走出维克多·维斯特监狱。德克勒克召集记者们在周六下午一起来报道这则新闻。

这个周末注定混乱不堪。曼德拉出狱的程序是:曼德拉从监狱乘车前往开普敦的老市政厅,他将在这里对公众发表获得自由的首次演讲。接待委员会决定将他在市政厅的亮相作为最重要的环节。当然,这就无法兼顾报道他走出监狱大门这一历史性的时刻。鱼和熊掌不可兼得,记者们面临着两难选择:是将监狱还是市政厅作为此次报道的黄金点呢?

记者们必须在第一时间考虑清楚从两个地点中选择一个。然而,随着那重要日子的来临,他们并未收到有关记者报道区的确切位置信息,所以关于释放将会延迟的谣言四起,公众倍感困惑,形势陷入混乱。曼德拉的妻子温妮(Winnie)搭乘从约翰内斯堡起飞的私人飞机在途中晚点了90分钟。当她抵达开普敦时,已是下午2点多,距离她丈夫出狱只剩下不足一小时的时间。这是温妮第三次前往监狱,同行的有她的女儿辛济(Zindzi)和两个外孙,以及几位家庭密友,比如沃尔特·西苏鲁(Walter Sisulu)和他的妻子阿尔贝蒂娜(Albertina),沃尔特·西苏鲁作为非国大领袖,于4个月前刚刚获释,他的妻子也是一位反对种族隔离的资深斗士。令人奇怪的是,虽然曼德拉正面临着他人生中最重要的时刻,但却并不急于离开监狱。在他的铁窗生涯中,他与一些狱卒建立了深厚的友谊,比如一级准尉詹姆斯·格雷戈里(James Gregory),他们的友谊已经持续了20多年,他把自己和狱卒称为"亲密的一家人"。曼德拉与所有相关人员互相道别之前,他们在监狱中吃了最后的晚餐。然后曼德拉说道:"我们必须准备好离开了,我的人民正在等我。"事实也确实如此,人们已经迫不及待了。在成为法律上的自由人一个小时后,曼德拉终于开始朝着自由的大门走去。

曼德拉乘坐的汽车驶过监狱广场,在距离监狱大门不远处缓缓停下。随后,他和妻子温妮下车,手牵手走完了余下的路程,这短短的一段路受到了国际记者团狂潮般的热烈欢迎。起初他有些不知所措或有点儿晕头转向,仿佛一位重见光明的盲者。随后他告诉我们他完全被等候在外面的乌泱泱的记者团和摄影师吓倒了。温妮首先反应过来,她直率地举起左手,握紧拳头以示敬礼,而她的这一举动瞬间成了经典。曼德拉迅速举起右手示意,两人都绽放出了发自内心的灿烂微笑,这一笑容将被世界永远铭记。

曼德拉出狱的电视直播留给我的第一印象是——曼德拉出狱时,开普敦市中心附近人山人海,人群蠢蠢欲动,焦躁难耐——这一场景远远比我在《星报》上看到的照片更令人印象深刻。他比我想象的更高,身形也更憔悴。他那谨慎的步履无不标志着岁月的流逝和年华的老去。我并没有太多时间去细细打量他,因为短短几秒钟内监狱大门前就乱成了一锅粥,人们蜂拥着往前挤,就为了更靠近曼德拉一点儿,好一睹偶像真容。曼德拉和温妮只得匆匆返回车里,汽车载着他们冲出记者团、非国大的官员和支持者们的重重包围。"当看见人群时我才意识到自己对当天的事件欠缺充分的考虑。"曼德拉后来反思说。

汽车没几分钟就驶出了监狱。在拥挤的人潮中,汽车像是一片随时都可能飘零的树叶,步履艰难地朝着西南部约 35 英里之外的开普敦驶去,一路上穿越一亩亩整齐的葡萄园——这是南非最富有和最古老的白人农场。此情此景对于刚出狱的人来说是完全超乎想象的。曼德拉后来说道,他整个人都被沿路向他打招呼致意的白人数量惊呆了,而且他们当中的一些人着实让他记忆深刻。在随后的日子里他曾一遍又一遍地回味这些事情。

我不确定媒体是否对那场未曾预料到的悲剧进行了全程报道。悲剧就发生在老市政厅前面的阅兵广场上,这里聚集了50000人,他们只为一睹救世主的真容。全国上下乃至全世界都在实况转播曼德拉的出狱,以至于部分其他节目被停播。当天下午发生在开普敦的事情让所有涉事人员蒙羞,包括非国大、地方当局以及曼德拉的年轻支持者。

那天还是清晨时分,人们就开始从四面八方赶来。直到曼德拉走出来时,有人已经熬过了7个小时的漫长等待。一开始大家都井然有序,到了中午也几乎没有一个组织离开。年轻的人们簇拥到了市政厅的阳台下——新闻报道专区的前面,并占据了通往市政建筑的台阶。他们攀爬上了眼前能看见的一切树木、灯杆和建筑物。有人为了看得更清楚更远,甚至爬到了市政厅两侧的墙壁上。我也在拥挤的人群中足足煎熬了4个小时。有一回我看到美国广播公司(NBC)的主播汤姆·布罗科(Tom Brokaw)就站在离我几码远的地方,一副对周围环境手足无措的神情。

下午3点左右,一些年轻人变得极度焦躁不安,开始闯入和抢劫广场周围的商店。警方人手严重不足,加上他们早已习惯依靠火力,便开始朝人群开枪。他们起先使用的是灌入小发子弹的散弹枪,后来又改用手枪。警方朝着人群边缘一轮又一轮地开枪,年轻人纷纷中弹倒下。曼德拉的欢迎仪式沦为了一场彻头彻尾的屠杀惨剧:由一大群支持者和崇拜者组成的队伍被人流冲散,他们一回头就看见青年们一拨又一拨地冲进人海躲避警察们的子弹,聚集的人潮像涟漪般四散摇晃。但是警察与青年们的冲突并没有驱散阅兵广场前面的人群。因为这些抢劫、枪战和青年的逃窜发生在好几公里之外的地方,只是曼德拉被释放前的小插曲。在阅兵广场一侧临时搭建的急救中心外面至少躺了二三十个人。除了已知的几个人被打死、几十个人受伤外,我们无法确定最后到底有多少人伤亡。

最后,警察不时地开枪射击让人们的情绪变得越来越焦躁,但这并不是让他们焦躁的全部因素。人群之中,手指灵巧的小偷们也在抓紧时间窃取任何他们可以偷到的东西,其中包括我的录音机和其他几位美国记者的护照。甚至连《纽约时报》记者克里斯托弗·雷恩的便携式笔记本电脑也差点儿被偷走,所幸在最后关头雷恩赢得了与小偷的斗争,夺回了他的电脑。还有一些使用诡计骗术的盗贼令我永生难忘。人群中有一个不断徘徊的盲人引起了我的注意,他不时与路人发生碰撞,并利用这些碰撞的"机会"把手伸向任何能够够得着的钱包。得手之后他就把战利品扔进同伙背着的大包——包里装满了被盗物品。等到人们的兴致减弱,人群渐渐消散时,枪击、尖叫和偷窃已经持续了近 4 个小时。最后,黄昏时分,曼德拉现身老市政厅阳台时,开普敦市中心大广场上只剩下不足 10000 人向他挥手致敬。

随着时间的推移,杰西·杰克逊(Jesse Jackson)牧师的事迹差点儿酿成了悲剧,而这原本是穿插在等待过程中的喜剧故事。

这位毕生都致力于美国民权运动的领袖——亦是前总统候选人——决定不惜一切代价与曼德拉单独拍一张合影,这很可能也是杰克逊此时置身人群的原因,他竭尽全力只为达成合照心愿。最后,事实证明,实现心愿的"成本"不菲:报废了一辆梅赛德斯—奔驰车——专供他用的政府车辆,还差点儿搭上自己的性命。当时广场上人山人海,人们已经占满了市政厅的台阶,但杰克逊仍然坚持将他的车队——两辆汽车和两辆厢式货车——布阵在人群中。曼德拉获得自由一个小时后,杰克逊的汽车出现了。把道路围堵得水泄不通的人们误以为是曼德拉了。一些人尝试打破杰克逊的车窗,以此来迎接非国大的领袖。几分钟之内,车窗的玻璃无一幸免全被打破;人们争先恐后地爬上大货车的顶棚,结果顶棚因不堪重负而严重变形。杰克逊和他的妻子杰姬(Jackie)与随行人员最终被非国大的乘警拉出汽车,并安置在相对安全的市政厅台阶上。"群众全然不相信这竟然不是曼德拉的车队,"杰克逊第二天告诉我,"这是一个非常可怕的局面,你知道的,我们差点儿死于人们对曼德拉的热爱。"最具讽刺意味的是,杰克逊冒了巨大的生命危险却没能实现他的愿望——拍一张与曼德拉肩并肩朝着人群讲话的照片,不过当他们抵达市政厅时,他迎接到了曼德拉,"我们在楼下门口碰到,并拥抱了对方"。他的回忆里满是喜悦之情。

曼德拉最终抵达演讲台时,天空已经落下夜幕,那些仍然苦苦等候在阅兵广场的人们很难看清楚他的真实模样,但这并不妨碍人们倾听他的演讲。他的声音透过扬声器响彻广场上空,令人难以忘却——铿锵有力,极具权威,掷地有声。曼德拉以缓慢平稳的基调演讲着,每个字都说得清晰谨慎。这是他27年之后的首次公开露面,曼德拉此时此刻的演讲让我想起了摩西颁下的《十诫》。现场一片寂静,人群中的每一位男人、女人和孩童都在全神贯注地注视着这个身处神话地位的男人,这个他们听闻了1/4个世纪却从未见过的男人。

让我感兴趣的是,我注意到聆听黑人领袖演讲的人群中大部分都是混血有色人种(他们是开普敦的最大族群),显而易见,他们掌声稀疏,意兴阑珊。这最初的征兆最后演变成了非国大的现实问题:南非300万棕色皮肤的有色人种,像白色少数人种一样惧怕黑人权力,最后证明这些有色人种对正在进行的改变缺乏热情。他们的热情在那天明显被调到了静音状态,即使当人群中的黑人大吼"Amandla, Awethu"(权力属于人民)时,他们也缄默不语。

曼德拉备受国民期待的第一次演讲完全没有辜负这个万众瞩目的时刻。前一刻还在谈论夸张激进分子,后一刻他就将话题转到了棘手的和解问题上。他并没有夸夸而谈未来要将南非建设为非种族国家的宏图之志(就像马丁·路德·金演说《我有一个梦想》那样),也没有呼吁振奋人心的民族和解,相反,这场演讲如同大杂烩一般融汇了太多的主题思想,这份演讲稿仿佛是两种有严重分歧的思想碰撞出的思维火花。一如预期,曼德拉对那些人——帮助他在艰苦卓绝的长期斗争中获得自由的人——表达了深深的诚挚谢意,他用他的方式证明了他对非国大至死不渝的忠诚。其次,曼德拉对那些他认为忠实的朋友进行了赞扬,但在众多感谢的人之中,他唯一提名表扬的人是乔·斯洛沃(Joe

Slovo)——南非共产党的白人总书记,曼德拉称他为"我们最棒的爱国者之一"。对于那些极端的白人——推行政府的反共产主义宣传的白人——来说,曼德拉这种选择朋友的方式着实让他们大惊失色。

曼德拉将自己塑造成一位可靠并真实的激进分子。他补充说道:"我们将会一直继续武装斗争,直到种族隔离被消灭乃至被时间永远埋葬,现在是全面加强各种斗争的大好时机。"但几乎在同一时刻,他也向政府伸出了橄榄枝,说他希望以和平谈判的方式来结束白人少数派的统治,根本用不着进一步的武装斗争。

令人费解的是,曼德拉有时却处于彻头彻尾的防守状态。关于他身处监狱却决定与"敌人"——推行压迫政策的白人政府——进行秘密会谈一事,曼德拉显然觉得欠他的支持者们一个合理的解释。他说道,此举的作用是针对"使国家政治局势正常化",仅此而已,"我想强调一点,那就是我从未在任何时间干涉有关我们国家未来的谈判,除了坚持非国大与政府之间需要进行会谈"。然后他又说道,会谈势在必行,并认为德克勒克是最适合的谈判人选。他发现国家总统是一位"正直的人",虽然这四个字后来让他困惑,最后他也收回了对德克勒克的这四个字评价。但在当时,距离总统承认所有反种族隔离组织和承诺要释放曼德拉仅仅才过去9天,这样的评价再契合不过。最后,曼德拉临时起意作了一个简短的呼吁,呼吁他的"白色同胞"支持非国大,共同为新南非的建设添砖加瓦。

不管对于黑人还是白人来说,曼德拉在演讲中所传达出的意图令人百思不得其解。如果认为没有必要对白人进行武装斗争,那他展现给黑人的态度就有些模棱两可：在前进的道路上，到底是用枪支在战场上拼个输赢还是在谈判桌上获得和解。对于许多白人来说，曼德拉看起来还停滞在20年前，仿佛穿越回了他刚入监狱的20世纪60年代。他仍然使用关于运动的陈腐流行词语——"mass action"（群众行动）、"armed struggle"（武装斗争）和"mass mobilization"（群众动员），他对斯洛沃热情洋溢的赞美就仿佛他们还是昨日的联盟。然而，当天曼德拉是否曾在某个时刻回答过这个所有人最为关心的问题——在铁窗中度过了人生1/3的时光后，重获自由的感觉如何？——包括我在内的很多记者都对曼德拉这位神话人物的真实性格略感失望和困惑。曼德拉被迫切断了与20世纪后期的联系，难道对共产主义的消亡和整个东欧共产主义政权崩溃的现实一无所知吗？他将如何鼓舞他的人民和平共处并实现民族和解？或者他只会再度挑起黑人与白人之间的战争？他似乎在黑人前进的道路上重设了路障，而德克勒克通过释放他让南非白人在历史上首次为和平谈判敞开了大门。

后来我们才得知，曼德拉的演讲稿确实是由委员会撰写的，这反映了非国大内部关系和利益存在冲突。当他与政府秘密会谈的谣言流传了数月之后，许多非国大的官员对曼德拉的形象忧心忡忡，并认为他此时必须表明立场，这对于他来说很重要——因为必须向他的追随者们表明他仍然是一个忠实的"组织人"，与党站在同一战线。曼德拉的斗争言论也是出于同样的目的，为了向他的追随者证明——无论他还是非国大，都不会"背叛"群众，永远不可能转变成为压迫者。尽管如此，事实仍然令人遗憾——曼德拉深感他在公众面前的第一次演讲被迫变成了回应非国大的一些狭隘的关注点,而非展望建立一个非种族性质的国家的迫切愿景。毕竟,他是白人和黑人中最有可能接任下一届总统的候选人。我们当时并没有意识到这一点,但却见证了持久战打响的第一枪——在曼德拉与非国大内部各大派别之间即将展开一场旷日持久的斗争运动,其目的在于争夺斗争的领导权和政治方针的控制权。

然而第二天,国际记者团立刻发现了曼德拉的另一面性格——其多面个性中更吸引人的那一面。此事缘起诺贝尔获奖者大主教德斯蒙德·图图(Desmond Tutu)在绿树成荫的后院草坪举行了一场户外新闻发布会。圣公会大主教在他的家里接待曼德拉——他的房子位于几乎全是白人居住的主教法庭郊区,是这里最豪华的建筑之一。此项贴心之举更加凸显了曼德拉的与众不同——这个男人令人难以置信的温暖和人性溢于言表。曼德拉在这里受到了记者老友的热烈欢迎,甚至有些人的父辈在他进监狱前就与他是旧识。他竭诚地欢迎庞大的记者团里的每一位成员,但偶尔也会表现出一丝淡淡的疏离感。我记得那是在第一次记者招待会上,纳尔逊·曼德拉虽然或多或少属于老一代非洲领导人,但有一个显著的不同之处——他相当老派,举手投足间全然流露出英国贵族风范。他的英语措辞礼貌、优雅而精致,他似乎与欧洲贵族有更多的共同点,一点儿也不像传统的非洲部落首领。

曼德拉已经将近30年未曾召开记者招待会了,但他当天的表现大放异彩,令人惊异。短短50分钟里,他完全颠覆了先前在老市政厅留给我的第一印象。曼德拉不再刻意强调自己仍然是一个真实可靠的非国大激进分子,取而代之的是,他全身上下都散发出慈悲、平和与希望的闪耀光芒。当一开始回答问题,他那政治家和外交家的素质就展露得淋漓尽致。曼德拉用柔软而略带沙哑的声音回答了各种各样的问题——他在监狱中的漫长生活以及对自由的独特理解。他回答得敏捷机智,游刃有余,深深震惊了提问者。曼德拉由内而外流露出难以想象的祥和、平静以及自我肯定,魅力非凡令人难以抵抗。最令我们多数人难忘的是,虽然人生中最美好的年华消耗在了铁窗中,但他的神态里却从未流露出一丝苦涩的痕迹。而绝大多数在开普敦海岸边的罗本岛监狱中服刑的人员都会抱怨那里可怕的生活条件及繁重的体力劳动。

虽然曼德拉对个人私事缄口不言,但人人都知道有一件事时刻鞭笞着他的良心。在入狱的那些年里,他被剥夺了作为丈夫和父亲的机会。对此他深感内疚,因为他无法做任何事情来保护他的妻子和他们的两个女儿——泽妮(Zeni)和辛济——免遭警察的迫害。"对于一个男人来说,这种感觉——没有身为一家之主的尊严——非常糟糕,眼睁睁地看着自己的家庭在缺失安全保障的环境中苦苦挣扎却无能为力。"他在开普敦举行的首次新闻发布会上说道。后来,他曾详细描述这些情感——更清晰地表明他欠温妮一个巨大的拥抱,想以此来报答她这些年来因为他的行为而承受的痛苦。这个债务他打算从此时此刻——重获自由之时——开始偿还,他说道。随后数月的事实证明,温妮·曼德拉将利用她丈夫的巨大愧疚来寻求她自身的政治利益。

提及对离开监狱高墙生活的第一感受,曼德拉说,他很难用言语形容,因为这里面掺杂了太多情感,每次回忆都被情感的浪潮淹没。"我唯一能说的就是这太惊人了。"他如此评价道。与入狱之前相比,南非已经成为"一个完全不同的"国度。曼德拉再次列举了上次的事实:那天下午,他们一行人看到从维克多·维斯特监狱到开普敦的这一路上有着数不清的白人。随后,曼德拉饱含深情地将白人称作"南非的同行者"(fellow South Africans),并承诺要给他们安全感,让他们与黑人携手共建新南非。"我们无限珍惜他们对这个国家的发展所做出的贡献"——这些话全都是白人之前希望从他那里听到的,但很显然非国大掌权者在他的演讲稿中故意忽略了这些信息。白人们最终长吁一口气,因为曼德拉正是在恰当时机出现的人——他们可以洽谈与合作的对象。

在首次记者招待会上,我对曼德拉的最深刻印象是人人都关注他的健康状况。作为一名上了年纪的绅士,信步走在花园的石阶上,他的步态略显僵硬。我们得知在处理完市政大厅接待处的混乱之后,将会有一名医生为他做全身检查。在狱中,曼德拉曾经身患高血压和肺结核,背部也出现了一些健康问题。他很早之前就已经不吃含有盐分的食物了。没人知道他确切的身体健康状况,也没人能说清他是否能扛起非国大领导层施加的重压。几天之后,我们几个美国记者在他的老房子——一套位于奥兰多西区索韦托的三居室——对他进行了采访,并问及了他的健康状况。曼德拉刚刚摆脱健康问题,自我评价说他的健康状况"相当不错",他还坚持锻炼——这是他在监狱中多年养成的好习惯。

"当然,我可不像你们一样年轻,我已经渐显老态,岁月早在我身上留下痕迹啦。"他开玩笑地说道。

在出狱后的几个月里,曼德拉马不停蹄地参与各种集会、会议和新闻发布会,并出使外国进行访问,他的健康问题也理所当然地成了记者、外交官和他的亲信们谈论的主要话题之一。5月上旬,在第二次访问非洲国家的途中,因为疲劳过度,曼德拉不得不临时中断了在坦桑尼亚首都达累斯萨拉姆(Dares Salaam)的行程。5月下旬,在进行为期6周的西欧和美国访问之前,他接受了一次手术——从膀胱中取出一块囊肿,导致后来一系列的报道声称他身患癌症(后被证实为不实消息)。当时有关他健康问题的谣言就是这样传出来的。曼德拉抵达日内瓦时身体有些不适,于是不得不缩短了在世界基督教协进会(World Council of Churches)前的发言时间。他的朋友们纷纷指责非国大为曼德拉制定的行程太过紧凑,致使曼德拉的健康出现危机。于是曼德拉的助手们开始学习如何让他在快节奏的会议和无休止的会谈中放慢或停下步伐,但他们不会取消6月的既定行程——艰苦卓绝的10天访美之行。在健康问题上,曼德拉自己也负有一定责任,他的错误就是尽最大努力去满足每个人的愿望和会见他的要求,直到将自己逼近崩溃的边缘。非国大的官员明显遗忘了他们面对的是一位71岁的老人,并且这个男人在长达27年的沉闷监狱生活中承受了巨大的身心压力。

25 当政府最终解禁这些历史记录时,毫无疑问,曼德拉获释的历程绝对是一本引人入胜的大众读物。对于南非那群骄傲的白人统治者来说,是否应该将自由和机会还给曼德拉是个痛苦而纠结的问题。早在 1985 年 1 月,彼得·威廉·博塔(P. W. Botha)总统就已第一次公开表示,他正在考虑释放曼德拉的可能性。在议会揭幕的演讲上,他主动提议让非国大领导人向他承诺"无条件地承诺拒绝把暴力作为政治武器"。自 1973 年以来,政府已经多次计划释放曼德拉,博塔的建议已经是第六次了,但每次都有附带条件。通过这些早期计划书,当局曾试图诱导曼德拉间接承认种族隔离制度的合法性——即同意在他的家乡特兰斯凯(Transkei)建立一个名义上的"南非以外"的独立生活家园。事实上,早在 1976 年,南非政府就已强行命令科萨人(Xhosa)迁离居住地,此举是驱逐黑人的前奏,南非政府计划由此逐步将黑人从白人居住的地盘上彻底清除。

对于这些诱惑性的不平等条件,曼德拉一直拒绝,态度相当坚决。1985 年,他坚决拒绝了博塔提议书中的有条件释放。这一次,他以一种相当戏剧性的方式发表了他的回应。2 月 10 日,在索韦托的普天同庆体育场,曼德拉的女儿辛济在众多非国大支持者面前将他的回复大声朗读了出来。"当我和你们——我的人民——在失去自由时,我将不能也不得随意做出任何承诺。"曼德拉说道。自由是不可分割的一部分,释放他已经成为整个协议的一部分,其他部分则包括解除对非国大的禁令(承认其合法),并赋予全部人民自由,包括"所有被监禁、被驱逐,或者因为反对种族隔离而被流放的人们"。实际上,曼德拉曾早有定言,白人当局总有一天会迫于压力而不得不同意他提出的所有出狱条件。这个事实花费了 5 年时间才得到验证——南非政府终于答应会满足他一直坚持的要求。

　　曼德拉与政府高层的接触开始于1984年7月,当时的司法与治安部长亨德里克·科比·库切(Hendrik "Kobie" Coetsee)前往开普敦医院看望曼德拉——那时他正在医院接受治疗。然而在这次访问之后,曼德拉与政府高层的接触中断了两年之久。第二次接触始于1986年5月16日,一位英联邦代表——当时所谓的知名人士——获许去监狱探访曼德拉。根据《纽约时报》当时驻南非的记者约瑟夫·莱利·费尔德(Joseph Lely Veld)称,外交部部长鲁洛夫·皮克·博塔(Roelof "Pik" Botha)询问代表团,南非政府是否可以派遣一位部长一同前往,去听听曼德拉准备说些什么。代表团同意了,碰巧的是担任此次陪同的部长又是库切。但会谈时库切迟到了,而且并未停留太久,所以曼德拉未能抓住这个契机慷慨激昂地恳请库切给他一个机会来消融白人与黑人领导者之间的不和睦因素并打通国家内部的首次对话通道。大概过了两个月,秘密会谈拉开了序幕,库切再次成为政府与曼德拉的中间人。

　　在这场旷日持久的会谈中,最具讽刺意味的是:1986年7月,当曼德拉期待的秘密会谈最终开始时,南非却成了反种族隔离斗争被政府镇压得最厉害的国家之一。早在一个月之前全国就已经进入预警状态,成千上万的黑人被围捕和拘留。在政府的大规模镇压中,执政的南非白人精英在种族隔离的改革道路上朝前跨出了一小步。早在3年前,围绕在博塔总统周围的白人官员就已经第一次对非白色人种开放了所有白人政治系统。他们建立了一个三议院制议会,有色人种和印度人种被与白人区分开来,但三方地位却非常不平等,白人始终大权在握。现在,在1986年南非的冬季,博塔的改革进程正迈着前进步伐,朝着历史所趋的方向龟速前进着。7月,当时曼德拉正在举行他与库切的第一次辩论,此时执政的民族党批准了它的下一个改革,大张旗鼓地发布了一项新计划——在白人少数派与黑人多数派之间实行"权力分享"。虽然没有决定如何实现权力分享,但这意味着他们终于接受了黑人参与政府所有等级的政治权力的原则。

从历时两年的顽固抵抗到含蓄地承认非国大是合法谈判伙伴,政府的态度流露出明显的软化迹象。1988年5月,博塔成立了一个由4人组成的特别委员会,专门处理与非国大领导人之间的会谈。这个委员会的成员有尼尔·巴纳德(Niel Barnard),国家情报局(NIS)的负责人;麦克·洛(Mike Louw),尼尔的助手;威利·威廉姆斯(Willie Willemse)上将,监狱长;法尼·范·德尔·莫维(Fanie van der Merwe),一位研究政府宪法制度的高级专家。

这4个人曾多次试图与曼德拉会谈,就像巴纳德后来说的那样,是为了"了解曼德拉先生的思维和想法"。巴纳德称,他们的目标是确定非国大领导人是否相信和平解决,他是否是共产主义者,以及他认为南非的政治前途在何方。反过来,曼德拉用这些遭遇向政府施加重压,要求直接与博塔总统会谈。巴纳德说他认为博塔是约见曼德拉的"不二人选",但他同时也在"时刻纠结是否应该亲自会见曼德拉"。然而,博塔始终没有对此做出任何承诺或约定。通过这些正在进行中的谈判,政府也在寻求扩大与非国大流亡领导人的联系,但曼德拉反对他们这样做,他担心政府可能会利用两个独立的通道来谋求一己之私。不管怎样,委员会作为行动派说做就做,立马就与非国大高级领导人在欧洲的一个秘密地点安排了会议。巴纳德对此事高度赞扬,因为国家情报局和非国大成功地召开了会议,而且未被任何西方情报部门发现。事实上,政府与非国大领导人的谈话进行得相当顺利,据巴纳德称,博塔提出的想法——与非国大流亡领导者召开一次公开会议——早在释放曼德拉之前就已经产生了。与此同时,还发生了一件很具讽刺性的事情:博塔和他的部长们正偷偷做着一件事——跟随南非自由主义者、学者和巨商的步伐,不辞劳苦长途跋涉抵达达喀尔、卢萨卡以及欧洲各个国家的首都,去会见非国大流亡在外的领导者——但这种行为在过去却被他们公开指责为"叛徒"行径。据巴纳德的考量,政府已经谴责了这些私人举动,只因政府想全权控制与非国大的所有联系。作为国家情报局的首脑,巴纳德强烈感觉到政府不想外界势力搅和进来,因为"只要有一个中间人,他们想做的事就会脱离掌控"。

对于政府与曼德拉的早期接触这件事,巴纳德的说法听起来就好像他和国家情报局是推动和平进程的先锋一样,但曼德拉的看法却与其完全相悖。曼德拉告诉我,库切作为政府的高级谈判代表才是 20 世纪 80 年代后期断断续续与他进行秘密谈判的人。他认为,在所有与之进行讨论的政府官员中,只有他与库切的讨论才是最真实和最重要的。在 1988 年到 1990 年间,库切与曼德拉开展了多次会谈,有时是他俩的单独密谈,有时是与其他部长一块儿集体会晤,比如格里特·维利欧恩(Gerrit Viljoen),他是当时政府的首席宪政思想家和谈判家。曼德拉说他在"无数"场合中与库切会谈，而维利欧恩的出现频率是25%。他们悄悄在库切位于开普敦的家里会面，后来会谈阵地又转移到曼德拉的"住所"——这是一位监狱看守的家，就在维克多·维斯特监狱的隔壁。他们谈论的主题是暴力会让国家陷入分裂局势，以及在国家被完全摧毁前务必找到和平谈判的解决方式。库切后来回忆说，曼德拉通过对话打破了僵局，并且他深刻了解南非白人的历史，甚至比很多南非白人自己都了解得透彻，而部长也被这个事实深深震撼。

曼德拉说他花了很多时间一次又一次地向库切解释非国大的方针政策，并阐述了1961年非国大把诉诸武装斗争摆在首位的原因。他提醒这位部长，只有政府自身推开解决冲突的一切和平手段才会迫使非国大拿起武器。尽管如此，库切仍然试图说服曼德拉无条件放弃武装斗争。他告诉曼德拉，政府希望与非国大进行会谈，但前提是非国大承诺放弃暴力，并结束与南非共产党的联盟，还要放弃让黑人统治国家的要求。曼德拉从来不曾对这些要求妥协。

1989年5月，博塔在他总统任期内的最后一段时期里做了一件大事，那就是他鼓起勇气打电话邀请曼德拉到他位于泰因海斯的办公室做客。这之后不到6个星期，国家总统由于内阁斗争而被迫下台——因为内阁成员受够了他的专横以及拒绝主动辞职的态度。但曼德拉的访问并不能作为博塔与同僚矛盾爆发的明确导火索。虽然德克勒克稍后指出这就是他和民族党达成与非国大谈判共识的证明，但时间可以解释一切，包括博塔自己的决心——他仍然掌控着政府的权力和南非的命运。

为了防止风声走漏,巴纳德和威廉姆斯上将负责开车将曼德拉悄悄送往好望角一座荷兰风格的建筑内,此建筑毗邻议会,这样就不会有人发现正在悄悄进行的会议。他们的行动暗示着重要的信号——政府已经准备采取别的措施来应对不可抗拒的事情,也试图让白人为即将发生的事情提前做好准备。博塔,这位反对非国大的强硬派战士,却在公众前作了一个震惊全国的决定,那就是与曼德拉进行会谈。大家后来才逐渐得知,关于释放曼德拉的争执以及政府与非国大之间的谈判讨论只持续了短短几个月,而不是几年。

1992年3月,曼德拉告诉我,他当时非常惊诧——他与博塔的历史性会晤——这一点是如何发生的?它又将如何发展?他进入会谈室时"有点儿吓坏了",并猜测会有一场"恶战",因为暴躁的博塔身为非国大不折不扣的宿敌绝对是实至名归。但会谈现场完全出人意料,曼德拉发现博塔很放松、开放和友善。他说,他们讨论的唯一实质性问题就是释放被政府监禁多年的沃尔特·西苏鲁和其他非国大高级领导人。曼德拉拒绝先于他们获释,同时他也考虑到如果一切顺利,政府的此项举动将会在国家中营造一种有助于他出狱的更好氛围。

回顾往事,毋庸置疑,曼德拉的"监狱外交"打破了僵局,并成为不可或缺的筹码——用来赢得他的出狱和敲定非国大与白人政府之间的谈判议程。但最引人关注的是曼德拉并未提前告知任何非国大领导人就参加了这次会议。他准备了长达10页的文件与博塔进行会谈,并与德克勒克总统于1989年12月13日进行了探讨,曼德拉解释说做出这样的决定是基于以下两点原因：一是为非国大争取"必要的国家利益"；二是对于政府来说"迫切需要协商出一个有效的政治解决办法"。他把自己的使命定义为"一个发挥有限作用的任务"，也就是"将该国的两个主要政党带到谈判桌上"。这个文献明确揭示了曼德拉对于他所背负的历史重任的早期认识——这是世界也是他自己选择的任务。它反映了一个百折不挠的人物的性格，这是一种律师式的对非国大政策的严防死守——坚持武装斗争和与共产党联盟。曼德拉发问，既然政府愿意同莫桑比克和安哥拉的"外国马克思主义者"协商并签署协议，那为什么要这样毫不妥协地拒绝与南非马克思主义者开展对话呢？

从他的话里可以看出这个男人已经落伍了，跟许多20世纪60年代初的非洲国家领导人一样，他依然做着马克思主义的浪漫美梦。白人想知道曼德拉本人是否是一位马克思主义者，答案呼之欲出，仅仅只用列举1964年他在叛国罪审判上说的话——他确实是"被无产阶级社会的想法所吸引"以及这种观点部分是衍生自对马克思主义的阅读，且号称马克思思想对他的影响就如同其带给甘地、尼赫鲁、恩克鲁玛和纳赛尔的影响一样。"我们都接受某种形式的社会主义——能使我们的人民追赶上世界先进国家并克服长期的贫困，"曼德拉在1989年的文章中写道，"我的观点同他们是一致的。"

曼德拉的论点里有一种过分的自信，甚至有些变调发酵成了骄傲，但从来不曾掺杂怨恨或报复。他竭尽所能地对他的白人拯救者们讲授他们本应该知道的西方式民主以及民主在南非对他们未来的影响。他想知道为什么明明民主为白人所用并造福于他们，却会给黑人带来灾难？如果白人希望"国内和平"，他们必将接受多数黑人的统治。和平与民主是"硬币的正反面"。白人乃至整个国家实现"国内和平"的唯一出路就是通过谈判解决问题。反过来说，和平问题只能通过政府与非国大的协商来解决。接着，曼德拉罗列出了双方必须面对与解决的政治难题：如何平衡黑人要求的统治权与白人坚持的"统治结构"这两者的关系，并确保少数服从多数的原则不会导致黑人专政。他预测互斥双方的和解将是和平缔造者面临的"最关键任务"。"只有双方都愿意妥协，他才能实现这样的和解。"曼德拉后来提出了如何继续推进和平谈判进程的建议。首先，政府与非国大必须有符合和谈的先决条件——"适当的谈判氛围"，一旦营造出这样的氛围，会谈便可以开始。其次，曼德拉阐述了他认为非国大即将做出的第一个妥协——向政府表明他们愿意给予一些回馈。如果政府表明他们愿意直接与本国"公认的黑人领袖"进行协商，虽不是正式结束武装斗争，但非国大将会"暂停"武装行为。曼德拉提前几个月就曾精准概括：双方最终休战就是第一步妥协。

  当他被释放时，在他有机会能到外面的世界施展他的抱负之前，纳尔逊·曼德拉早已历练成为一位杰出的独立政治家。他信心满满地独自打通了与实行种族隔离政策的政府之间的对话。他已经深深赢得了白人对话者的信心，并用他的政治现实主义和对眼前问题的调解方案打动了他们。曼德拉显然不易妥协，但他承认妥协和对白人的"制度保障"是有必要的。他似乎在谈论某种形式的权力分享，不过，时间最后会证明，他与政府对条款的概念相差十万八千里。那10页纸的文件显然传达着一个理念，那就是曼德拉相信他与德克勒克将会共同作为和平的缔造者,和谐推进和平进程,如同阴阳调和一般达到和谐状态。这两人显然对彼此欣赏有加,并采取措施建立相互间的信心和信任。至此,南非的白人统治者终于找到了自己的黑人谈判对象,他们也希望这个人能带领他的族群走出混沌,朝着非种族性质的民主社会这条康庄大道走去。

第二章 革命领袖

比起揣摩纳尔逊·曼德拉的人物性格，人们更容易理解他为自己设定的任务。在他获得自由的第一个月里，我对他的了解随着见面次数的增加而愈发深刻。在我的最初印象里，我确定他完全属于老一代非洲领导人中的一员——以传统部落中典型的酋长独裁方式管理他们的国家。最初曼德拉有些落伍，由高度分散的草根抗议活动发展而成的反对种族隔离的长期斗争让他有些局促不安，这些变化都与曼德拉停滞的认知大相径庭——他的思维仍然停留在20世纪50年代中期，认为应由中央来领导反种族隔离的运动。

纳尔逊·曼德拉对斗争的认识还局限于把战斗作为传统和方法，即激进分子到了作战时间就去战斗，而不是因受限的范围和社会基础去战斗。他们这一代的黑人、有色人和印度人政治积极分子都是来自中产阶级的知识分子、律师和教师。而在20世纪70年代至80年代中期，中途辍学和血气方刚的青少年总是喜欢在城镇设置路障，惹是生非，很少有人能成长为政治革命家。作为现今年轻一代的黑人领袖，曼德拉错过了两件大事：第一，20世纪70年代中期的中小学生反对南非的白人教育；第二，20世纪80年代中期的城镇反抗起义。在许多方面，他仍有待学习，但这一全新的世界却亟待这位黑人政治抗议领袖的重返。

纳尔逊·罗利赫拉赫拉·曼德拉成长于一个非常传统的非洲部落。这个部落位于特兰斯凯——该国东南部最贫困的地区，这个地方会出名完全是因为以超低回报将劳动力输出到白人掌控的矿山和其他行业。特兰斯凯居住着科萨人——南非的第二大非洲族群（仅次于祖鲁）。曼德拉被扶植成为坦佩部落（Tembu tribe）未来的最高酋长，1991年初，他在接受BBC采访时告诉美国剧作家阿瑟·米勒（Arthur Miller），如同其父亲一样，他带着勃勃野心长大，"我的父亲有5个妻子和成群的牛羊"。的确，曼德拉在监狱中的最后3年里颇有最高酋长的风范。很快我就意识到，如果想了解他，牢记他人物性格中的这一面是很重要的。

出狱两个半月后，曼德拉回到家乡去看望他的家人和马迪巴（Madiba）部族，这是他34年来第一次回家。我跟随他一起踏上了返乡之路，因为我很好奇，想看看他童年的故土和人民。他的家乡在今天依然很落后，这令人惊讶不已。我不禁想知道像曼德拉这样始终处于贫困旋涡中的非洲人民所付出的劳动与所得的回报是否成正比？他成长的小村庄叫做库努（Qunu），位于特兰斯凯的首府乌姆塔塔（Umtata）往南18公里的地方。特兰斯凯是南非被谬称为"独立"或"自治"的10个黑人区域之一，这种情况正是由种族隔离造成的。用"小村落"来称呼这里实在有点儿言过其实，因为这里散落的实际上只是一系列的圆形土堆和茅草小屋，或圆形泥砖茅屋，这些房屋错落分布于通往乌姆塔塔南部的主干道两侧，散落在延绵起伏的丘陵上。其中一个沿着道路右边搭建的木屋中，居住着曼德拉幸存的远房亲戚，很多人在这之前从来没有亲眼见过他，只依稀存有他孩童时的记忆。不过终归是一家人，所以他们全都拥有一样的家族特征：马迪巴部族拥有典型的亚洲人面部特征——斜眼和平板的脸。

从上次探访至今，他的家乡几乎没有改变过，曼德拉告诉随行记者。"上次我回到这里时看到的贫穷这次还依然屹立在那里默默地注视着我。当我走进村子时，心里变得很难过。"这种悲伤是库努最著名的土著儿子与他的亲人分开很长一段时间后所感受到的与社会现实之间的明显疏离。部族准备了一场传统盛宴来欢迎他衣锦还乡，部落居民们忙着屠宰公牛，用最新鲜的牛肉来做烤肉宴，并要求他们的赞美歌手歌颂曼德拉的各种优点。不过在盛宴开始前，曼德拉先去了父母的坟墓前拜祭，他们被安葬在一片开阔的玉米地下面，就在他家曾经的茅屋遗址上，是一个仅由几块砖头和石块堆砌成的简易墓地。曼德拉衣着整洁，身穿深蓝色西装和有褶的蓝衬衫，系了一条黄蓝相间的领带，他与站在旁边的亲戚们显得格格不入。因为他的亲戚们穿着只有星期日做礼拜时才会穿的皱巴巴的西装、过时的衣服和破破烂烂的结满泥土疙瘩的鞋子。事实证明曼德拉的回家省亲成了一个非常正式的典礼，缺少温情和真情流露，于是曼德拉打算提前离开。然而，还没等他离开，他就被拖入了一个搭建得很不错的小木屋，与一户被选定的家庭成员共进午餐。

曼德拉告诉我们,他生于1918年7月18日,但不是在库努,而是姆维佐村(Mvezo),大概距离穆巴希(Mbashe)河的河岸有15千米远。他只是在库努长大,因为父亲不服从命令得罪了南非白人当局,被褫夺了酋长之位。虽然曼德拉并没有向我们解释那一天他的人生为什么以及如何发生了历史性转折,以至未能按照父亲为他铺好的道路继续走下去,不过根据他早期生活的各种事迹我们看出了一些端倪。1930年父亲死后,他被送到了坦佩酋长的"地盘"。当时的酋长琼金塔巴·达林岱波(Jongintaba Dalindyebo)是曼德拉的表亲和监护人,想将他教育成未来的酋长。为此,年轻的曼德拉进入了一所卫理公会教派的教会学校,后来转入海尔堡大学。海尔堡大学是在两次世界大战期间唯一招收黑人学生的学校,已然成为黑人民族主义政治的大熔炉。许多南非领导人都毕业于这里,比如曼德拉、沃尔特·西苏鲁、奥利弗·坦博(Oliver Tambo),以及曼戈苏图·布特莱奇酋长,还有津巴布韦的约书亚·恩科莫(Joshua Nkomo)和罗伯特·穆加贝(Robert Mugabe)。曼德拉在反抗学生会和校领导时,正值二十出头的年纪,当时发生的两件事永远地改变了他的生活。首先,他在大三的时候被海尔堡大学勒令退学,因为帮着组织和联合抵抗学生代表委员会。然后,达林岱波酋长安排了一位精心挑选的当地女孩与他结婚,为了躲避传统的包办婚姻,曼德拉逃离了特兰斯凯。

22岁的曼德拉来到了约翰内斯堡,从此迈入了黑人民族主义政治的世界。尽管曼德拉反叛了部落的传统,但也被告知——在他访问库努后的几天内,将会举行一场部落首领的聚会——如果不是因为他在约翰内斯堡与沃尔特·西苏鲁成为朋友，将仍有可能成为库努部落的酋长。在此之前，西苏鲁不仅帮助曼德拉进入威特沃特斯兰德大学学习法律，而且介绍他加入了成立于1912年的非国大，该党派的目的在于用非常温和的方式来谋得南非黑人的首要需求——希冀得到更好的待遇。在20世纪40年代早期，非国大的政治运动主要是由一群年轻成员带头反对平庸无能的国家领导层。这些年轻人也抵制传统酋长，他们认为酋长是白人政府的傀儡。曼德拉当时是青春叛逆的少年们心目中的偶像，一时之间风靡全国。这也促成了1944年非国大青年联盟的成立，并导致了更激进的民族主义政治团体共青团的诞生，该团体的主要推动者是曼德拉、西苏鲁和坦博，它继承了非国大的思想和战术，并将促进民族解放斗争的复兴作为己任。作为新一代的领导者，曼德拉将自己定位为一个火炬——反抗一切家族、部落和政府当局的权威人士。

曼德拉从来都不是一位伟大的革命理论家，而是一位活动家，是实干家而不是思想家。他秉持明确的造反理由。联手西苏鲁和坦博，曼德拉着手改变了非国大的整体特色和战术。要做到这一点，3位策反者不得不策划了一出妙计——用共青团作为他们的跳板——来反抗阿尔弗雷德·库马（Alfred Xuma）对非国大的平庸领导。1949年，年轻的策反者们与库马因为《行动纲要》——他们先前提出的用来振兴非国大的方案——发生了冲突。这份纲要呼吁工人罢工、商人罢市、公民抗命，以及其他形式的积极反抗来抵制白人政府，却遭到了库马和守旧派的强烈反对。当时，该方案体现的革命思想甚至震惊了非国大的领导人。

1949年12月，在非国大全国会议召开前夕，3位共青团领导人与库马打了照面，这次会议后来被西苏鲁称为"真正的暴风雨会议"。曼德拉说，他们基本上是在敲诈勒索库马，告诉库马如果他不支持他们的方案，他们就不会选举他继续担任主席。库马拒绝了，3人马上鼓动他们的支持者反对库马，在最后一分钟里，人们围绕詹姆斯·莫罗卡（James Moroka）博士振臂高呼并推选他为替代库马的候选人。在随后的对决中，西苏鲁、坦博和曼德拉使出了他们的浑身解数，成功地让莫罗卡赢得了选举并让方案被采纳。西苏鲁甚至还被选为秘书长，他让曼德拉做了副手，每当他外出访问时，曼德拉就帮助他管理组织机构。1950年，曼德拉被选举为共青团主席。两年后，也就是他加入非国大8年后，曼德拉一跃成为委员会的副主席，地位仅次于阿尔伯特·卢图利（Albert Luthuli）。

当时，曼德拉制定了他的专属"M计划"（以他自己的名字命名）来重组非国大的基层组织。他创建了神秘的细胞网络，以更好地抵御警察对非国大组织的无情镇压。曼德拉希望能将激进主义者和一小支共产党武装分子融合成一个新的武装斗争队伍。根据某位参与这项革命密谋的成员称，是1960年3月21日发生在沙佩维尔（Sharpeville）的大屠杀促成了革命种子的生根发芽，在这场大屠杀中，白人警察枪杀了69个黑人，致使176人受伤。这场大屠杀结束了和平抗议种族隔离的时代，并开辟了一种对抗新模式——那就是在街道、城镇和工作场所直接对抗种族隔离。随之而来的黑人暴乱是由非国大和一小群共产党人共同发起的。迈克尔·哈尔麦勒（Michael Harmel）和阿瑟·戈德莱希（Arthur

Goldreich)领导着这一小支共产党力量起草了最初的武装叛乱共享计划。乔·斯洛沃是这一思想的主要推手,曼德拉立即成了它的支持者。随后,曼德拉又成为"我们的军事组织"(Umkhonto we Sizwe,南非祖鲁语:"民族之矛")——非国大的新兴游击队——的第一位总司令。然而,对于这些革命家来说,最根本的问题是非国大的主席阿尔伯特·卢图利反对这个计划,因为他担心这个计划将会妨碍他赢得诺贝尔和平奖的机会(下半年他确实获得了该奖项)。因此,武装斗争的计划被推迟到了1961年。但以我们对卢图利的充分了解,他绝对不会正式批准这项计划。

曼德拉作为游击队司令的职业生涯是短暂的,他注定成不了南非的切·格瓦拉、毛泽东或胡志明。他从未制定出一个如何让游击战适应南非的特殊情况的战术,也没有论述过阿尔及利亚的弗朗茨·法侬(Frantz Fanon)或几内亚阿米尔卡·卡布拉尔(Amilcar Cabral)的革命方式。曼德拉最重要的著作《斗争是我的生活》(The Struggle Is My Life)是他的演讲和写作的合集,并收录了1944年至1964年间为非国大起草的官方声明。这本书令人回味无穷,因为人们可以通过它了解到曼德拉政治思想的逐年演变过程。"斗争"显然占据了他生活的全部。

自此,曼德拉进入了非洲大陆风云变幻的时代。如同曼德拉在20世纪60年代早期发起的非国大武装斗争一样,民族解放斗争正在逐步获得胜利,英法殖民地纷纷获得独立。非洲社会主义和马克思主义作为"解放神学"风靡一时。阿尔及利亚经过了长达7年的反殖民主义艰苦抗战,最终获得独立。用曼德拉的话说,"真是鼓舞人心"。曼德拉从1961年6月开始转入地下,暗中组织非国大的武装斗争。1961年12月16日,斗争全面爆发,他们进行了一系列破坏活动,南非所有城市无一幸免。非国大的初始策略似曾相识——1954年阿尔及利亚民族解放阵线(FLN)在阿拉伯民族主义政治斗争中使用了相同的方式。曼德拉向我回忆道,1961年,他领导着第一组20人的"民族之矛"队伍被派遣到阿尔及利亚和埃塞俄比亚参加军事训练,亲眼看见了一些反对法国军队的阿尔及利亚战役,仍然清晰记得民族解放阵线是如何使用战术指挥国家军队作战的。随后他提到,1964年比勒陀利亚的最高法院对他进行叛国罪审判的同时,他在国外学习研究了"战争和革命的艺术",因为他想要全副武装好自己,以防在南非发生"漂流游击战"。

在帮助组织展开武装斗争之后,曼德拉被非国大派往海外宣传他们的事业。1962年1月,"民族之矛"发动第一次进攻后没几天,亚的斯亚贝巴就召开了一场非洲中部和东部关于泛非自由运动的会议。在会议演讲中,他阐述了非国大诉诸暴力的理由。随后,他的世界巡回演讲访问了伦敦和十几个非洲国家,简要地向领导人们介绍了南非正在发生的事情,寻求他们对非国大武装斗争的支持。

曼德拉在7月悄悄返回南非。他获得了一个"黑人潘佩内尔"(Black Pimpernel)的城镇英雄绰号,因为他曾经通过各种伪装出行并成功躲避了白人政府一年多的抓捕。可他的好运截止于8月5日——曼德拉在纳塔尔被铺,当时他打扮成一名司机,并驾驶着一辆汽车[后经证实,是美国中央情报局的一名特工米勒德·雪莉(Millard Shirley)给种族隔离政府提供信息导致曼德拉被捕,中情局参与抓捕曼德拉的丑闻被美国和南非新闻媒体曝光,这让布什政府非常尴尬——与曼德拉在 1990 年 6 月第一次胜利访问美国形成鲜明对照]。11 月时,曼德拉因煽动群众和非法出境被判处 5 年监禁。1963 年 7 月 11 日,曼德拉仍在服刑期间,警方突袭了非国大在利利斯利夫(Lilliesleaf)农场的秘密据点,它位于约翰内斯堡北部郊区的利沃尼亚(Rivonia),并对此地进行了查封,逮捕了包括"民族之矛"、非国大和共产党在内的 9 位领导人。随后在利沃尼亚审判上,曼德拉以叛国罪——即企图阴谋推翻政府——被起诉,同时被起诉的还有包括沃尔特·西苏鲁在内的一些同伴。1964 年 6 月 12 日晚上,包括曼德拉和西苏鲁在内的 8 位领导人被裁定罪名成立,并被判处无期徒刑。

从曼德拉开始推行武装斗争到被逮捕,只经历了短短 8 个月时间,他根本没有足够的时间成为一个伟大的游击队领导人。但曼德拉却备受年轻人拥戴,因为他在非国大武装斗争初期扮演了总司令的角色。虽然曼德拉所指挥的领土解放斗争未能成功,组织武装力量参与非国大的游击队和对抗南非本土的白人军队最终也以失败而告终,但他仍然深得民心。这场革命最后被证明是一场苍白的阿尔及利亚革命,或者只能作为邻国——安哥拉、莫桑比克、津巴布韦或其他国家——借鉴的失败案例,但它仍然给了人们一个希望,一个能变成强大神话的希望。

曼德拉在早期政治生涯中完成的另一件大事就是完善了非国大强调保密、专制和集权的行动方针。所有黑人政治运动都遭到政府的无情镇压,这导致非国大为了生存不得不转变为一个地下社团。1948 年,在获取政权两年后,民族党通过了《镇压共产主义法案》，该法案不仅无情打击了共产党，同时也极大地冲击了整个反种族隔离运动。因此，曼德拉在20世纪50年代的大部分时间里都被禁止参与运动。这意味着法律禁止他组织队伍和参加政治运动，他也经常被禁止踏入约翰内斯堡地区。1956年，作为156名被捕的活跃分子之一，曼德拉第一次因"叛国罪"的名义被政府抓捕，他被控以阴谋推翻国家的罪名。这项审讯长达4年，但最终对每个人的指控都被证明不成立。

在骇人听闻的沙佩维尔大屠杀事件后，政府发布了预警状态并逮捕了20000人，以抗议非国大接受与白人和共产党共事，这完全是对非国大和泛非议会（PAC）的全面封杀，而泛非议会是非国大内部一小撮反对奉行非暴力政策的成员自1959年分裂出去的单独势力（泛非主义者一直负责组织沙佩维尔抗议）。在这种压抑的氛围中，一切关于自由和开放的讨论在非国大中已变得不可能。其结果就是衍生出了保密、集权和专制的领导风格——这种领导风格在非国大中持续了30年。毫无疑问，由于共产党加强了对非国大的影响从而导致了这些不民主的趋势，同时其"民主集中制"政策似乎已经成为非国大的行为守则。1990年曼德拉获释时，非国大的领导层是一支由35人组成的紧密团结在一起的队伍。该领导班子在长达30年的管理中做出所有决策时从不征求支持者们的意见，导致全国上下民心涣散，全国执行委员会高傲得仿佛奥林匹斯山山巅的众神。

曼德拉被监禁了27年，与非国大形成的专制领导风格毫无干系。在曼德拉获释后，我曾特别注意他的行动，但我发现他并没有与该组织的保密和专制传统发生剧烈冲突。曼德拉很快就继承了或偏向于这种风格,成了非国大的老卫兵(守旧派)。但随后,他发现自己遭到了由新一代青年领导的联合民主阵线(UDF)的直接攻击。全国上下,共有700多支正在运转的合法组织,这种局面导致内部的反种族隔离运动从1983年一直到曼德拉获释都处于百家争鸣的状态。曼德拉成了国内外争先恐后阿谀奉承的对象,这无疑加强了他这一代非洲领导人早已习以为常的独裁心态。在某种意义上说,曼德拉的行为明显带着他那个时代的风格,完全适合领导与他同时代的人——男人们都喜欢的赞比亚的肯尼斯·卡翁达(Kenneth Kaunda)和科特迪瓦的费利克斯·乌弗埃-博瓦尼(Felix Houphouet-Boigny)。曼德拉的温和独裁甚至致使他重新考虑年轻人反对传统的部落当局者的问题。1991年,他在德兰士瓦(Transvaal)东部告诉非国大青年委员会:"有些人认为我们对酋长没有采取行动,那是因为他们不知道非国大的政策,也不明白如何巩固组织在农村的领导。我们应该同酋长一起工作,给予他们应有的尊重。"人们可能会不禁感慨,50年过去了,早已变得成熟温和的曼德拉又重新找回了自己失落的部落和酋长根源。在那里,曼德拉一直在普及他的观点,但这种观点在同一时代却为别人所拒绝。密切关注曼德拉几个月之后,我深深感到,曼德拉在内心深处其实渴望被视为首领。然而,他代表的组织是由一群桀骜不驯的无畏青年组成的,并且队伍中的成员都忙着斗争,完全顾不上膜拜这位酋长。

当曼德拉终于从监狱牢笼中挣脱出来时,他与非国大之间的紧张关系一次又一次地浮出台面,并呈现出不同的面貌,发生这种结果的原因是非洲人民早已厌倦了处处遭受一人一党的专政统治。在国内,他面临高度民主、分权和协商的政治活动,且南非联合民主阵线随着领导者与追随者之间持续的密切联系应运而生。曼德拉发现他的领导自由面临着严重挑战,因为他完全无法控制城镇中的年轻人或是由基层发起的运动。曼德拉发现,纳塔尔地区的非国大领导人将决定他是否以及何时能会见布特莱奇酋长。非国大全国执行委员会的其他成员也限制他的发挥余地,甚至连他会见德克勒克总统也要经由他们之手。但曼德拉明显偏好同其他领导者一起处理事务,无论他们是白人还是黑人。他以个人名义达成的协议却遭到了非国大的普通成员以及高级官员的强烈反对。

以现实为考量,年轻的纳尔逊·曼德拉已经跨越了温和的界限,在民族党——其在 1948 年上台之后推行大种族隔离制度——施加的重压之下改用了激进的方式。现在回想起来,1944 年非国大共青团成立的宣言真是一份温和的文件。该宣言的目标是推行非洲民族主义——一种让黑人们热血沸腾、相信他们有能力解放自己的信念,同时拒绝"把外国意识形态引入非洲"。非国大共青团的基本政策文件签订于 1948 年,政策延续了非国大的一贯精神,并且更为明确地拒绝由牙买加黑人民族主义者马库斯·加维(Marcus Garvey)领导的激进非洲民族主义。对于那些年轻的煽动叛乱者,加维的政治哲学是放声呐喊"非洲是非洲人的"和"把白人扔进大海"。让共青团接受白人族群是南非四大"民族"之一的观点,这对于他们来说实在是太"极端和超革命了"。1948 年的文件中曾写道,他们必须"清楚地明白,我们并不反对欧洲白人",而是"完全和彻底地反对白人统治"。

政府一味追求大种族隔离慢慢地让温和派中分裂出了激进派,还在有抱负的资本家中产生了社会主义者,在赞成取消种族隔离的人民中衍生出了黑人统治分权者。1950年,政府通过了《镇压共产主义法案》,开始迫害共产党人和非洲民族主义者——政府将这二者一视同仁,因为通过后者可以发现曼德拉思想中明显的激进迹象。曼德拉曾经一度认为共产党将对非国大和它的非洲民族主义平台构成危险(所以他结束了他们的会议,中断了他们的活动,甚至支持在运动中排挤驱逐共产党人),但现在认为共产党是反对白人政府大规模迫害的一个强大盟友。

当然,具有讽刺意味的是,政府深思熟虑的政策却将民族党与共产党紧紧拴在了一起,并将曼德拉变成了他们亲密联盟的热心守护者,事实就是这样。沃尔特·西苏鲁告诉我,《镇压共产主义法案》是致使曼德拉转变对共产党态度的决定性因素。"一开始,我们认为攻击是对待共产党的正确方式,但实际上这是对自由运动的攻击。"他说道。1950年6月25日,通过组织抗议——反对国庆日当天通过的法案,这两个群体铸成了他们的联盟。在纪念联盟成立两周年的活动上,由于对不公正法律的反抗激起了政府采取更多的镇压活动,这驱使非国大和共产党的支持者们的联系变得愈发紧密。曼德拉继续捍卫着非国大和共产党的联盟,实质上,这纯粹是一种战术,类似于共产党在其他国家结成的联盟和在阿尔及利亚、印尼和中国发起的"自由斗争"。非国大没有资本将那些愿意反抗种族隔离制度的人排除出去,曼德拉在利沃尼亚的审判上解释说:"几十年来,在南非境内,共产党是唯一把非洲人当成人民并平等对待的政治团体；他们是准备与我们一同吃饭、谈论、生活和工作的人。"与共产党共事加深了曼德拉对白人的了解并拉近了同白人的关系，那些白人曾经是他们生命中不可承受之痛，而现在，白人却与黑人并肩作战，共同为消除种族隔离而斗争，一同承受警察的暴力镇压。这不由得加强了曼德拉的信念——与极具排外性的黑人民族主义相比，非国大更应该拥护一种更具包容性的多元民族主义，因为前者随后将鼓励泛非议会的分裂。

随着时间的推移，曼德拉曾多次考虑社会主义这条道路，并且理智上也越来越靠近共产党的哲学。1956 年 6 月，南非《解放》(*Liberation*)杂志刊登了一篇文章，曼德拉声称《自由宪章》(*Freedom Charter*，非国大的官方宣言)"绝对不是在描绘一个社会主义国家的蓝图"，并没有"考虑这样深刻的经济和政治变化"。然而，现在重新起草一份新社会宪章是不可能达成的，他说道，"除非这些垄断被粉碎，本国的国民财富取之于民并用之于民"。封建专制国王和圈地贵族占据统治地位的状态必须结束，而且工人是推进民主运动的主力军。曼德拉提出了反对种族隔离斗争的马克思主义式的阶级分析，但要求团结所有阶级并结成联盟以反对种族隔离制度。他在著作中提到的该"制度"包括反对现存的国际秩序，特别是法国和英国的殖民主义，当然，他也没有漏掉美国。在《斗争是我的生活》这本书中包含了他在 1958 年写的一篇文章，题目为"南非的新威胁"("A New Menace in Africa")。他说，这篇文章是对"美帝国主义"的抨击并警告新独立的非洲国家要提防美国伪装成所谓的自由世界来反对共产主义运动的领导者。他写道:"当心,打上美国标签的帝国主义跟所有帝国主义在本质上都是一样的,不管它穿上了美丽的外衣,还是其提倡者和代理人说着各种甜言蜜语,这些都是糖衣炮弹和口蜜腹剑。"

至于曼德拉本人是否是一位共产主义者,非国大领导者在利沃尼亚审判中概述了他对共产主义的态度。曼德拉否认自己是共产主义者,但他解释说,他被无产阶级社会的想法所吸引,部分原因是阅读了马克思的著作,还有一部分原因是他对早期非洲社会的"钦佩",因为在这种社会中土地属于集体部落。同第三世界国家的其他领导人一样,曼德拉说他深受马克思主义思想的影响,但他专门引用不同共产党人对西方民主社会的谴责,宣称自己是某种特定情况下的英国政治体制崇拜者。他向法庭陈述道,"我认为英国议会是世界上最民主的机构",但他也不依赖于任何特定的"除了社会主义以外的其他社会制度"。

曼德拉是个感性的人,并不是只奉行教条的社会主义者,这种印象主要派生自其20世纪60年代早期在出席一个白人法庭之前的言论小册子。他清楚地意识到,经济中的一些关键部门,比如矿山、银行和大工业都应该收归政府控制,然后再重新分配给原来的非洲持有者们。如果最终别无选择,他就会成为一位"纯粹社会主义者",这反映出南非社会的巨大不平等。他的观点与许多同时代的其他非洲国家领导人不谋而合,都充满了"非洲社会主义"的氛围,比如塞内加尔的利奥波德·桑戈尔(Leopold Senghor)、赞比亚的肯尼思·卡翁达和坦桑尼亚的朱利叶斯·尼雷尔(Julius Nyerere)。但在南非的大环境下,曼德拉提倡的社会主义必然不能采取激进手段，因为其社会主义针对的对象是非洲大陆上最庞大的白人族群，且该族群控制了南非国内87%的土地和所有的银行、矿山乃至工业。自从曼德拉出狱后，白人和黑人都很好奇他是否保留了早期对社会主义的偏爱。

曼德拉对基础经济问题的看法跟他在监狱中的观点相差无几。1990年，他仍然是位"纯粹社会主义者"，但却早已不再是1964年的那位经济学者了。但这样的事实——共产主义在东欧摇摇欲坠，对于那些将马克思列宁主义当成指明路灯的非洲国家来说，它是一个令人沮丧的失败——让他花费了一些时间才得以接受。当曼德拉第一次走出监狱时，他仍然谈论着进监狱之前的内容。在第一次新闻发布会上，他提到需要大力改革经济，以确保充分的就业和更为先进的生产力。然而在同一时期的另一个有关"社会责任问题"的会议上，当被问及是否需要更改他的意见——国内需要更激进的财富分配方式——时，他斩钉截铁地回答道："不，我的观点就是非国大的观点。将矿产和类似部门国有化的问题是非国大的一项基本政策，我相信非国大对此的态度很正确。"他当天的发言应为约翰内斯堡一蹶不振的股市负一定责任。

在随后数年的时间里，曼德拉在非国大发布的官方声明对国有化的态度渐渐软化。但这并非发自内心的改变，似乎更像是政治上的权宜之计，因为当时必须安抚恐慌的白人商人、外国投资者、国际货币基金组织和世界银行。即便如此，他也经常有露出马脚的时候。例如，1991年7月，当曼德拉在开普敦对葡萄牙人团体发言时，他重申了非国大拟定将大垄断企业国有化的政策。

他说,国家权力将会用于纠正种族隔离在经济和政治上的过错。然而,许多共产党员一直很担忧,曼德拉和非国大正在慢慢放弃他们致力的内部共产主义,有些人预测非国大—共产党联盟有一天会在这个问题上分崩离析。然而,目前还不清楚曼德拉屡次强调的重新分配财富的迫切需要是否与他阐述的共产党的"民族社会主义政策"有所不同。1992年2月,在瑞士达沃斯世界经济论坛上,曼德拉的观点如下:"将部分重点企业收归国有,这本身就是克服我们国家贫富两极分化的一个重大举措。"曼德拉的利益出发点在于看到了非国大控制着经济制高点。

同样,曼德拉出狱时,对第三世界革命者以及由于各种原因而未曾引起国家变化深表同情。1962年,他因"反帝国主义"入狱,1990年获释时,他的观点从未改变。当曼德拉出狱两个星期后,在赞比亚卢萨卡,他遇见了巴勒斯坦解放组织领导人阿拉法特,他们互相拥抱并亲吻彼此,就像失散多年的兄弟。曼德拉通过刻画巴解组织与非国大之间的相似之处进一步激怒了南非犹太社区。1990年6月21日,在曼德拉访问美国期间的一次"两极"会晤中,他将阿拉法特称为一个并肩作战的伙伴。曼德拉本能地抱着第三世界对全球左派的过时观点,就好像全世界都是由"美帝国主义"主导的一般。曼德拉认为的新英雄不仅有阿拉法特,还有利比亚的卡扎菲、古巴的菲尔德·卡斯特罗,以及伊拉克的萨达姆·侯赛因。当然,这些领袖的共通之处在于都愿意通过各种方式来反抗美国等世界强国的压迫。1990年8月,当伊拉克入侵科威特时,非国大的第一反应就是倾向萨达姆·侯赛因这一方。在战争爆发前,曼德拉与美国总统布什进行了一次短暂的电话会议,曼德拉激怒了布什总统——因为他发表了美国政策威胁论,并告诉布什错误的一方是美国,而非伊拉克。

在导致美国与利比亚仇恨加深的泛美103号航班爆炸事件中,曼德拉选择了支持卡扎菲。这同样引得布什政府勃然大怒。曼德拉说,美国试图引渡两名利比亚情报人员到美国接受审判,因为1988年的轰炸是"意在羞辱国家元首"。1992年1月,布什政府试图劝阻曼德拉不要出访利比亚,因为华府对卡扎菲参与国际恐怖主义有"一些非常强烈的意见"。同时,非国大作为卡扎菲的长期支持者,对布什政府也持有一些强烈的看法。因为非国大已经把卡扎菲提供的几百万美元收入囊中,且卡扎菲为曼德拉提供了在南非出行的专机。另外,美国插手曼德拉的事务也触怒了非国大的官员。"如果美国开始试图操控曼德拉即将访问哪些国家,这会导致很多问题。"非国大的新闻发言人吉尔·马库斯告诉我。曼德拉的观点可能已经落后于美国和西方,但他的观点在非洲是正确的,因为这符合大多数非洲人民的观点。

曼德拉敬仰的另一个人物是菲尔德·卡斯特罗。1991年7月,当曼德拉出访哈瓦那时,他高度赞扬了时代革命,并表示赞同古巴在"反帝国主义策划的活动"中的英勇斗争。他也赞扬了古巴革命"可观的收益",并拒绝回答记者关于古巴侵犯人权的问题。"从成立伊始,古巴革命本身就成了所有热爱自由的人们的灵感源泉,"曼德拉说道。他非常钦佩卡斯特罗的革命,尽管在美国的压力之下,还依然为了活下去而战斗着。对于曼德拉来说,卡斯特罗是一位英雄,他派出30多万部队前往安哥拉帮助左翼政府对战南非军队和由若纳斯·萨文比(Jonas Savimbi)领导的美国援军。7月26日,曼德拉在发表讲话时——此时与卡斯特罗并肩而站——说道:"我们来到这里,从某种意义上说应该要感谢古巴人民。""还有哪个国家能在对非关系中显得比古巴更无私呢?"铺天盖地都是类似这般的评论,走到哪里都能看见。这也明确表明,南非的外交政策正在发生根本性的改变,如果曼德拉足够长寿,他将会成为第一位黑人总统。

几十年的铁窗生涯虽然不曾改变曼德拉的政治同情,却着实改变了他的一些性格。几乎每本书上都有写道,曼德拉在年轻时有一副令人咋舌的火爆脾气,而且经常发作,不过也有人说这是在溜须拍马。然而在监狱里,自从曼德拉学会了掌控自己的情绪之后,他的坏脾气就很少发作了。据一位名为马克·马哈拉杰(Mac Maharaj)的狱友称,曼德拉曾有条不紊地"使用政治和个人原因"压制自己即将爆发的愤怒,他封存了自己的情感,并对最亲密的狱友掩饰情绪。他在这方面做得相当成功,以至于马哈拉杰对此极度震惊。曼德拉出狱后一直保持着这种情绪管理模式,因为他仍然是个非常注重隐私的人。

曼德拉不愿意谈论他的监狱经历,也不愿提起它如何改变了他的人生观。1992年3月,我从曼德拉那里得知,曾经发生的很多事他永远都不想讨论。他说在犯人当中曾经有过"许多腐败现象",其中涉及"食物的性别歧视乐趣",不过他从未深入谈论细节。然而,他并没有向我提起1988年发生的一件事,当时他得了肺结核正在开普敦医院做复疗,有人出价50万兰特(约合18万美元)给他拍照片。但是曼德拉拒绝了这一提议,他说他担心这可能会打乱他与政府秘密谈判的节奏。

我只记得有这么一次,我们几个记者成功地让曼德拉非常详尽地回忆了他的监狱生活。曼德拉出狱4天后,在他位于索韦托的家里接受了我们几位美国记者的采访,正是在这次采访中,我们挖掘出了他鲜为人知的监狱生活。曼德拉告诉我们,他被抓捕之后,前两年的大部分时间都是被单独监禁,这种状态一直持续到他被定罪。曼德拉和其他6位"利沃尼亚被审判者"被关押在罗本岛,这个地方在最初的监禁生活中让他经受了非常严峻的考验。他所描述的小岛位于波涛汹涌的开普敦海域,岛上的条件"非常苛刻和残酷",虽然他本人从来没有遭受过身体虐待,他回忆说:"但这样的事几乎每天都在我身边上演。"曼德拉花了很多年时间在罗本岛上从事苦力活,打碎大石块、在采石场挖石灰、沿着海岸捡拾海藻。他和他的政治犯同事经过长期对艰苦条件——食物质量差、缺乏适当的体育设施和可阅读的书籍——的抗议和争取,直到20世纪70年代中期,条件才有了真正改善。

在后来的采访中,曼德拉还告诉我,他在罗本岛上学会了稳健处理与南非白人关系的美德。相关的一件事是他和他的同事在监狱上演了一出抗议,要求减缓他们的日均工作量——每天要装满15辆卡车的石灰岩。曼德拉说他们终于在1982年4月成功缩减了一辆卡车的工作任务,与此同时,他和其他4名非国大高级领导人被转移到了开普敦之外的本土波尔斯穆(Pollsmoor)监狱,他们赢得了他们要求的大部分更好的条件。曼德拉和他的同事们将永远记住这一经验教训——当他们同白人当局谈判时,如果迫切要求政府在谈判中让步,就必须坚定不移地坚持自己的态度。曼德拉说,监狱生活唯一积极的一面就是他与一些狱卒建立了友好关系。他发现他们是获得非官方恩惠和改善环境的最好希望。"我们在看守中有很多朋友,他们都尽力给予我们帮助让条件尽可能更舒适。"曼德拉告诉我们。狱卒对曼德拉在铁窗中度过了漫漫27年岁月的态度可以"消灭一个人可能会有的任何怨恨"。而正是这种对整个经历无怨无恨的态度深深震撼了我,在我看来这是曼德拉最不寻常的事。

在监狱中,曼德拉建立了他持久的威信和对非国大的领导。曼德拉获释之后,黑人社团中的一些诽谤者争辩说,曼德拉成为非国大的领导者只是历史上的一次侥幸成功;他们还说,另一名在罗本岛中的囚犯也能轻而易举地被选中而成为拯救国家于危难之中的反种族隔离活动家,并震惊国外。其他人——例如沃尔特·西苏鲁——同样能当之无愧地继承其衣钵,也能取代曼德拉在国际政治舞台中心的地位。

但是,当一项项筛选完了可能适合他的职业选项后,曼德拉的选择——作为反种族隔离活动家的人民象征,其身处综合困境的状态——似乎更加成为定局。没有人比他更适合了,甚至连他最亲密的朋友西苏鲁也不行。1962年,曼德拉被捕之前,他在非国大领导层的地位迅速上升。他帮助成立了共青团,并在1950年出任共青团主席,两年后成为非国大副主席。只是后来连续的禁令使他无法参加政治集会,并迫使他于1953年辞去了该职位。但是禁令并没能阻止他参加政治活动,1961年和1962年,非国大的激进分子们甚至开始讨论将卢图利拉下主席之位,让曼德拉取而代之。

最后，叛国罪审判给曼德拉搭建了一个证明他良好口才的平台。1964年4月，在曼德拉的利沃尼亚审判中，他捍卫了非国大关于拿起武器的决议，并建立了他的声誉——作为一名有雄辩口才和说服力的发言人，为民族解放事业做出巨大牺牲。监狱生活仅仅证实了他作为新兴统治领导人的地位。在罗本岛，所有服刑犯人都异口同声地称曼德拉是一位卓越的人物，且他在这里建立了一个政治教育中心，共计为数百名在一波又一波城镇暴乱中被捕的年轻黑人活跃分子提供了服务。曼德拉成了这100多位政治犯中备受拥戴的仲裁者，因为这之中包括非国大成员和属于其他竞争组织的犯人。曼德拉扮演了政治学教授的角色，讲授世界各地的政治抗议运动的历史。他尤其试图说服参与1976年索韦托学童叛乱的年轻煽动叛乱者们（其中大部分都是黑人权力拥护者），从历史上来看导致黑人被压迫的主要原因不是肤色，而是在殖民时代产生的镇压系统。

黑人觉醒运动的许多追随者都领导了20世纪70年代中期的学生起义，他们离开罗本岛后投身非国大就是因为曼德拉。事实上，在曼德拉被监禁前和期间的种种迹象表明，他总有一天会担任主席职务，即使在流亡时期领导着非国大的奥利弗·坦博没有于1989年8月中风致残。

真正的奇迹是，曼德拉从罗本岛出狱后，居然心智健全且毫无怨言。虽然我从来不曾确定曼德拉内在的精神力量是否源自信仰，但我记得宗教在他的精神动力中也占有一席之地。曼德拉的小学教育是在一所卫理公会完成的，但自从获释后我从未听说过他去参加教会。当然即使他去了，公众也不会知道。查尔斯·

维拉-文森西奥（Charles Villa-Vicencio），开普敦一所大学的宗教教授，后来曾就宗教信仰对曼德拉进行采访，并在报告中说他发现非国大领导人笃信宗教，但只是一般意义上的信仰，而非一位有特定信仰的信徒。曼德拉告诉维拉-文森西奥，说他在监狱中"从来没有错过一次礼拜"并且"经常阅读《圣经》中的寓言"。曼德拉热切地谈到了他在罗本岛上遇见的许多牧师，并定期与他们共进圣餐①。"圣餐给了我内心平静的感觉，"曼德拉回忆道，但他回避将自己定义为一个宗教人士。他说："我不是特别地追求宗教和精神，我只是一个凡人，想要对感兴趣的生命奥秘进行尝试体验。"曼德拉说他发现宗教体验"超凡脱俗"，不过他的结论是，比起空谈它们，我这样能更好地实现它的价值。

罗本岛不允许精神信仰，心理健全的人们包括曼德拉在内只是生存在一片麻木隔离、孤独和被奴役辛勤劳作包围的困境之中。1992年1月下旬，南非监狱当局把我和其他几个记者带到岛上参观曼德拉的狭小牢房。这是一次发人深省的经历，我们所采集到的生动素材都是对敢于反对世界上最具压迫性的种族制度的曼德拉和他的同伴们的不公。曼德拉曾在一个黑暗的、由石头和水泥堆砌成的格子间里住了21年，这个格子间只有7×7英尺大小，仅放得下一张床、一张桌子和一把椅子。从窗户的栅栏望出去是监狱的操场。不知怎么的，就在这个狭小局限的空间

---

① 圣餐（Eucharist Holy Communion）是基督教各主要派别共有的重要圣事。圣餐的设立源于耶稣与门徒共进最后的晚餐，掰饼分酒给门徒时所说"这是我的身体"、"这是我的血"。

里，曼德拉曾成功地培养出了蓬勃生长的菠菜。这引起监狱长官的注意，他向曼德拉询问种植秘方，好让他的菠菜也能长得一样好。曼德拉住的格子间位于监狱的一片特殊区域里，这片区域被称为"区域 B"，共有 32 个格子间，是专门预留给非国大和其他黑人维权领袖的。看着那个狭小的空间，我无比好奇，谁能在这里生活那么多年之后精神还能完好如初。现在住在这个地方的囚犯在曼德拉的旧床挨着的墙壁上方挂着一幅挂毯，挂毯上面织的是基督在死前弥留的话语："我的上帝，我的上帝，你为什么离弃我？"我不知道曼德拉在他漫长的岁月里是否也曾时常感叹一声同样绝望的话。

第三章　加尔文式的改革家

1989年,弗雷德里克·威廉·德克勒克出乎意料地在领导阶层中迅速崛起,几乎是转瞬之间,速度快得令人瞠目结舌。他甚至没有参加竞选就成了民族党的领袖,因为当时情况紧急根本没有时间举行选举。1月18日,博塔总统中风,德克勒克的名字浮出水面,成为几个候选人之一,但他绝非接替病中的民族党领袖的不二人选。但空穴才来风,这些猜测来源于这样一个事实——德克勒克当时是德兰士瓦省的民族党领袖,对于任何想成为"hoofleier"(民族党主席)的人而言这都是一块有力的跳板。因为德兰士瓦是南非白人保守主义的中心地带,也是白人的政治中心和全国的工业中心,全国450万白人中有200万把家安置在这里。不过,关于德克勒克升任总统的原因并没有一个特别清晰的说明,或许正是到了民族党内的改革派团结这位候选人并发起适当运动的时候了。民族党中的开明派或"进步派"的改革者们在党内凝聚力量,德克勒克被他们看作对手阵营中的人——民族党中的极右派或"头脑封闭的保守派"。然而,主动权却在德克勒克手中,换句话说,一切尽在他的掌控之中。

73 岁的博塔总统是一位难以捉摸的虚妄人士,他的专横傲慢和急躁脾气令他的同事忍无可忍。虽然与他同在一个办公室共事 11 年,但他的同事们都普遍害怕或讨厌他,他的内阁中肯定也不会有人尊重他。这样的状况完全符合他反复无常的天性,即使在中风康复后也本性难移。博塔突然就决定向民族党提出选择其接班人的问题——而突如其来的想法让竞争者们根本没有时间去争取他们的支持者。

1989 年 2 月 2 日,民族党的核心小组作为即将对外开放的新一届立法机关在开普敦召开了例行会议,与会者共有 130 名民族党成员。当然,博塔的病情引出了关于党的未来领导力的问题,但没有人为即将发生的事情真正做好了准备。召集党团会议只用了十来分钟的时间,博塔致信大会主席居里·门兹(Jurie Mentz),信中写道,他将立即辞去党的领导人职务,但仍然会继续担任国家总统。他的信件在党团会议上掀起了轩然大波,仿佛遭遇了一场地震。博塔把党和政府推入了绝境,由于国家总统(原来的首相)凭借民族党领导人的身份一直担任着这个职务。此外,由于博塔最近中风,宪法事务部部长克里斯·霍尼思(Chris Heunis)暂代国家总统一职,这意味着国家可能会由三驾马车领导——博塔、霍尼斯和即将上任的民族党领导人(假设霍尼斯没有当选)。这种现状很是荒谬,但大家却没有足够的时间来讨论如何解决这种冲突。国会开放在即,民族党亟需一位领头者在即将举行的会议上应付改革的关键问题。

党团会议立刻提出了挑选新首领的问题。改革派提出了三名候选人,分别是财政部长巴伦德·杜·普莱西斯(Barend du Plessis)、外交部部长鲁洛夫·皮克·博塔以及霍尼斯。然而保守派选择了团结在德克勒克周围。在第一轮投票中,这三位候选人的累计票数总和超过了德克勒克,是71票对59票,但德克勒克得到的票数比任何单个对手都要多。如果一开始改革派不派出三位候选人而是选择其中一个作为唯一竞选者,那他们肯定会占据上风。因为三者的总票数还要做除法,这是致命伤。皮克·博塔因口才好而广受欢迎,不过他缺乏草根选民基础,在第一轮只赢得了少数票数,因此被淘汰出局。霍尼斯跌出第二轮,留下杜·普莱西斯与德克勒克最后一搏定乾坤。

最后决胜环节,双方将展开直接较量。虽说应该支持杜·普莱西斯,但在很多与选举关系重大的党团成员心中,改革不是唯一的问题。事实上,党内最重要的分歧就是当下的前进方向几乎与改革无关,想重新恢复民族党在政策制定方面的卓越认识与"军警官参政要员"两者间存在的潜在分歧。博塔领导的由军队、警察和国家情报机关组成的总体安全机构篡夺权力,将民族党排除在权力核心之外。在这种内部的权力斗争之中,德克勒克是非常重要的"党内人士",而杜·普莱西斯在脱去其改革形象的外衣之后,他最主要的身份还是军警官参政要员中的人。这就解释了为什么博塔——军警官参政要员的中流砥柱——会全力支持改革派的杜·普莱西斯,而不看好保守派的德克勒克。这也解释了德克勒克是如何成功地吸引了另外10张选票——从那些曾支持改革派三位候选人之一的选民中赢得,并侥幸以69∶61的微弱优势成为赢家的。

令人诧异的结果引发了当地和国际媒体疯狂地寻求"真正的弗雷德里克·威廉·德克勒克",所以众人立刻理所当然地认为他是总统的接任者。一直不被看好的德克勒克居然一跃成为民族党的伟大白人改革者。约翰内斯堡《星报》的一位政治记者伊莎美尔·范·德尔·莫维(Esmare van der Merwe)在大选之夜写了一篇反映"共识"的文章,文章在白人领导集团内部和民族党之外被普遍认可,并称德克勒克"在面临国家当前的挑战时显得过分保守"。《星报》的首席政治记者彼得·法布里修斯(Peter Fabricius)预测德克勒克会沿着博塔改革的羊肠小径继续艰难曲折前行,"且很少有重大革新"。同时,《星期日之星》(Sunday Star)的首席政治分析师戴维·布里尔(David Brier)也质疑德克勒克是否拥有"铁齿铜牙"——具备过人的胆识或政治胆量,而这些必备特质需要贯彻艰难改革的始终。他引用议会上最直言不讳的白人自由主义者海伦·苏兹曼(Helen Suzman)的话说:"我不曾看到德克勒克敲碎种族隔离的基石。"

当时,美国政治学家罗伯特·I.科特伯格(Robert I. Kotberg)发表了一则罕见的预言,称德克勒克的胜出是天时地利人和。3月15日《国际先驱论坛报》(International Herald Tribune)的一个专栏称他是凭借机缘巧合胜出,"就像尼克松总统访华建交一样,所以德克勒克也能成为去索韦托或卢萨卡破冰的领导人"。1979年,博塔曾大张旗鼓地去了索韦托,但并未起到任何促进作用。随后德克勒克作为民族党领袖在议会发表首次演讲,当谈及他的一个愿景是"完全改变南非各种形式的对自由的控制和压迫"

时,全场无人理会。这听起来就像开了一张空头支票,或者是南非白人统治者在画饼充饥。

虽然扮事后诸葛亮分析利弊是轻而易举的事情,但这确是不争的事实,德克勒克在1989年之前所有政治生涯的迹象都表明他在政治上采取了保守主义——极度推崇种族隔离制度的基本原则。他鼎力支持政府的"自治"理念,强调每个种族的社会独立性以及各自拥有的在文化、社会和政治制度方面的权利。1986年8月,在民族党的联邦大会上,德克勒克在讲话中给了民族党坚定不移的承诺——"群体权利",这是在暗示将会反对白人的特权和统治。在1988年的议会辩论中,他坚持"每个民族的居民区都要把维护民族党的要求作为一种基本模式,我们自己的公立学校则可以不受此限制……采取这些措施的目的在于维护我们自己的设施"。威廉·克莱本(William Claiborne)——在议会任职了17年并担任过6种不同的内阁职位——在《华盛顿邮报》上评论道,德克勒克在此期间并没有提出相关的改革立法。恰恰相反,德克勒克在1986年时曾督促博塔总统收回他的公开声明——暗示着南非有一天可能会出现一位黑人总统,且他愿意为其效劳。

公众一致认为德克勒克是博塔总统在最后一分钟决定的人选,并揣测这是博塔对改革作出的让步——他曾在1985年臭名昭著的"卢比孔河演讲"中提出意义重大的改革方针。(南非政治评论家将其讲话戏称为"卢比孔河演讲",是因为博塔曾希望采取不可逆转的飞跃,打通与黑人领袖的谈判通道。)然而,南非最顶尖的白人政治分析家之一罗伯特·撒切尔告诉了我一个不同版本——有关博塔对内部斗争发表的讲话。他声称,当时是霍尼斯说服博塔不要宣布任何重大的政策措施,而并非我们以为的德克勒克。

无论什么情况,至少这是绝对真实的——1984年至1989年期间,德克勒克曾任职文化部长,他的一些举动确实对自由派和改革派造成了干扰。首先,他坚持抵制黑人进入白人大学;其次,他在议会大力推广一项法案——这项法案将赋予他财政权力,以强制大学在校园中镇压反种族隔离的煽动者。该法案虽然获得通过,但随后开普省的最高法院裁定该法案无效。

同时,南非媒体也回溯并核查了德克勒克妻子玛丽(Marike)的观点,发现某些时刻她在言谈之间是个彻头彻尾的种族主义者。德克勒克当选为民族党领导人3天后,南非荷兰语《自由周刊》(Vrye Weekblad)挖出了玛丽早些年在一个敬老院中说的一段话,而她的意见摘要则被重新刊登在了约翰内斯堡的《星期日之星》上。玛丽将300万混血人种和棕色皮肤的有色人种统称为"一个消极的群体",都是些"微不足道的人",是南非历史上的"糟粕"。对于南非来说,约占人口总量8%的混血人种是个独一无二的种族,是那些白人殖民者——一直沉迷于与非洲妇女野合的白人——的子孙后代。[1652年4月,第一位荷兰人简·范·里贝克(Jan van Riebeeck)驶入桌湾(Table Bay),进驻南非。]有时候,他们被美其名曰为"上帝的继子继女"。玛丽认为她的讲话——为他们创建一个独立选民的登记框——是适当且审慎的,因为在1948年之前就有了"巨大的腐败和渎职",当时有色人种在选民登记表上填写的一直是白人。至于生活在南非的100万印度移民,他们作为铁路工人的后代,至少有自己的历史和家园,她说,不过他们仍然需要"一点点监督指导"。玛丽对黑人群体的态度就像给予了他们特赦,但她至少承认他们应该拥有政治权利这一点:"我们现在必须给予他们政治权利,从而保护我们的政治权利不受威胁,因为白人仍然是这个国家的领导者……在任何解决方案中都必须坚持优先考虑黑人权利问题。"

玛丽成为白人的南非"第一夫人"后引起了一场轰动。1992年2月,她亲手撕毁了她的儿子威廉与一位混血女子艾丽卡·亚当斯(Erica Adams)的婚约。1990年,这两人的浪漫恋情上了头条新闻,当玛丽看到铺天盖地的新闻报道她儿子将会迎娶一位混血女子时脸色铁青。艾丽卡对朋友们说,玛丽完全不能容忍他们的恋情,于是将威廉送去英国学习以试图分开这对年轻的恋人。最后,威廉终于不堪重压结束了这段恋情。

玛丽的一些意见也惹怒了南非的女权主义者。1991年5月,在索韦托附近的祖贝肯(Zuurbekom),当时玛丽正陪同她的丈夫为国际五旬宗教会献词,她告诉这群黑人中的女人们,说她们"没有地位",并称我们才是男人们会珍惜的女人——他们会为我们服务,帮助我们治愈伤口,给予我们爱。南非商职女性联盟的全国主席莎伦·莱恩(Sharon Lain)告诉当地媒体,她被玛丽的评论"震惊了"。海伦·苏兹曼主张女性应该发挥更大的作用而不"仅仅只是她们丈夫的附庸"。1992年8月我在采访玛丽时,这个回击明显让她动怒了,但她仍然急于申辩她之前的言语。她承认自己不是一个女权主义者,但坚称她在祖贝肯说的话被完全曲解了。她本来打算向妇女传达她们的重要性——好女人是成功男人的学校,"女人们从来没有意识到她们自身的重要性",她说。

德克勒克当选民族党领导人后的首次行动和言论似乎更加证实了他的保守色彩。1989年5月18日,在只有白人议员出席的议会代表大会中,他发表了一场有关重大政策的演讲。在此次讲话中,德克勒克断然拒绝了一个以"一人一票"为基础的多数人统治系统的想法,认为这"是对议会诸位议员的不公,并使得其他一些群体完全不能接受"。然而,他想要的是基于共识的政治制度。只有在这种政治制度下,才能确保不会有团体被另外一个团体主宰的情况,这明显是指白人对黑人的统治。同月在另一场议会讲话中,德克勒克重申他是"自治"的坚定信徒,并表示这将成为与黑人谈判的基础。在9月6日的选举进行之前,这些思想在官方的民族党政策中占有突出地位。博塔在8月中旬辞去了国家总统的职务(但仍然领导民族党),于是,德克勒克成为代理总统,同时因成为党纲的编撰者之一而自豪不已。9月,德克勒克正式出任国家总统,自此他才重新燃起希望——首次释放非国大的政治犯并允许黑人在城市举行游行。他朝着改革迈出了具体的、戏剧性的第一步。

然而,在大多数情况下,德克勒克依然对他的动机和未来计划保持晦暗不明的态度。11月26日,在接受《华盛顿邮报》的公开采访时,德克勒克再次重申他对"自治"原则的信念,并表示任何新的宪法编排都将以各个族群之间的"权力平衡"为依据。他说,他决心要达成和解并保证不会出现黑人凌驾于白人之上的情况,反之亦然。他还驳回了 1950 年的《人口登记法》(Population Registration Act),因为该法案将人口按种族划分等级。所以,直到谈妥了新的宪法章程之后,人口统计才开始进行。他从未表现出对将不公平的种族隔离宣扬为一种意识形态或体制的悔恨。他承认,种族隔离"作为一种理念"并没有成功地解决"问题",他这是指黑人族群在南非的白人区域被压榨。但是,他坚持认为种族隔离已经做出了积极的贡献——创建了 4 个独立的黑人家园和 6 个自治家园。

这些都不应是一个伟大改革者应有的观点。难怪许多南非政治分析家仍然对德克勒克持有疑惑。5 月 28 日,德克勒克领导了民族党近 4 个月后,《星期日之星》刊登了一个故事,或许这个故事反映了公众的普遍困惑——"真正的德克勒克是坚持改革的微笑哲基尔(smiling Jekyll)吗?或者他其实是推行种族隔离的铁面海德(grimfaced Hyde)?"

与当地的同事一样,我的兴趣也在于揣摩谁是真正的"德克勒克"。我与他的首次个人际遇是在一场鸡尾酒会上——每年议会开幕之前国家总统都会召集外国记者举行一场鸡尾酒会。1990 年的这次酒会选在了周四举行,紧临的 2 月 2 日进行了那场历史性的议会演讲,此时距离曼德拉走向自由还有 3 天。对于大家来说,这真是一个令人难以置信的激动人心的时刻,并且我确信,德克勒克是另一个正在成长中的戈尔巴乔夫。毕竟,他刚刚所示的大胆决定着实令人印象深刻,其勇于承受巨大政治风险的行为也让人叹为观止。我轻而易举地就发现了苏联和南非领导人之间的相似之处,并不仅仅只是因为他们正好都是 50 多岁的光头领导人（德克勒克53岁,戈尔巴乔夫59岁）。其次,德克勒克像戈尔巴乔夫一样,为他的政党和国家提供了让人耳目一新的领导风格。同时,两者都代表着年轻一代,他们更注重媒体的力量和实用性,双方都熟谙如何利用它来向外界塑造出一个魅力无穷的公众形象。

当我在活动中看到德克勒克时,他留给我的第一印象是一位完美的政治家。德克勒克面带微笑,轻松自在如同在办公室工作。手里拿着香烟,同一个又一个记者自由地聊着天；面对每个抛向他的问题,他都能毫不犹豫地立即作答。如果他的意图是为了让自己的风格与前任形成鲜明对比,一如我们预期的那样,那么他绝对成功了。博塔总是沉默寡言并拒人于千里之外,如果碰巧有记者问了一个敏感问题,博塔经常是采取公开的敌对态度,但德克勒克却总是临危不乱。

听了德克勒克与一些资深记者的对话后,我在脑海中迅速决定好了我想问他的问题——他自己如何看待外界将他比作戈尔巴乔夫？他是否认为自己在南非历史上起到了一种革新,甚至是反传统的作用？他毫不犹豫地反驳了外界将他比作戈尔巴乔夫的观点,坚持认为自己不是在按照戈尔巴乔夫的方式行动；他推出的改革方案在早些时候已经由整个民族党的领导商定好了；他刚刚宣布的措施也是经过了整个内阁的讨论和批准。德克勒克坚称改革措施都不是"他个人"的想法。民族党在民族主义思想方面的改变源于1986年7月,当时,他们已经通过了新的"权力分享"理念,旨在结合部分黑人进入政治体制。德克勒克似乎决心说服我,他只是在适当时机恰好出现的人,并成了民族党的代言人,而非一个独自翱翔的革新者。

在一定程度上,他的回答吓了我一跳,甚至令我失望。他似乎太急于贬低个人及其成就。他给我的印象过于谦虚,或许这只是他营造的虚假表象,因为这个男人刚刚发表的言论完全颠覆了民族党40多年的历史、政策和实践。尽管如此,德克勒克的回答让我对他在开展改革进程中发挥的作用有了巨大改观。我开始调查民族党在过去几年中有哪些改变,以及德克勒克本人与改变有何种关联。我对德克勒克的重新评估与一位作家的优秀作品中的观察报告相悖[这位作家是颇具反抗精神的南非白人作家瑞安·马兰(Rian Malan)],书名叫"我的反叛之心"(*My Traitor's Heart*),后来我曾偶然翻阅过。马兰认为博塔才是南非的戈尔巴乔夫,恰恰是这个历史上被人唾弃的男人,被认为是平庸、过时的独裁统治者给马兰留下了最深刻的印象。博塔跟戈尔巴乔夫一样,不仅拥有同样蜡黄的下颚、秃顶的脑袋,还有晃手指的类似小动作,马兰说。"同时,两人都继承了意识形态僵化的政治体制;在特权阶级和意识形态纯粹主义者的强烈反对中启动了初步的改革。"我在脑海中反复思索着马兰对德克勒克的这些评价,据此开始重新审视这看似不可逆转的改革进程的根源,用我自己的方式追寻"真正的德克勒克"。

德克勒克成长于一个南非白人世家,三代从政,其家族参政的重心一直都是民族党。他的曾祖父简·范·鲁伊(Jan van Rooy)曾经当过参议员。他的祖父威廉·德克勒克是位牧师,将其一生都积极贡献给了民族党。他的父亲简·德克勒克在内阁担任了15年的参议员,曾依次与3位首相共事,其中包括大种族隔离的缔造者亨德里克·维沃尔德(Hendrik Verwoerd)。简·德克勒克也曾在参议院(现已解散)担任了7年议长。德克勒克的姻亲叔叔是约翰内斯·赫拉尔杜斯·史垂顿(Johannes Gerhardus Strijdom)首相,一位不妥协的白人至上主义者,他曾在20世纪50年代末发起了一场运动以成立南非独立共和政体并摆脱英联邦的统治。换句话说,德克勒克家族曾密切参与了制定完整的种族隔离政治体制的过程——但现在他们的后裔又建议废除此项制度。德克勒克不仅拥有独特的家族历史,他的家庭在另一方面也很特别。德克勒克家族属于南非白人建立的最小的荷兰归正教会,即改革教会,通常也被称作多普勒教会。多普勒信徒或原教旨主义者被誉为最贴近教会的教条主义者,是荷兰归正教会的纯粹主义者和保守主义者。1991年,威廉·德克勒克写了一本关于他弟弟的书,书中将弗雷德里克·威廉·德克勒克比作一位"南非白人加尔文主义者",因为后者的政治价值建立在宗教道德的基础之上。威廉声称,宗教也解释了他弟弟旨在保全自己身份的强烈信仰——南非人必须要维护自己的文化、语言和历史,虽然其他荷兰归正群体似乎只是将这一信仰作为附加的概念。如果德克勒克确实怀揣有关需要保存南非白人身份的宗教信念,这可能有助于解释他坚持捍卫"自治"甚至推出戏剧性的改革方案的行为。然而,许多白人明显并不信仰宗教,只是将其作为一种激情,即每个种族都应该有自己独立的惯例制度。

玛丽·德克勒克给我解释了多普勒教会的另一方面以帮助我进一步了解南非白人陌生又遥远的宗教——政治理想主义的

世界。我对她的话印象最深刻的是,多普勒信徒实际上比其他荷兰归正教会更自由,因为他们已经率先成为混血种族。多普勒教徒认为,每个教会都是一个独立的决策机构和自由集成体,"根据自己的情况而定"。在这种方式下,多普勒教徒开始了对种族融合问题的争议并把它从国家教会领导的议程中移除。"这也是我们正在宪法中寻找的内容。"她补充说,意指政府对社会群体权利的坚持。但并非每一位多普勒信徒都决定要成为多种族,而关于他们是否真的比其他荷兰归正教派自由更是受到了严重质疑:1991年1月,该改革教会召开全国主教会议,赞成继续隔离教育,并列举了南非各民族的"不同生活风格"。实质上这不过是新瓶装旧酒,用全新的哲学语言来包装种族隔离的部分"自治"旧理念。总之,在我看来,一个虔诚的多普勒信徒——如同德克勒克在他的妻子和哥哥心目中的形象一样——可以很容易地对改革怀有固有的模糊情感:他也许能感知种族隔离的不公正的宗教基础,但仍然需要由政治驱动来保持南非白人的独立身份。

德克勒克与多普勒教会的从属关系也能相应地解释其另一种在未来引起很大争议的态度:他坚决否认种族隔离是"罪恶"。德克勒克头顶巨大压力公开表达这种观点。在某天的午餐中,南非最伟大的剧作家阿索尔·富加德(Athol Fugard)曾告诉我们这群外国记者:"只要他一天不说'对不起,请原谅我',我就一天也不会信任他。"我曾问过德克勒克对荷兰改革教会内部争议的真实看法,即在整个白人社会中,种族隔离是否应被视为一种"罪恶"从而需要正式的"忏悔"。他对此问题反应激烈,抱持防守态度,称为种族隔离道歉毫无必要。维沃尔德以及其他南非白人祖先尽了他们的最大努力来提升大多数黑人的利益。种族隔离并非天生就是错误的,他说,这项制度对黑人种族并没有"邪恶"意图,相反,它还能激励黑人种族创建独立的国家,享受充分的政治权利,只是黑人从未建立起这样一个家园罢了。

南非种族隔离的制定者拼尽全力将黑人族群与白人分开,以避免越来越高昂的经济、社会和政治成本。此项方案的设想是让10个主要非洲民族中的每个族群都建立起他们自己的家园,并历经几个必经阶段最终发展成一个完全独立的国家。1981年,先后建立起了4个"独立"家园——特兰斯凯、西斯凯(Ciskei)①、文达(Venda)和博普塔茨瓦纳(Bophuthatswana),而另外6个"自治"家园都严重依赖南非政府的资金来维系生存。

德克勒克完全不承认种族隔离在道德上的错误,这个想法吓了我一跳。但这确实有助于解释他一些令人震惊的演讲:从来不曾试图自圆其说,也不曾在道德层面声援他的改革。他似乎在做事时随心所欲,从不受制于道德。不同于戈尔巴乔夫,德克勒克从未在民族党内部进行"去斯大林化"运动,否则他将要求驱逐种族隔离的开国元勋并摒弃他们的意识形态。他从未公开捍卫他的前任领导者,大多数时候都保持沉默,并试图无视所有道德问题,或者说,他在以严格的种族隔离为基石的制度中缺乏道德感。1992年3月,他在白人公投中获胜,借助这次难得的机会,

---

① 西斯凯是南非白人种族主义者为"安置"科萨人而建立的两个班图斯坦之一(另一个为川斯凯),位于南非东南海岸开普省内。1972年实施"自治",1981年宣布独立,1994年重返南非,现为东开普省的一部分。

德克勒克总统阐述了他关于种族隔离的正式观点——"理想主义"在实践中偏离了正轨。"种族隔离的初衷是追求平等的理想主义,"他说,"但它最终未能使所有南非人都获得平等公正,因此它必须被抛弃。"

直到1992年10月9日,德克勒克才公开进行了一次"道歉",但不是对种族隔离的罪恶进行忏悔。在南非白人小镇温堡(Winburg)的演讲中,他说:"长久以来,我们紧紧抓住民族区域自治的梦想,但现在我们已经明确地意识到,它是不可能成功的。为此,我们深感抱歉。"但他很快又补充说,种族隔离并没有邪恶的意图。"是的,我们经常犯罪……如果说种族隔离是邪恶的、恶毒的和卑鄙的,但对这样的评价我们要说不,不是这样的。"总之,德克勒克推动伟大改革的背后动机并不是相信种族隔离天生就是错误、邪恶或是罪恶的,而是认为它原本是一个有益的推动力——只是它未能达成预期成效而已。

如果不谈德克勒克公开发表模棱两可的种族隔离声明这件事,毫无疑问没有人比他更适合带领民族党推进改革的进程。毕竟,他是一个拥有真正权贵血统的民族党,是南非"开垦者"的后裔。虽然德克勒克家族从来不像肯尼迪家族或洛克菲勒家族一般大富大贵,但他们仍然属于典型的现代化、城市化的南非白人——其权力主要来自担任政治职务和控制国家机器。德克勒克的父亲曾是梅菲尔(Mayfair)的一名教师,1936年3月18日,未来的国家总统在梅菲尔诞生,这是一个位于约翰内斯堡的工人阶级地区。男孩的童年在不断迁徙中度过,因为他的父亲调换了很多所学校;德克勒克在7年间分别在7所学校度过了小学时光。1945年,简·德克勒克辞去教师职务,正式成为一名工会官员和约翰内斯堡地区民族党支部书记。他的两个儿子就一路跟随父亲在竞选演说中长大。年仅12岁的德克勒克在1948年的选举中就扮演了重要角色,把民族党带向了权力之位。

德克勒克后来被送到南非白人寄宿学校接受他的高中教育,地点在约翰内斯堡之外的克鲁格斯多普(Krugersdorp)。他在学校里是有名的辩论手和拉丁语学者。后来,他进入了波切夫斯特鲁姆大学(Potchefstroom University)继续深造基督教高等教育,该大学是多普勒教会经营的最负盛名的院校。他在那所大学完成了他的学士学位,然后在1958年获得法学学位。与他的哥哥一样,德克勒克参与了校园里的学生会和民族党政治。他被选举为学生会副主席,并成为非洲学生协会的成员(一个荷裔南非白人青年组织),同时兼任校报的副总编。

德克勒克也有一些女性化的特质,关于这一点他的妻子最具有发言权。玛丽告诉我,德克勒克对"美丽的事物"极其敏感,具备艺术家气质,吸引了很多女性,即使是在35年之后,女人们仍然对他趋之若鹜。她将这一特殊品质归结于他的成长经历:他的母亲一直希望第二个孩子是女孩,结果又生了一个男孩。"他在成长中只有母亲相伴。"玛丽告诉我,因为威廉年长他8岁,而父亲又经常不在家。玛丽与德克勒克第一次见面时,他们还是学生,都在校园这座"大熔炉"里边,那时的环境一点儿也不浪漫。当时她的男朋友让她去看一个校园剧或舞蹈什么的节目,半路上他们的国产汽车出了故障,只能推着往前走。她的男朋友带着几个朋友出现了，其中包括德克勒克。男孩们在后面推车，玛丽坐在车中努力启动汽车，但试了好几次都打不燃发动机。玛丽感觉被这样对待是一种羞辱，恼羞成怒之时她飞速逃离了汽车、她的男朋友以及男朋友的朋友们。最终的结果是，德克勒克后来找到了她，向她道歉并送上了一盒巧克力。"他请求我的原谅，并把巧克力给了我，"她说，"而当德克勒克回到他的住所时，他告诉室友，今晚他遇到了他的妻子。"玛丽推测是她的愤怒吸引了他。1959年，两位刚从法学院毕业的大学恋人结婚了，当时她22岁，他23岁，一贫如洗，待业多时。事实上，玛丽必须支付她的结婚戒指、蜜月旅行的费用并负担起他们前两年婚姻生活中的所有生活开支。

后来，德克勒克成了比勒陀利亚律师事务所的一名助理并一直在那里工作。1961年，德克勒克在弗里尼欣（Vereeniging）买下了他人生中的第一处产业，弗里尼欣是德兰士瓦工业重地中的一个小镇，距离约翰内斯堡南部30公里。作为一名律师，他是相当成功的。但1972年他果断结束了这份职业。当时，他在学生时代就一直积极参与并活跃其中的民族党询问他是否有意向参加议会竞选。德克勒克接受了挑战并赢得了竞选。他在36岁时成了民族党内的一匹黑马，呈异军突起之势。仅仅6年后，他被约翰·沃斯特（John Vorster）首相选定担任邮政和通信部部长。玛丽告诉我，德克勒克策划了一次规避国际制裁的行动，成功为国家购买了第一套数字电话系统以及保障它正常运营的配件。

在接下来的11年里，德克勒克相继担任了其他5种内阁职位。起初他只是一个普通的技术专家，直到1984年，他出任教育和家庭事务部部长后才走入公众视线成为焦点。作为教育部长,德克勒克成了反种族隔离运动的目标,因为当时他进行的唯一教育体制改革就是均衡白人、黑人和有色人种的学童费用支出。但即使这样"隔离但平等"的做法也被博塔总统否决了。1982年前后,德克勒克成了德兰士瓦省的民族党主席,此时玛丽·德克勒克认为她丈夫第一次暴露出了白人社会的政治意识。因为紧接他获选后发生了安德里斯·特立尼赫特(Andries Treurnicht)叛变,他联合其他21人立即站出来抗议在一个三院制议会中提出来的与非白人人种甚至有色人种和印度人分享权力的想法。德克勒克的工作似乎做得很出色——阻止民族党成员加入特立尼赫特新组建的保守党,但只是通过强调自己保守观点的方式。

1985年,德克勒克出任众议院部长理事会主席,18个月后又荣升为众议院领导人,相当于美国众议院的代言者。在德克勒克的政治履历中,他从来不靠沾染任何政治绯闻出位,完全靠自己一步一步攀爬上政党和政府的阶梯,也从不扼守任何"安全"内阁职位。(因此,他从来不曾融入博塔总统的军警官白人小圈子。)总之,他的内阁生涯并未给任何南非白人官员圈外的人留下深刻印象。罗伯特·撒切尔长期研究德克勒克,观察到他作为一个部长从来没有精力充沛或者雄浑强劲的时候,更不是一个"亲力亲为的男人",反而宁愿把他负责的各个部门的运行工作交给下属们去操作。

德克勒克带领着民族党取得了重大突破,但这样的成就依然顺延了民族党往昔的指导思想。其指导思想的制定者并非德克勒克,而是他的前辈博塔总统。1978年,博塔当选总统,进驻总统办公室,连任11年。在博塔总统任期内,因为民族党内的彻底分裂导致了竞争对手保守党的形成。虽然分裂是痛苦的,但它至少对民族党自身的内部"改革"进程起到了有益的推动作用。1983年,民族党跨出的第一步分裂行动就是成立三院制的议会,分别为有色人种和印度人单独设立两个独立的议院。其次,民族党在1986年采用了新党纲,接受并普及了其中关于民族党革命的概念——与多数黑人"分享权力"。再次,民族党放弃了将南非划分成10个独立小国家的种族隔离梦想,转而呼唤一个"不可分割的南非",倡议所有南非人民都使用"同一国籍",即无论黑人还是白人都拥有平等身份。就民族主义思想而言,接受这些想法意味着让民族党调转方向走回头路;对于所有支持维沃尔德的大种族隔离计划——将黑人从白人中剥离并建设独立家园——的人来说,这是要白人将87%的土地和几乎100%的矿产资源控制权拱手相让。在博塔对民族党的铁腕专政下,如果非要对发生的这一切作一个选择,那肯定是选择整合而非隔离,团结而非分裂。无论这些变化是否是改革派小圈子内部一个缓慢的集体改革思维过程,但事实是如果没有博塔的同意,他们仍然寸步难行。

然而,20世纪80年代中期,博塔变成了一个古怪的独裁者,因对其批评者恶言相向而臭名昭著,也因控制操纵其同僚而声名在外。最终,他得到了一个"老鳄鱼"的绰号。在民族党的思想过渡期间,代表温和派的德克勒克在民族党的内部指挥室中发挥着越来越重要的作用。1982年,德克勒克当选德兰士瓦领袖,像他妻子曾经那样,他也进行了角色转变。德克勒克告诉他的哥哥,从那个时候开始他会积极参与"设计、发展和重新修订"政策。但没有明显的证据显示德克勒克是在幕后起到了重要作用的"内阁改革者"——在当时的大环境中重新调整民族党对种族隔离的想法。德克勒克是个追随者而非领导者,是个律师而非天马行空的幻想家。他善于评估他的同事们在改革方面的论点和建议,却很少提出自己的措施。

真正的思想创新者似乎应该是格里特·维利欧恩这样的人,他是秘密兄弟会的前负责人(从字面上看,意为南非白人的"兄弟会"领导着知识分子、政治家和教育家,曾经给予民族党指导),是南非白人思想智囊团中的一员,曾担任德克勒克的首位宪法事务部长;克里斯·霍尼斯,博塔的主要改革思想家;斯托菲尔·范·德尔·莫维(Stoffel van der Merwe)在博塔的内阁曾担任过多种部长职位,推广普及美国和西方的理论——多元种族社会的权力分享;还有彼得·德·兰格(Pieter de Lange),他是继维利欧恩之后秘密兄弟会的领导者。撒切尔曾在多个场合采访过德克勒克,说他总是通过向总统问些他不熟悉的宪法模式和问题来为难总统。他发现德克勒克对这些事情的无知程度达到了令人咋舌的地步,比如瑞士宪法和瑞士各州如何运转的问题,尽管民族党在1991年紧紧抓住瑞士将其作为借鉴模型以制定自己的谈判提案,但德克勒克对此却一无所知。他还认为,德克勒克从来都没有仔细考虑过通过宪法影响"群体权利",概念最初只是在民族党的改革派中广为流传,直到1990年才付诸实践——将他们自己的党派转变成多民族的政党。举例来说,德克勒克如何能够既捍卫以伦理和种族为根基的团体利益,同时又能促进多民族的正常发展？总而言之，撒切尔发现国家总统是个"地地道道的好人"，但同时也是一个"完完全全的普通人"。

人人都说，德克勒克在民族党中备受欢迎得益于他随和的性格。然而他总是从律师的角度去分析问题和事件，从来不曾磨砺自己，也不会提出反对意见。据他的一位最亲密的同事戴维·德·韦里尔斯（Dawie de Villiers）——开普省的民族党领袖之一——称，他总是幽默而友好，并一直寻求妥协与和解。他的哥哥形容他在未成年的时候性格就很友好，对谁都一样，一直是个"谁都不得罪的好好先生"。这与玛丽对他的描述——"一个有女性特质的男人"——如出一辙。

德克勒克对其团队凝聚了一股优秀的"团队精神"深感自豪。从他的立场来看，这支优秀团队就是民族党；然而对于博塔和军警官参政要员来说，这却是一个军事安全的混合体。德克勒克的哥哥称其为"民族党先生"，因为他是全身心地为这个党派奉献的。1992年，我在采访德克勒克时曾经问过他，为什么他明明顶着保守主义的光环，却决定留在民族党内而不是加入保守党的分离运动。德克勒克说，他们为其打造的保守形象并不是对他的公平裁判。他一直努力捍卫党内的改革，说自己始终"把重点放在绝对的必要性之上，南非的任何解决方案都必须平等对待这个国家的所有人民"。自1978年开始，民族党在经历了"深刻的自我分析"后，终于做出了根本性的变革——摒弃种族隔离政策。他说，正是由于博塔设计了权力分享的"未来公式"，"我在这里也全心全意地支持他"。我是民族党内部改革过程中的一员，对我们政策改革的根本需要总是满腔热情。德克勒克说，他的保守声名源于他的主导作用——在德兰士瓦遏制保守党的浪潮来袭中,他当时需要说服那些对党的信念持有怀疑的民众,旨在让他们变成党的忠诚拥护者。玛丽称她的丈夫一直想通过内部努力改变民族党,所以她说:"众所周知,他对民族党的态度除了忠诚,别无二心。"《每周邮报》则不太赞同这一观点——通过对德克勒克当选民族党领袖后的内阁生涯的评价,它发现其经历与新任美国总统乔治·布什的职业生涯惊人相似。像布什一样,德克勒克是"一个没有留下任何足迹的男人",即没什么大作为。没有人能真正记得他在曾经任职的大多数内阁职位上做出了哪些事迹。他的同事的普遍共识是,德克勒克"可靠但缺乏想象力的;清正廉洁却碌碌无为的;孔武有力又小心谨慎的"。撒切尔后来对我说,他将德克勒克总结为"一个典型的成绩特优生",他的性格、职业或公开声明远远胜过最后展示在大家面前的成果。

德克勒克首先展示了他卓尔不群的交往能力——作为一个极其精明的政治家,他将如何处理与博塔总统的关系。博塔在国家总统的职位上逗留了不到6个月的时间,打那之后就结束了其短暂的民族党领袖生涯。在民族党内部从来不曾开过行政权力共享的先例,而且专制独裁的博塔不是一个容易对付的人。这两个冲突也引发了国际热议:竞选是否应该提前进行?竞选是否是博塔与德克勒克之间的鏖战?德克勒克向民族党领导人施加反对博塔的压力,但其行为看起来一点儿也不像是起义煽动者。整个民族党奋起抱团反抗博塔,于是,6个星期后,德克勒克当选为党领导。

3月中旬,危机提前到来。当时,博塔正从中风之中慢慢恢复,并逐步收回因病暂停行使的国家总统权力,同时宣布恢复运转他的总统府。民族党的最高机构联邦委员会和议会党团两者都投票赞成他们的总统辞职。博塔拒绝让步,并于3月12日发表全国电视采访,他发誓要留任至下届大选——意图将竞选时间整整推迟一年。"我不相信帝王的工作时间会提前被篡夺。"他说。一天后,党团发表了对博塔的惊人责备,并一致通过了一项对于国家而言最有利的决议——让博塔下台,德克勒克接任。尽管如此,"帝王总统"却不听劝告,他的冥顽不灵只会飙高德克勒克的支持率;反过来,德克勒克发现自己的最大压力就是即将迎面挑战博塔。然而,对抗不是德克勒克的首选作战风格,他凭借在民族党内部聚集的支持率迫使博塔达成了妥协,将1990年3月的选举提前至1989年9月。

8月,德克勒克与博塔的最终对决来临了。但竞选时间与德克勒克的原定行程发生了冲突,此时他原本应该前往卢萨卡会见赞比亚总统卡翁达。胸怀成为下一届国家总统的殷切期望,德克勒克想要与所谓的前线国家——那些紧邻南非北部的国家——搭建一座崭新的黑人友谊桥梁。内阁全力支持德克勒克,但是博塔却坚决反对德克勒克的行程,试图力挽狂澜。在博塔看来,卢萨卡是"敌人的"巢穴,因为它是非国大的总部所在地;非国大几乎成了贯穿他总统任期始终的宿敌。他说,大选前夕正值特殊时期——非国大正绞尽脑汁进行破坏行动,而此时德克勒克会面卡达翁是"不合时宜的"。

内阁当然对此不服,于是每位部长都开始四处散播信息——博塔已成为党的政治路线的绊脚石,若是继续留任将会导致危险——他或将在 9 月 6 日的选举中战胜保守党。然而，德克勒克首先发言出击："因此，无论对于你、民族党还是我们所有人来说，我们相信这是将痛苦减至最低的解决方案，请你主动搬到'荒原'，宣布从现在开始直到选举当日你都决定将国家总统的职责委任给他人。""荒原"是一座海滨度假村，环境也恰如其名，位于开普敦往东 275 公里，也是博塔的私人住宅所在地。根据他自己的叙述，博塔在去年血雨腥风的内阁会议中拒绝了此项建议——以其健康状况不佳为借口，说他不打算在谎言中离开。然而，博塔的负隅顽抗并未取得任何效果，1989 年 8 月 15 日，当博塔被迫离开时，他气愤难当地对他的同事恶言相向，并警告德克勒克小心好日子要到头了，他随时随地都会杀回来。在这之后，德克勒克立即被任命为代理总统。

1989 年 9 月，民族党在选举中以微弱优势获胜。白人共持有 220 万张选票，民族党获得了 48% 的支持率。这也是 30 年来民族党第一次未能得到绝对胜利票数（得票率低于 50%）。民族党现在是少数白人中的少数党。虽然他们还保留着对议会的控制权，但已经失去了 27 个席位。充斥着大量白人的保守党坚决反对任何改革，他们以占据了 39 个席位的绝对优势成了议会的官方反对者。

但是，德克勒克换了一种角度来看待这个结局。毕竟，民族党已经在 1989 年的选举中略胜一筹（赢得了稍高一些的白人票数比例），这比它在 1948 年执政时吹嘘的票数要多。然而，这 48% 的胜出选票已经足以实现编纂清扫种族隔离的立法。此外，民族党在相对自由的民主党内获得了此次改革的盟友。民主党成立于1989年初,得到了21%的选票和33个议会席位。双方背后共拥有近70%的白人支持率,且在白人议院中控制着166个席位。正如德克勒克在此后的岁月里经常做的那样,他可能会说,他肩负着白人赋予的重任——引进大刀阔斧的改革。

第四章　越过卢比孔河？

每年1月底或2月初的议会开幕仪式总是异常隆重。总统致辞堪比美国总统对国会的国情咨文。内阁部长的夫人们和宾客出席会议时都会身着复活节服饰，头戴颜色鲜艳的宽檐帽。如此简单的点缀就将开普敦市中心的议会广场变成了一个盛大的场景——让人不由得联想起在爱斯科特（Ascot）和亨莱（Henley）举办的一年一度的英国时尚秀。届时政府会为外国记者们举办一场为期一周的新闻发布会。发布会由最高内阁部长们置办并由总统担任主持人，形式为鸡尾酒会，通常总统会在这里与各位宾客寒暄两个小时。这是政府在一年之中唯一一次将所推行的政策向全世界正式展示，并回答各界提问。

众所周知，1990年的议会开幕式恰恰处于南非历史上一个非常特殊的时刻。新任国家总统曾在9月的竞选中许诺"新南非，一个万象更新的南非"，并且其办公室也对外宣称他打算在对议会的致辞中提出他的改革方案。成百上千的外国报纸、电台和电视记者开始如潮水般涌入这个国家,通常他们很难获得该国签证,但政府现在却突然大开方便之门。这是德克勒克在国际舞台上的隆重登场,他似乎决意不辜负他的全球听众,一如博塔总统在1985年8月发表著名的卢比孔河演讲(Rubicon speech)一般。

这一次,世界对德克勒克寄予了厚望,希望他能在改革中宣布将会释放纳尔逊·曼德拉。在这个问题上,往届南非白人领袖已经多次让全世界的期待者尝尽失望的苦涩滋味。事实上,希望越大,失望也就越大,这早已成为常态。威廉·克莱本,我的前任同事,也曾是《华盛顿邮报》的记者。在此之前,他已经周而复始地报道了4年曼德拉"即将出狱"的新闻,但直到他的职责之旅结束时,也未曾见到曼德拉获得自由。不过,这一次的过程似乎经过了精心策划,政府还设置了公布现场。博塔也曾有过类似震惊了白人、黑人和世界的举动——他曾在7月5日于他的开普敦总统办公室会见了曼德拉,随后还宣布了他与曼德拉会面的消息。

德克勒克在他为期6个月的代理总统任期内也曾有层出不穷的惊人之举。9月13日,德克勒克正式就职国家总统的前一天,他就批准了20000名反种族隔离积极分子在开普敦的街道上游行。这是政府态度如此惊人的一次改变——容许反对派公开活动,众人立刻感觉到了政治风向的变化。然后,10月15日,他释放了约翰内斯堡的所有在押人员——除了曼德拉以及联合民主阵线和泛非议会的两位领导人。紧接着,非国大的追随者被允许7天后在索韦托城外的巨型足球城体育场举行欢迎在押人员回家的集会。集会当天,能容纳80000人的体育场座无虚席。

在这个黑人政治活动被禁止了几十年的社会中,此类如此不同寻常的事件自开创了先河后,便层出不穷。11月16日,南非夏天伊始,德克勒克宣布将废除《隔离礼仪法案》——该法案在公众的日常礼仪中强制执行种族隔离政策。这一戏剧性的改革让海滩面向所有种族开放。12天后,他又打破了国家安全管理制度——昔日博塔为了控制反种族隔离运动而设置的警察机构和军事镇压。随后,12月13日,德克勒克通过自己对曼德拉的衡量,会见了这个男人,自此开始为这种个人关系——这是进行协商解决的必要条件——奠定基础。如同博塔一般,德克勒克向外界传递了一个信号,让众人都知道这次会议势在必行。这组初步措施迅速为德克勒克在国内外赢得了一种形象——另一位正在成长中的戈尔巴乔夫。

1990年2月,德克勒克在议会上发表了一场备受瞩目的演讲。此时自他升任民族党的领导人已经过去了整整一年。事实证明,德克勒克不仅没有辜负众望,甚至远超预期。他的演讲代表了南非历史上一个真正的分水岭。即使那些国内预先知情的西方外交官,比如英国的罗宾·伦威克(Robin Renwick)爵士也被德克勒克宣布将进行大刀阔斧的改革深深震惊了,而当时德克勒克那肯定又平静的声音似乎淡化了改革的范围和意义。更令人诧异的是,对于自己即将宣布的决定,德克勒克对每个人都守口如瓶。德克勒克没有告诉任何民族党领导人,他打算在会议当天宣布将于1989年1月(柏林墙被推倒后不久)释放曼德拉的决定以及其他即将推行的改革,虽然目前内阁已经讨论并批准了在非正式的"bosberaad"场合(为了打破政治僵局而在隔离场所召开的会议),或是在丛林里举办的民族党头脑风暴会议上宣布这些决定。但是在德克勒克举行的"丛林谈判"中,大家总是泛泛而谈,最终无果而终。它让德克勒克学到的经验就是行动要选择适当的时机和场合——即人人都会出席的时候。

在会议前一天收到各位部长的提示信息之后,国家总统起草了演讲的大部分内容,所以没有一个人看到最终的定稿。德克勒克一直写到深夜才收笔,因此,即便各位部长十分好奇演讲内容,却也苦于没有机会进行审阅。德克勒克凌晨2点才就寝,9小时后又重返议会发表演讲。

感谢CNN和其他现场国际新闻报道,全世界才得以聆听他的演讲,德克勒克用以下这些句子作为他重大宣言的开场白:

> 1989年9月6日的换届选举带领我们的国家走上了不可逆转的巨变之路。这种现象之下的本质是,越来越多的南非人民开始觉醒,只有代表所有人民的领导人就谈判达成一致意见才能确保持久的和平,否则将会导致越来越多的暴力、紧张和冲突。没有人能接受事实演变成那样。领导人的能力——互相之间是否能达成全新管理分配体制的协议——关系到全国上下所有人民的幸福。这个简单的道理人人皆知。
>
> 政府就其本身而言,将给予谈判进程最高的优先权。一个完全崭新的宪法体制是我们的既定目标——在这个体制之下,我们将会努力使每位居民在宪法、社会和经济等各个领域都享受平等的权利、待遇和机会。

德克勒克的改革公告如同瀑布般飞流直下,毫无顺序和模式可言,只因他在演讲中从这个问题直接跳跃到另一个问题。德克勒克首先表明现在是南非与其黑人非洲邻国关系跨入新时代的最佳时机。随之话题又被切换到 4 个名义上的独立家园,暗示它们应该被合并纳入南非之中。

接下来讨论的是人权,以及在建立独立的司法机构前需要一项合理的权利法案。但是少数民族、"民族实体"和其他族群的权利也必须得到保证,他说。与此同时,还要废除死刑——停止所有即将执行的死刑——直到限制其应用的新程序被启用,对每例判决死刑的裁决进行谴责。

在讨论完是否需要改变经济结构或削减政府的规模及作用,以及是否需要通过国有企业的私有化来加强这些私营部门等问题之后,德克勒克最终谈到了其演讲的关键所在:与南非黑人领袖进行谈判解决的过程和路途中的障碍。他打算通过以下方式扫除一切障碍:

解除对非国大、"民族之矛"、泛非议会和南非共产党的禁令,并结束对其他 33 个组织自由活动的限制;

释放所有仅仅因为属于这些政党和组织就被逮捕或监禁的人,连带释放 374 名因《紧急安全法》而被囚禁的人;

改革《紧急安全法》,任何人被拘留不得超过 6 个月,并确保被拘留者能根据自己的选择获得律师或医生的帮助;

尽快解除全国范围的紧急状态,除了纳塔尔省;

废止限制报道黑人政治活动的紧急传媒法规;

废除1953年的《隔离礼仪法案》——其为所谓的小规模种族隔离提供了法律依据,对公共礼仪进行了隔离,包括餐厅、公交车、公园、海滩、厕所甚至渔场。

德克勒克将释放曼德拉作为他宣讲的压轴环节。他指出,必须尽快以和平协议的方式进行谈判,并认为纳尔逊·曼德拉"可能扮演重要角色"。政府已经做出明确决定,将会"无条件"地释放曼德拉先生,并会"毫不延迟"地这样做。

国家总统最后以戏剧性的天才之言结束了他的宣讲:

> 历史加重了这个国家领导人肩负的责任,使得我们的国家能改变现在的方向以摆脱冲突和对抗。只有我们——人民的领袖,能做到这一点。
>
> 世界各地都将目光集中在了我们身上——作为执政党的政府。数百万南非人的希望都集中在了我们身上。南非的未来依靠我们。我们决不会动摇或失败。

从其演讲可以看出,德克勒克已经为以下行动做好了准备:大规模地摧毁种族隔离制度;允许黑人政治运动常态化;结束种族隔离的管辖状态;着手与该国的黑人领袖进行谈判。他此次也特别为黑人展现了一个全新政治秩序的壮丽景观,而在此之前这种待遇都专属南非白人特享。

德克勒克决定释放曼德拉的理由是政治修辞上的一份杰作。曼德拉在展开和平的政治进程中将发挥重要的作用,并且这位黑人领袖已经宣布自己愿意做出一份"建设性的贡献"。博塔总统在几年前曾制定了一个释放曼德拉的方案，但前提之一是曼德拉必须承诺放弃暴力——意指武装斗争，另一个条件是非国大必须放弃与共产党的联盟。曼德拉坚决拒绝这两个条件。因此，德克勒克曾特别强调，释放曼德拉是"无条件"的。这意味着他已经放弃了试图迫使曼德拉承诺结束非国大的武装斗争或者打破其与共产党联盟的政治意图。

在经济情况分析和经济改革的讨论中，德克勒克相当注重他的遣词造句。他使用的术语专业得好像他演讲的对象是世界银行和国际货币基金组织，而不是南非议会。他使用的词语有"结构性调整"、"私有化"以及"放松政府对经济的管制"等。"我们仍然坚持实施所需的结构调整。"他说。除此之外，德克勒克似乎密切关注华盛顿——在那儿，里根和布什政府迷恋上了通过减税来刺激生产和投资的经济学。德克勒克承诺，他的政府将"对经济的供给方给予特别关注"。

德克勒克充分意识到他的宣言将对他的白人选区造成巨大的冲击，因为这些白人从小就认为非国大是一个无神论的共产主义组织，更不用提共产党本身了。于是，德克勒克为自己的行为准备了很长的理由，试图在安全和政治理由上捍卫它们。政府也可以准许所有这些组织，他说，由于苏联和东欧共产主义国家给予他们所有的事业支持已经崩溃和瓦解，这意味着，对于国家的内部安全，他们已经不再具备从前的威胁了。此外，非国大对待与白人进行谈判的态度也发生了改变，它现在被证明"偏爱和平解决"。解除对反种族隔离组织的禁令并不预示着政府对治安的强硬态度有所转变,他向白人保证他们并不打算改变其意图——坚定地处理"恐怖主义"和政治暴力。只要事实证明它不再适合现状,紧急状态将会立即结束,但在此之前绝对不会提早一天。同时,我们也有坚实的政治理由来合法化在野党的政治行为:"是时候让我们打破暴力循环、突破重围以获取和平与和解了。沉默的大多数人对这一天已经向往多时。"

总统并没有宣布释放曼德拉的确切日期,但宣称他希望能尽快了结此事。他提醒国内和国际观众,这是正常的——从政府作完决定到释放一个像曼德拉这样地位的囚犯,再到他获得实际自由——有一定的时间滞后。因为所谓的"后勤和行政要求"。曼德拉不是一个普通的囚犯,他多年拥有与众不同的身份;一些"因素"妨碍了他立即获释,其中包括"他的个人情况和人身安全"。在演讲结束之前,德克勒克呼吁该国的黑人民族领袖结束他们诉诸的"暴力",现在政府将允许他们进行自由政治活动。"走过这一扇门,与政府一同在谈判桌边落座,"他说,"谈判的时间已经到了。"

议会大厦之外,德克勒克的讲话使得由数千黑人发起的反种族隔离示威游行陷入了停顿。人群悄悄散去,因为非国大得到允许令的新闻传开了。突然之间,所有南非人民都知晓了,德克勒克刚刚打开了通往自己国家历史新纪元的闸门。他宣布的改革——早在数月之前就想将其公之于众了——比任何人预期的都要走得深远。大家原本唯一期待的新闻是公布释放曼德拉的消息,以及非国大获得允许令的信息。但是南非共产党,甚至"民族之矛"的合法化等讯息则完全出乎众人意料的。白人完全处于震惊状态,黑人也极度怀疑这一政策的真实性。国家总统宣布的内容带来的长期影响将会是废除老旧的种族隔离秩序,并结束白人对政治权力、土地、特权和工作的垄断。这真是德克勒克所要表达的意思吗?

致力于维护种族隔离的白人保守党完全炸开了锅,说德克勒克现在的所作所为并没有得到授权。保守党说的是实话,德克勒克在1989年竞选期间对这样的改革既不曾寻求支持也不曾得到支持。事实上,他曾严厉责难带有自由色彩的民主党,因为它接触了非国大"恐怖分子"。保守党要求召开一场新的白人换届选举,且必须立即举行,旨在测试对德克勒克改革方案的支持率是真是假。

圣公会大主教德斯蒙德·图图在一场新闻发布会上似乎总结出了黑人的反应,那天下午,他说德克勒克的演讲似乎只是让黑人觉得"不可思议"。"他所说的话让我目瞪口呆,"他说,是时候"给他信任了,我也这么做了"。但非国大却不太愿意这样做,且非国大的高级官员当时正在斯德哥尔摩探望身体不适的奥利弗·坦博主席。尽管如此,他不得不承认,德克勒克发起的改革至少是"进步的"。联合民主阵线"愉快地欢迎"此次演讲,并勉强承认"一些步骤确实具有胆识和魄力"。但是黑人族群并没有等到领导人批准他们进行庆祝。演讲在黑人中间迅速传播开去,一传十,十传百,传到了开普敦、约翰内斯堡和德班(Durban)的大街小巷。人们在街头拍手欢呼,他们将其视为自己争取自由的长期斗争收获的第一个果实。他们继续在街道上载歌载舞,跳起了"toyi-toyi"舞,并用尽全力高声呼喊"Amandla,Awethu!"(意为"权力属于人民",见第一章。)

德克勒克同时也满足了国外的期待,并且绝对是有过之而无不及。他已经确立了自己作为一个主导政治家的地位,知道如何利用媒体、时机和戏剧效果将个人利益最大化,并且使用西方民主术语包装他的信息以取悦国际观众。德克勒克精心打造的演讲满足了南非在过去30年里对世界的所有需求。仔细审视他宣布的改革,不难发现他一直密切关注着美国国会在1986年通过的《全面反种族隔离法》(*Comprehensive Anti-Apartheid Act*)——旨在对南非实施全面的经济制裁,同时他也阐述了在解除所有制裁前要满足的5个条件。这些措施包括释放曼德拉以及其他所有因政治信仰被囚禁的人;黑人政治运动合法化;拆除种族隔离的主要立法支柱;开诚布公地与黑人领袖就创建民主国家进行谈判。德克勒克曾明确提出,他的政府正在一步步满足这些条件,并实现欧洲共同体提出的类似条件。

尽管成果令人欢欣鼓舞,但没有人能确保南非的改变是否是"彻底"的。非国大告诫大家不要庆祝得太早,并敦促国际社会保持制裁从而维持德克勒克肩负的压力。事实上,非国大的许多要求还没有得到满足,比如释放所有政治犯和让40000流亡者回归。德克勒克也从未明确接受黑人主导体制。此外,他的演讲在某些方面令黑人深感不安,尤其是他坚持保护"少数民族和民族实体"的权利。黑人知道这些是在未来黑人统治的国家中为白人少数群体定制的保护密码。

令许多黑人不安的还有德克勒克的经济政策声明,他着重强调私有化和削减政府开支。虽然所有黑人民族主义团体都看到了当前的迫切需要——政府需要增加对住房、教育和福利的支出,这样才能克服黑人被白人剥削了三个多世纪后遗留下来的种族隔离问题,但德克勒克似乎卸下了他在这些核心问题上的责任。与此同时,黑人回忆了以前在私有化方面的尝试,但这些尝试一直以来导致的后果就是数以万计的黑人被解雇。非国大和其他组织都对此深表怀疑:通过吹捧私有化,就好似黑人即将获得国家权力一样,但白人政府(似乎)无非是想控制经济并将其转变为白人经营的私人公司。

尽管德克勒克的真实意图遭到了质疑,但禁令却很难重现——德克勒克或任何未来的白人政府都不能再次禁止非国大、泛非议会或南非共产党。任何关闭已经开启的方便之门的尝试肯定会挑起大规模反抗,如 1989 年有目共睹的东欧剧变。国际社会若是再次主张禁止政治反对派团体肯定会引发苛刻的报复。南非政府再也不能恣意行使那一系列令人印象深刻的安全法律了——它催生了镇压所有反对派的活动。现在将废除臭名昭著的《镇压共产主义法案》,并承认共产党是合法组织。

现在,德克勒克和戈尔巴乔夫经常被相提并论,但是最引人注目的对比是南非与苏联改革的进行方式,而前者的改革却是不可预测的。随着时间的推移,苏联的改革将会导致共产党的彻底毁灭,因为戈尔巴乔夫无法掌控改革的进程,最终他所释放的能量将导致改革成果被一扫而空。1990 年 2 月,德克勒克和戈尔巴乔夫的前途未卜,因为当时并不知道等待他们的命运究竟是什么,旧秩序的丧钟在两者耳边敲响,不知道他们能否控制住由改革催生的政治力量。

当德克勒克使用"改革"这个词时,他的意图从一开始就在本质上被误解了。多数地方和外国记者仅仅只报道了非国大得到承认和允许、释放曼德拉,以及德克勒克承认了黑人主导政权的历史必然性。在2月2日演讲后为期一周的新闻发布会上,他那些喋喋不休的内阁同事们——不断唠叨在任何新宪法中都需要为"少数人的权利"寻求强有力的保障——让人们加深了这种印象。这强烈预示着民族党最终会接受黑人作为国家未来的多数派统治者,并承认白人成为政治少数派。但德克勒克作为"自治"的长期支持者,在早前的一次讲话中,以民族党领导者的身份明确表示他并没有准备好支持黑人的统治。在2月的改革讲话中,他仔细验证并支持了少数民族个人权利法案以及"国家实体"也需要保障的要求。新宪法必须充分考虑到南非的"民族成分"和"多元化群体"。德克勒克明确表示,这意味着没有任何种族群体应该处于主宰另一个民族的位置之上,虽然他没有更深远地阐明他的意思,但其意图是明确的——他不会接受黑人统治,尽管白人只占总人口的10%—12%。这段声明的重要性暂时被德克勒克的宣言所带来的轰动效应遮蔽了,但它很快便会引起人们的重视,因为这段话的每一个字都暗示着一个独特的概念——南非社会究竟应该如何重建新的政治秩序?

德克勒克和他的民族党看到了新南非正沿着瑞士的模式发展,且每个族群都有独立的"行政区划"。每个"民族实体"都得到承认、保护,并允许拥有自己的机构,就像瑞士那样,每个行政区域的人民都能分别使用德语、法语、意大利语或拉丁语。结果将会形成一个松散的联邦,相对于虚弱的中央政府,其中"白人行政区划"可能自治性比较强。1990年2月,才智过人的德克勒克提出了这样一个有争议性的愿景——建立多种族社会。这是一个非常特殊的"改革",因为其目的不在于赋予黑人充分的多数统治权,恰恰相反,其意图是克制他们的政治权力以及肯定白人少数派的统治权。在此背景下,政府私有化的新经济政策也呈现出了新的意义;它是政府计划的一部分,旨在分散所有权力、政治和经济,远离强大的中央政府——民族党在40年前建立的绝对统治——带来的痛苦。这不只是德克勒克对新南非的个人愿景,也是整个民族党开明派领导层的梦想。

2月2日,曼德拉获释9天后,德克勒克发表了演讲。内容涉及最新的废除种族隔离的大规模斗争,以及在非洲最富有的民族中建立新秩序。演讲也提到了南非黑人与白人民族主义者之间的最终大决战。这两种民族主义来自内部分裂——由对未来的不同愿景所导致,双方代表各自的群体争夺权力和领导力。南非白人民族主义者内部的开明派与保守派势力之间发生了不可逆转的分裂。种族隔离旧秩序的顽固信仰者们团结在以安德里斯·特立尼赫特为首的保守党周围,而那些感到迫切需要改革的成员则归属于德克勒克的民族党。顽固的白人分裂分子又分裂为各种各样的小派别右翼势力——他们提出了名目繁多的建设一个全新白人家园的最终方案。

非洲民族主义并不是一个完全统一的运动。对于南非的社会和政体，它至少被划分成了三种不同的愿景。曼德拉的非国大主张需要一个非种族性质的民族主义，将所有民族进行融合后，通过合作建立一个多党民主制。而竞争对手泛非议会则坚持纯粹的黑人民族主义，这意味着黑人会挣脱白人的控制，自由控制经济和政府。布特莱奇酋长的因卡塔自由党则提议一种"部落民族主义"形式，坚持给予祖鲁"民族"特别的重视和地位。布特莱奇的提议更加贴近民族党的多民族南非的观点，同时它呼吁联邦制以适应民族的多样性，而不是应非国大或泛非议会的要求建立一个强有力的统一系统。

曼德拉和德克勒克这两位巨人虽然已经计划重塑这片土地上破碎的民族主义，然而他们彼此却对新南非持有南辕北辙的看法。曼德拉试图将名义上独立或自治的家园重新合并成一个唯一的联合体和高度集中的国家。他的计划并没有公然体现社会主义，但它确实提到了政府控制经济的关键部门和白人的财富再分配。曼德拉对非洲国家和政府的愿景与之前法国、英国和葡萄牙殖民地在20世纪50年代末第一次获得独立时的观点如出一辙。第一代非洲领导人曾试图打造一个统一的国家和民族主义以摆脱不同部落捆绑在一起构成的松散集合——通过人工殖民边界的方式来实现。他们还谋求建立现代非洲经济部门来掌控殖民列强留给他们的一切。如若要完成这一艰巨任务，他们首选的意识形态通常是非洲社会主义、马克思列宁主义、非洲民族主义，或只是简单的中央集权。这些主义的核心思想中关于民族和国家的普遍趋势是大同小异的，而推行这类意识形态的结果在独立30年之后已经被证明是灾难性的——它引发了个人独裁统治、政府瓦解、国家消亡和经济灾难。

德克勒克和他的宪法起草人将一次又一次地引用种族的民族主义在东欧的爆发,来证明他们多民族联邦国家的愿景是顺应历史潮流的,并严重警告如果南非的民族和种族多样性没有被承认和容纳将会导致严重后果。但这个设想立即让人想起旧南非白人种族隔离的思想是可以接受的——该国的黑人民族主义团体认为它是一个更聪明的"阿非利卡阴谋"(Afrikaner scheme,音译,意为"南非白人的阴谋"),目的是让白人尽可能多地握有权力。

在国家、政府和社会各方面观点迥异的背景下,曼德拉和德克勒克各自领导着一个躁动的社团朝着传说中的新南非前进。然而,早在1990年2月,他们的全民目标和民族和解进程已经变得遥不可及,就像追寻圣杯一样虚无缥缈。

84

第五章　南非非洲人国民大会

本·图洛克(Ben Turok)，一个旧时代的马克思主义武装分子，曾长期对非国大持怀疑态度。他相信有一天，在来自世界银行、国际货币基金组织和政治现实的压力下，非国大将会抛弃其对社会主义的承诺。所以当纳尔逊·曼德拉在1992年5月非国大召开的政策会议上辩称国有化应该被预留为一种选择时，图洛克最担心的事情似乎即将得到证实。图洛克，一位60岁的白人男性，曾经在1955年光荣参与了非国大《自由宪章》的撰写——特别是其中有关建设经济平台的精简描述，刻意强调了对国有化运动的明确承诺。宪章中这样写道："矿产资源遍布土壤之下，同理，银行和垄断行业也应转制为人民共同所有制……所有其他产业与贸易都应纳入政府的调控范围之中，以便统一调配，造福人民。"到了1992年，这份宪章依然是非国大的指导思想，许多非国大领导人仍然将其奉为神圣文件。但是社会主义制度的地位变得岌岌可危，越来越大的压力在敦促非国大领导人放弃社会主义。德克勒克政府、该国四大企业巨头、国际货币基金组织和世界银行,以及几乎所有的西方政府都在鼓吹自由市场经济,并敦促许多南非的国有企业私有化。随着经济的崩溃,南非亟需外国的巨额投资,作为最有希望成为未来执政党的非国大,当然无法对这些压力视而不见。

国有化是如此敏感的一个问题,以至于曼德拉成立了一个由高级官员组成的委员会,他亲自出任主席并重新修订非国大的经济政策。曼德拉利用自身的威望和优秀的说服力来劝解那些破坏国有化选项的人。在政策会议上,曼德拉引用了他在2月瑞士达沃斯举行的世界经济论坛上的经历,在那里,他甚至被人劝告不要跟风走社会主义道路。曼德拉感觉被羞辱了,他告诉一屋子的非国大政策决策者,他目睹了德克勒克总统和布特莱奇酋长获得的掌声比他从世界顶级商业和金融代表那里获得的更多、更长久。

图洛克最终站起来向曼德拉提出异议。他身处特殊位置——多年前辞去了南非共产党内的职务,坚持抗议斯大林主义的治国方针和僵化思维——这也使得他的反对言论显得合情合理。在保证他对曼德拉本人无比尊重之后,图洛克提出了几个尴尬的问题。他不理解曼德拉和非国大怎么能背叛《自由宪章》,并预测当非国大中的激进分子和工会联盟发现国有化被抛弃——哪怕只是降级为一个政策选项,会引发一场惊天动地的抗议。

起初,回应图洛克的是死一般的寂静。"当时房间里的气氛突然变得万分紧张",一个参会者提到。然而,过了一会儿,与会者中开始有人声援图洛克。面临这种自动爆发的反对局势,曼德拉做出了一个惊人之举:他站起身来,在会议上说,他已经"重新考虑"并撤回了关于把国有化作为一个选项的提议。国有化依然是非国大要坚持的经济政策。最后,他陈述道,国家将会"考虑增加在战略领域的公共部门,例如在国有资产以外,允许购买股份制公司的股权,建立新的公共企业或合资企业"。——显然,这不是曼德拉第一次在重大政策问题上栽跟头,也不会是最后一次。

曼德拉领导窘境中最令人难以理解的一个方面——至少在西方观察家看来如此——是他的权威在他亲自发起的运动中遭到了不断的挑战。曼德拉在集会和新闻发布会上的发言带着摩西式的权威,他的声音、神态和手势让很多局外人难以相信他其实并未拥有真正的政治权力。但仔细检查非国大的各项言行就会发现曼德拉顶着巨大的压力,时刻处在被阴谋排挤的危险边缘。

曼德拉性格中的独裁主义潜质在他的副手中引起了深切的愤慨和反对,他们开始遏制其行动的独立和自主权,希望他能悬崖勒马。无论问题是否与政策、人事或者组织相关,非国大的领导层不得不挑战曼德拉的权威,而他也经常被挫败。当时的曼德拉就像巨人格列佛被一群小人国里的人物按倒在地一般无奈。然而身边人发动的消耗战并不是曼德拉面临的唯一问题,他同时还在内心中就领导权归属问题进行着天人交战。一方面,曼德拉不仅说话像摩西,他的举动也流露出希望大家像对待摩西一样服从他的意图;另一方面,他自称在原则上坚信"集体领导"。国家工会联盟（COSATU）主席西里尔·拉马福萨（Cyril Ramaphosa）在出狱前不久曾告诉一位到访他的监狱宿舍的人关于他对曼德拉言论的看法，那就是他并不打算只是"出来并替代非国大的领导层"。曼德拉在获释的首轮演讲中一次又一次地坚称自己是非国大忠诚守纪的成员，将完全按照它的秩序行事。

然而曼德拉还在监狱服刑时就已经发现非国大正处在身份、领导和组织的三重危机之中。非国大已经为"民族解放运动"发动了30多年的武装斗争，但是现在南非白人和西方政府突然希望它放下武器，解散游击队，并将自身转变成一个正常的政党。当然，要实现这样的瞬间转变，非国大的队伍内部存在着巨大的阻力，很多武装分子坚信斗争应该继续且力度理应有增无减，直到白人永远地将权力移交出来。而实现当前这最迫切的目标就需要维护广泛的"运动"，即要涵盖南非所有种族、民族、意识形态的派别。非国大内部也有很大一部分人反对将其转变成"党"，这意味着将会放弃武装斗争并拟定搭建一个有关特定经济和政治目标的平台。即使曼德拉将非国大代表的前景定义为令人担忧的其他内容——多数派的非洲人赢得选举并夺取政权，就如同它已经在非洲大陆其他地方进行的一样——而并非采取普通意义上的"解放"。1990年6月，当曼德拉前往美国参观《华盛顿邮报》的办公室时，其所描述的非国大类似"非洲人民国会"，跟百家争鸣的形势差不多——这些小群体拥有不同的政治信仰，就像一个万花筒。有些是保守派，有些是自由主义者。"一致反对种族压迫的决心将我们联合到一起"，曼德拉说道。非国大应该"不存在意识形态的问题"，他继续说，"因为在组织里，从领导到基层,任何与意识形态有关的问题都将被粉碎"。这是对非国大"身份危机"的一个非常坦率的评估,并在未来几年中持续应验。

这种意识形态的混乱伴随着对非国大未来领导能力的长期激烈争吵。德克勒克的准许令引起了骚乱,并导致获释的政治犯、流亡者、内部积极分子和地下特工对地位和权力大肆争夺。非国大当时的状态就类似于一个控股公司,或是由多家子公司组成的母公司,且每个公司都有自己的领袖、"公司"利益和捍卫的地盘——"非国大大型企业集团",如果你想这么称呼也行。其中被放逐的守旧派组成了全国执行委员会(NEC),在20世纪80年代中期的新生代激进分子中诞生了联合民主阵线,独立的工会领导组成了国家工会联盟,还有区域和城镇领导,以及南非共产党等。

守旧派组成的小群体已经将非国大势力扩展到了卢萨卡和赞比亚,但从未遭到基层的质疑或挑战。被流放国外30多年的流亡人士,比如非国大主席奥利弗·坦博和秘书长阿尔弗雷德·恩佐(Alfred Nzo),他们在城镇中并不出名,大多数时候只是出现在口号或者海报上。国内封锁并掩盖了这些远在国外的领导人的信息。1969年,全国执行委员会中的9位成员几十年如一日地全揽包办所有决定,却从未遭到南非境内追随者的质疑或批评,到1985年时这种情况已经持续了30年,而到1990年时已经是第35个年头了。曼德拉出狱后,很快对这个团体予以了认同。坦博,当时因中风而部分瘫痪,几乎不能走路,更别说领导非国大。曼德拉立即被委任为全国执行委员会的名誉成员,后来又被任命为副主席。众所周知,曼德拉最终上任主席之位只是一个时间问题。1991年7月,非国大召开全国会议,守旧派试图巩固其早已萦绕在曼德拉周边的权力,不料却遭到了如潮的恶评——批评其在过去和现在所犯的政策性失误。

非国大面临的主要挑战来自联合民主阵线,其领导人一直停留在南非境内,每天都在进行战斗,持续开展反抗种族隔离安全机构的战役。他们对守旧派十分不满,试图接管新的非国大领导权并在国内外建立非国大专制集权。然而联合民主阵线作为一个即将解散的组织一直维持着高度分散和共同参与的领导风格,数以百计的城镇领导人与他们的追随者们无时无刻不保持着联系。继承了联合民主阵线的民主传统,它强调地方主动性和让草根广泛参与到对战斗、罢工、反抗抵制以及突然袭击和保守派的专制行为等一系列活动的讨论中来。坚持民主集中制原则的曼德拉立刻发现自己正处于这两种领导风格的拉锯战中,特别是当这两个组织发现他们的行为得到了非国大的允许之后,对最高权位的竞争立刻进入了白热化阶段。

联合民主阵线中的部分成员被划归成了另一个不同的派别,他们就是力量正在逐步壮大的工会联盟——自20世纪80年代中期从非国大中独立出来的一支力量。西里尔·拉马福萨是工会运动中最引人注目的领导者。1987年,他在一场艰难谈判中赢得了该国史上规模最大的矿工罢工的胜利,并以此开创了他的事业生涯,赢得了广泛的声誉。1985年,拉马福萨协助开创了南非工会联盟——第一个黑人劳工联盟。南非工会联盟一直标榜自己为国民警卫队(ANG),其设立的目标从未在卢卡萨的领导下得以实施。然而1990年以后,它却与非国大以及共产党组成了"三方联盟",共同协商对抗德克勒克政府的政策。非国大发现南非工会联盟在多种情况下都采取了激进战术,例如全国性罢工和大规模游行的劳工运动。

这不仅仅是对设在约翰内斯堡的非国大总部的挑战,也是对曼德拉的权威的挑战。曼德拉发现,在整个全国执行委员会中,他在非国大的14个区域办事处能发挥的影响力实在有限,对于其75万名成员而言,他更是一点儿公信力也没有。"区域自治"很快就意味着区域有时会加强自己对非国大国家议程的实时关注。联合民主阵线在国内领导的分权式反种族隔离斗争为各地区领导人垄断权力奠定了基础。比如哈利·夸拉(Harry Gwala)在纳塔尔中部地区的彼得马里茨堡(Pietermaritzburg)建立了自己的基地;开普敦的艾伦·波萨克(Allan Boesak)教士身为联合民主阵线的创始人之一,也是世界归正教会联盟的前任主席,更是其所在区域的权力主导,他的威信远远超越了当地的非国大领导人。

这种迹象最明显的例子发生在中部地区,也就是夸拉的"封地"。乍一看夸拉似乎不太可能是领导者,因为他在监狱中患病导致上半身全部瘫痪,他的手臂无力地垂在身体两侧。他可以走路和说话,但也仅此而已。然而,夸拉是位备受赞誉的现代斯大林,他那永不妥协的战斗精神深为非国大的青年们崇拜。夸拉自豪地捍卫了斯大林并提倡正面对抗,如果可能的话,想以此消灭来自中部地区乃至整个纳塔尔省的由布特莱奇酋长带领的因卡塔自由党。

无论夸拉是否是直接负责人，但事实上就是他率领着专业"敢死队"——名义上属于"民族之矛"——在他负责的区域内成功消灭了数名因卡塔中级官员。夸拉对外宣称实现整个纳塔尔地区和平局面的最快捷方式就是在战争中战胜因卡塔组织。夸拉提出的"和平方案"概念引用了米兰德（Midlands）所在区域最终获得和平的事件为例——即米兰德通过他的支持者们杀死或赶走所有的因卡塔成员。夸拉通过将其经验——对因卡塔必须持强硬态度——传授给非国大的上上下下，使得曼德拉和全国执行委员会将不再采取和平姿态对待因卡塔，除非它自己首先进行协商并说服他们这样做是值得的。

南非共产党是隶属于联合集团的一个独立小团体，虽然作为附属部分作用并不大，但却是非国大集团中最重要的派别。在非国大的长期政策中，允许"双重党籍"和"双重领导"，任何非国大的积极分子都可以是另一个政治组织的成员或领导人，例如共产党、工会、教会团体或"公民协会"（20世纪80年代中期，作为众多反种族隔离的城镇组织中的一个小团体，并在后来成为政府的地方机构之一）。在实践中，共产党人充分利用了这一政策，利用其在两个组织之间的领导角色，将非国大逐步推向南非共产党的阵营中去。在对非国大的影响之争中，共产党拥有曾经备受黑人社区推崇的优势，享有的革命传奇色彩与其在反种族隔离斗争中获得的真正成就相比一点儿也不逊色。乔·斯洛沃是数以万计的黑人人民公认的一位白人民间英雄，许多寮屋营地和城镇街道都以他的名字命名。毫无疑问，斯洛沃爆棚的人气有部分原因是政府将其神化,标榜其为传说中的支持黑人解放斗争的共产主义魔鬼天才。斯洛沃作为鼎鼎有名的非国大领导者几乎与曼德拉齐名;而在全国范围内,其知名程度也仅仅次于德克勒克。

在许多黑人社区中,斯洛沃的崇高地位几乎能与社会主义相提并论,他认为白人压迫以及资本主义这两者都等同于种族隔离。自然而然地,黑人多数统治制度就等同于社会主义和自由,而许多该国最杰出和最聪明的黑人知识分子、青年人和工会领导都在其申请通过之后加入了共产党,反抗有关共产党死亡论和"历史终结论"的国际宣言。"我们清晰地呐喊,历史还没有结束,"斯洛沃于1991年12月在党的第八次全国代表大会上宣布,"他们试图埋葬的尸体并不是真正的社会主义。"

共产主义的蓬勃发展不仅是新南非的曙光,而且其拥护者对非国大的各级部门以及从国家执行委员会到各城镇分支机构都具有举足轻重的作用。在与政府进行的宪法谈判中,非国大的首席谈判代表或是共产党员的典型代表或是其激进分子,在与德克勒克政府协商如何制定策略和战略的谈判之中,没有一个单独的团体能与南非共产党发挥的作用相提并论。每一次由非国大发起的武装活动,共产党都走在最前沿,在城镇中组织"自卫队"以促进各种"集会"活动和举行大规模的示威游行。他们所拥护的打倒政府的革命策略汇聚了大量的城镇武装分子,因为这为大家提供了一个出口来宣泄被压抑的不满和愤怒。然而,奇怪的是,共产党却没有任何可识别的明确的意识形态或政治策略。用法国大革命的经典术语来说,南非共产党既是"雅各宾派"又是"吉伦特派",即同为激进派和温和派。在基层的民主倡导者中,共产党充满了"浪漫的革命者"和"人民权力"的拥护者。双方唯一一致认同的想法是提出了一个还未成型的概念——将革命分阶段进行,初级目标是与非国大结成联盟进行"全国民主革命",最终目标是将少数白人手中的统治权转移到多数黑人手中。

显而易见,在1990年2月初具雏形的"新非国大"中,共产党人将会单独而非作为集体中的一员扮演一个至关重要的角色,就如同他们在过去的40年中在"旧非国大"中发挥的作用一样。如果不深入了解这种魅力非凡的共生关系——与他们反对种族隔离的斗争息息相关且共同发展,那你将会对非国大的内部变化和不断改变的战术百思不得其解。

非国大—共产党联盟的历史,是一个如何让被压制的政治团体与潜在的竞争对手结成亲密盟友的典型例子。此联盟创建于1921年,最初主要是由若干白人团体组成的组织,在1950年被取缔重生之后,南非共产党成长为反种族隔离运动的主要驱动力。联盟对非国大产生了巨大影响,它帮助非国大组织发动了1961年的武装斗争,为其输送干部并提供组织能力与战略思维。博塔总统不断抨击南非共产党是幕后主谋,即他所谓的"总猛攻"——由非国大发起的反白人种族隔离制度的进攻——背后的谋划者。博塔一直坚持把解除非国大与南非共产党的联盟作为他释放曼德拉并与非国大展开谈判的条件之一。曼德拉出狱之前与政府进行了两年的秘密会谈,但他坚决拒绝接受这项条件。德克勒克最终的决定是不仅要放弃取缔两者的联盟,同时也将解除对共产党和非国大的禁止令。鉴于德克勒克对待所有共产主义的事情都有自己根深蒂固的偏见,这项决定不仅应被看作他迈出的最勇敢步伐之一,也标志着白人政府对待它的劲敌的态度有了一百八十度的大转变。然而,德克勒克并没有停止抨击非国大—南非共产党联盟,还试图不择手段地挑起两者之间的不和与分裂。乔·斯洛沃成了德克勒克持续反共改革运动的焦点。

花白的头发、炯炯有神的眼睛、温柔的声音和习惯性的红袜子,斯洛沃看起来更像是一位慈祥的祖父或圣诞老人,而不是一位共产主义理论家或游击队的军事战略家。但在反种族隔离运动中,斯洛沃就如同曼德拉一般,是一位不折不扣的革命者。1926年,作为一个可怜的立陶宛犹太移民的儿子,9岁的斯洛沃来到了南非。他的父亲是一个穷困潦倒的货车司机,所以斯洛沃在9岁就被迫辍学去工作,为家里挣一口饭吃。当第二次世界大战爆发时,他自愿应征入伍,服役于南非第六装甲师并出征意大利。后来,斯洛沃利用一项特殊的退伍军人补助优势,成功进入约翰内斯堡的威特沃特斯兰德大学学习法律,尽管他高中都没有毕业,却顺利获得了学位。斯洛沃被证实为一位杰出的法律系学生,虽然他真正感兴趣的是政治,尤其是共产党——后来他于1942年加入。1949年,当斯洛沃与露丝·福斯特(Ruth First)——共产党财务主管朱利叶斯·福斯特(Julius First)的女儿——结婚之后,他与共产党的联系开始逐步加深。斯洛沃和朱利叶斯发现双方都被刊登上了"光荣榜"——政府在1950年通过了制止共产主义的法案后列出的第一份600人的黑名单。4年之后,斯洛沃落得了跟曼德拉、西苏鲁和无数其他人一样的遭遇——成为禁令对象,这意味着他再也无法参加公众集会或从事任何政治活动。尽管如此,他仍旧秘密继续他的活动。正是在这些战后的岁月里，共产党和非国大两者并肩作战，一起反抗日渐增多的由种族隔离政府发起的镇压活动，通过这些岁月的战斗，斯洛沃和曼德拉——当时也是威特沃特斯兰德大学法律系的同学——成了惺惺相惜的好友，奏响了相互钦佩的友谊乐章。"我们的友谊一直在继续，即使在这个时候我仍然会说我们是朋友。"斯洛沃在1992年时回忆说。但是仍然有许多因素导致他们意见相左。"我们在政治上有分歧，"斯洛沃追忆道，"他拥有黑人意识的本质，然而当时共产党是唯一一个没有非洲黑人成员和领导者的党派。"

像斯洛沃这样的白人共产党对改变曼德拉的想法——与白人合作——发挥了重要作用，当然，这个想法也成为白人为合作献身的不可否认的原因。作为1956年被逮捕的156名反种族隔离革命家之一，斯洛沃身为辩护团队的一员，在第一场著名的叛国罪审判中发挥出色，使得审判结果一拖再拖，直到1961年3月才结案定罪。同年晚些时候，斯洛沃和其他白人共产党帮助曼德拉发起了非国大的武装斗争。斯洛沃并不是最初的游击队领导人之一，但他最早是作为首要宣传委员之一为其服务，随后又成为武装斗争战略家之一。斯洛沃之所以能参与革命是因为1963年7月他正在国外执行任务，从而躲过了利利斯利夫农场的大抓捕。

身为最高革命委员会的成员，斯洛沃在27年的流亡生涯中一直奋斗在非国大解放斗争的最前沿，并于1984年成为"民族之矛"的领袖。从伦敦到莫斯科、马普托（Maputo）、达累斯萨拉姆，再到卢萨卡，斯洛沃帮助共产党与非国大建立起了一个集政治和军事为一体的联盟,虽然联盟内部时常辩论不休,但其根基却牢不可破坚不可摧。斯洛沃在解放运动中赢得了"莫斯科男人"的声誉,他是一位看门人,把守着从苏联流向非国大的武器、金钱、培训以及外交支援。他被认为是最尽职的斯大林主义者,且因此使共产党被扣上了一顶推行像奴隶般亲苏联的外交政策的帽子,也让共产党备受质疑。但是在曼德拉眼中,这并没有多大关系。因为像斯洛沃这样的共产党人是首要的也是最重要的盟友,他们会坚定不移地站在非国大的立场上。

事实上,斯洛沃无时无刻不在冒着生命危险与种族隔离主义的机密刺客和南非防卫队上演猫捉老鼠的致命游戏,且经常在非国大设置在赞比亚、博茨瓦纳和莫桑比克等国的基地中遭受突击队的袭击。然而这些活动却从未成功置他于死地。军队中的"肮脏伎俩"部门于是设法先刺杀了露丝——1982年死于包裹炸弹。1985年,非国大领导集体出于对斯洛沃的敬重,选举他为非国大执行委员会中的第一名白人成员。第二年,斯洛沃接任了共产党总书记的重要位置,此后共产党的事务占据了他越来越多的时间和精力,并渐渐超越了他投入在非国大中的心思。1987年4月,他辞去了"民族之矛"的领导之职。

随着时间的推移,得益于双重党员身份和双重领导的政策,斯洛沃在非国大的高级委员会中遇到了许多共产党人同胞。虽然曼德拉顽强地捍卫着现状(因为非国大和共产党已经合作了近40年,是真实并值得信赖的盟友),但批评者却声称双重党员身份已经被共产党员利用,非国大却仍然执迷不悟,并被共产党以接管其政权为目的的经典战术麻痹,共产党正在将其势力渗透到非共产主义组织的各个角落。德克勒克总统使出浑身解数强调双重党籍政策对非国大是一种潜在危险，并警告曼德拉共产党已经变成他的组织中甩不掉的部分，非国大与南非共产党似乎变成了一盘炒鸡蛋，早已分不清谁是谁。德克勒克一次又一次地试图说服非国大主席肃清组织，但他从未成功过。

非国大在联盟中扮演的角色给曼德拉带来了巨大困难，并大幅限制了他期望能实现的影响力。曼德拉在控制组织和指引政策方向上所做的努力遭到了越来越大的阻力。曼德拉在内部权力斗争中碰壁触礁，这显然是他在监狱岁月中不曾经历的事情。他无法给南非工会联盟、南非共产党或民间协会下达指令，因为这些组织在成为非国大的中流砥柱时仍然保持了它们自身的独立性，并制定了自身的特定会议议程。曼德拉发现他的领导和发言正处在一种名为"彩虹联盟"的自治和半自治组织中。这个联盟令人难以置信地包含了一系列天主教徒、新教徒、穆斯林、共产党人以及资本家和工会的激进分子。毫无疑问，随后曼德拉将会遭遇更大的困难，身陷囹圄之境。

事实上，曼德拉对发挥领导作用的首次尝试是一次尴尬的失败。他发现那些慕名而来的追随者们虽然听得全神贯注却一言不发，对他布道的内容更是不予理会。稍早之前，也出现了类似的情况，那是1990年2月25日，就是曼德拉获释两周后在德班的演讲上。当时至少有10万人，几乎所有祖鲁人都见证并聆听了他提出的一项重磅措施——在国内迫切需要结束非国大与因卡塔支持者之间在纳塔尔省的战斗。南非站在新时代的入口，但纳塔尔却"身处兄弟复仇战争的水深火热之中"。曼德拉做出了一个震撼人心的请求,呼吁所有祖鲁人放下武器:"放下你的枪、你的匕首和你的砍刀,并将它们统统扔进大海里。请现在就结束这场战争,关闭死亡之门。"众人对曼德拉的明智忠告置若罔闻,无论他的追随者还是那些支持布特莱奇的人,都对建造和平漠不关心,事实上,纳塔尔冲突造成的死亡和毁灭迅速上升到了新的高度。

在同一次集会上,曼德拉这位政治家试图巧妙地用称赞来安抚布特莱奇——因为只要他还在监狱一天,就会坚决拒绝与白人政府谈判。曼德拉想跟布特莱奇来一场首脑对首脑的谈判,从而结束斗争达成和解。无论同德克勒克还是布特莱奇谈判——双方都为了解决战争与和平问题——曼德拉作为一位融合了摩登和老派风格的非洲领导人,显然更倾向于"一对一外交"。不幸的是,他很快发现自己那难以驾驭的"部落"肯定不会容忍这种老式的战术。

周五,当地时间3月29日,在纳塔尔的另一波暴力袭击之后,曼德拉和布特莱奇宣布将于即将到来的周一进行会谈,地点在彼得马里茨堡外一个小山包上的小村庄,名为泰勒的哈尔特(Taylor's Halt)。当时根本就没有时间举行开幕式,因为人们正在死亡线上挣扎,曼德拉说。这更加坚定了他与因卡塔领导者会谈的决心。"我们必须团结起来。"他说道。两位领导人的助手仅仅只是发布了会谈的消息,立马就激怒了当地的领导人,特别是哈利·夸拉,就连温和派联合民主阵线的领导人阿奇·越多(Archie Gumede)也怒不可遏。虽然夸拉更青睐直接对抗——蚕食因卡塔的政治版图,但阿奇·越多告诉我说,他认为这次会谈肯定会因准备不足而流产。他说,在泰勒的哈尔特会议就好像是叫曼德拉走进狮子的巢穴,因为会议地点位于因卡塔控制的领土深处。此外,阿奇·越多大怒的原因还有安排会议时没有征询他的意见。

所以哈利·夸拉、阿奇·越多和联合民主阵线的另一位领导者迪利沙·姆吉(Dilisa Mji)第二天一早就一同到访曼德拉位于索韦托的家。他们强烈劝阻曼德拉与布特莱奇在泰勒的哈尔特进行会谈,认为这是损己利人的事,会促进祖鲁首领的声望,并试图说服他暴力才能赢回巨大的政治利益。然而接下来的星期一,曼德拉在即将按计划前往彼得马里茨堡访问之前出了意外,他没能到达泰勒的哈尔特,也未见到布特莱奇。夸拉的部下将曼德拉丢在了城外——城镇刚刚经受战火的洗礼,到处横尸遍野。在那里,他目睹了非国大支持者被烧焦的遗骸,并深深感受到了最新遇难者家属的群情激愤。夸拉和越多给曼德拉上了永生难忘的一课:他不能毫无顾忌地凌驾于非国大地区领导人的意愿之上。他还将学到另一个教训:他希望与德克勒克进行的一对一外交遭到了非国大的追随者和领导层的深深怀疑,并导致了两者的强烈不满。

第六章　垫脚石和绊脚石

相比纳尔逊·曼德拉经受的领导能力大考验,德克勒克总统的经历相对顺利。德克勒克统治着一个令人难以置信的遵守纪律、等级分明和均衡统一的政治组织——一个真正的"坦慕尼协会"①式的机器。40多年来,民族党时刻准备着执行其领导人的命令,即使赴汤蹈火也毫无疑虑。1990年,即使民族党的地位已经被定义为少数党,但其成员间的团结和思想的一致仍然众所周知。

不同于戈尔巴乔夫——当时他在共产党的一场内部改革斗

---

① 坦慕尼协会(Tammany Hall)也称哥伦比亚团(the Columbian Order),1789年5月12日建立,最初是美国一个全国性的爱国慈善团体,专门用于维护民主机构,尤其反对联邦党的上流社会理论;后来成为纽约一带的政治机构,并成为民主党的政治机器。美国历史上的坦慕尼社也就成了坦慕尼协会(因其总部而得名)。19世纪曾卷入操控选举丑闻,备受争议,1934年垮台。

争中输给了强硬的保守派,德克勒克在民族党内部毫无阻力——1982年,这些反对力量全部脱离了民族党并加入了代表保守势力的党派。纵观德克勒克在1990年和1991年实施的重大改革措施,不曾有一个议会中的民族党成员投奔保守党。此外,德克勒克也不用绞尽脑汁迫使"改革"为公众接受,这与戈尔巴乔夫的改革进程有天壤之别。自20世纪70年代末开始,改革种族隔离的想法就已经撩动了民族党的心弦,并在博塔总统的指挥下着手实施了多项措施。1989年2月,当德克勒克成为民族党领袖时,他泰然自若地接手了整个党派,因为他准备了多重改革并打算与黑人分享权力。从某些意义上来讲,德克勒克更像是南非的叶利钦,而不是戈尔巴乔夫。现在面临的问题是:德克勒克是否将会朝着更合乎逻辑的结局继续奉行改革——放弃统治地位并让位于占人口多数的黑人?

与非国大不同的是,民族党并没有乱七八糟的思想,也不是被松散串联在一个"运动"中的争论不休的派系联盟。民族党在理论上提出了由4个自治机构组成的联邦党,分别对应该国的4个省份:纳塔尔省、开普省、奥兰治自由邦和德兰士瓦省。虽然民族党的成员数字没有公开的记录,但党内的斯托菲尔·范·德尔·莫维公布党员人数"超过10万"。然而,许多白人认为自己同样属于民族党成员,这与美国民主党和共和党的情形相似,其成员身份都处于模糊不清的胶着状态:他们虽是民族党的注册成员,但在一次次的选举活动中却无足轻重。民族党每年举行4次独立的省级代表大会,偶尔会与一次单独的旨在讨论及批准重要问题的联邦代表大会重合。民族党的4个省级领导人都具有独立的区域权力基础,因而在一些罕见情况下领导方式会自动进行调整——战略性地让地方领导代替国家总统成为各区域领跑者。事实上,民族党直到1992年才在比勒陀利亚之外建立起了一个这样采用"联邦"形式结构的总部,并任命了一位秘书长。

与非国大相比,民族党在日常实践中似乎采取了更为极端的中央集权制度。在博塔的领导下,决策制定大权完全被他一手控制,以至于他被人戏称为帝王总统。为了避嫌专制统治,博塔回避了他自己所属的党派,转而启用一个由所谓的军警官参政要员——大部分是军人、情报员和安全官员,而且其中绝大多数部长都与博塔私交甚好——组成的国家安全委员会取而代之。安全委员会下设了一个国家安全管理系统,直接管理白人城镇和黑人城镇这一级别的行政区划——博塔的政策基本覆盖了全国各个角落,特别是黑人聚居区。国家安全管理系统同时也对所有安全问题负责。民族党将维持国家运转的机构精简浓缩到最极致,其决定权也相应划归到别的部门兼任执行。

当德克勒克接任总统时,他做了一个决定:恢复往昔被大幅度裁员精简的民族党的规模,并将这项决策作为首要任务。在德克勒克总统任期的第一年里,权力的焦点是内阁,且内阁中的成员(人数不断变化,但一直在16人上下浮动)全部都是资深民族党官员,当然也包括4个省级领导。德克勒克总统急于将自己的领导风格与博塔区分开来,于是恢复了民族党的角色并回归了它的道路——在小型紧凑的权力金字塔中强调集体决策。虽然博塔早就开始了这种尝试,但真正将其发扬光大并名声四扬却是在德克勒克任职期间,因为他开创了"bosberaads"模式——在与世隔绝的度假胜地召开全体内阁的日常会议。这些头脑风暴集思会通常持续两三天，会议就是否与非国大进行谈判做出重大决策。例如，在 1989 年 11 月举行的封闭集思会中，讨论并批准了德克勒克已成型的改革方案架构，但将改革的时间和顺序问题留给总统定夺。

一旦内阁作出决议，民族党的核心小组通常会将成员召集到一块儿并告知这一决定。党小组囊括了议会所有的 93 名民族党成员，甚至比非国大全国执行委员会的规模还要大。虽然党小组不是一个决议机构，但它却如同一个接收器般收集外界的声音，并将白人选民的意见回馈给民族党领导人。

德克勒克把党小组作为他的运转中心，以求在一定程度上确保在有关政府和政党问题上能行使集体决策权。然而，当决策团的圈子变得越来越小，最后仅限于容纳最亲密的顾问时，这个小组就会时不时地变成政府首脑的参谋团。圈中成员有时候会有所变动，不同派系对德克勒克的影响也是多样的，而差异变化取决于问题是否有关宪法磋商、外交事务、经济问题或者安全事务等。德克勒克最亲密的制宪顾问格里特·维利欧恩是神秘的南非白人兄弟会的前负责人（兄弟会与民族党有广泛联系）和 1990 年的宪法事务部部长。另一位兼具朋友身份的亲密顾问是戴维·德·维里埃，他是开普省的主席和德克勒克的继承人。开普省作为民族党的主要权力阵地与德兰士瓦有相类似的地方。（保守党曾在德兰士瓦取得显著进展。）许多南非分析家都认为维里埃在政治上无足轻重，但实际上他却拥有德克勒克的信任和支持，且这两位私交不错，常定期相约打高尔夫。另一位成员是自

1977年起一直担任外交部部长职务的皮克·博塔。皮克·博塔传授了德克勒克处理外务的外交手腕和改革的营销艺术。在应对保守派的挑战中,皮克·博塔也发挥了宝贵的作用,因为他的无畏和其华美的语言天赋。第四位部长科比·库切位高权重,自1980年起一直连任司法与治安部长。曼德拉获释前,这个男人在与其进行的谈判中发挥了最重要的作用。库切也是奥兰治自由邦的党主席。

德克勒克身边围绕着许多统治精英中的年轻成员,包括1990年的教育部长斯托菲尔·范·德尔·莫维、财政部长巴伦·德·杜·普莱西斯和民族党的新星之一——宪政事务部副部长鲁洛夫·迈耶,他自1986年以来曾担任3个副部长的职位。最后事实证明,他在与非国大的谈判方面异常娴熟,绝对驾轻就熟。

德克勒克的内部圈子里有一些共通的特征。首先,他们全部都是拥有"高贵血统"的南非白人,为人民的生存奉献并通过权力分享继续在政府中担任官职。其次,他们全都曾担任过博塔总统的内阁部长或副部长。第三,在民族党方面,除了库切之外,他们全部都被视为进步分子,或者是"开明的"改革者。第四,他们都对民族党的卓越性深信不疑,但并非是在安全机构中,而是在作决策方面。没有一个人被视为拥护军警官的参政者,即使是在1986年担任司法与治安部副部长的迈耶。当时政府发起了大规模的镇压反种族隔离的运动,因为迈耶一直积极参与构建博塔的全国安全管理系统网络,恐怕早已经被众人当作改革中的军警官参政要员。但是在得到非国大的允许后,迈耶成了民族党中最自由的思想家之一。在民族党的内部谈判中,他第一个公开表明:

保护群体权利可能将不再是民族党在新宪法的谈判平台中的组成部分。白人将会捍卫自己的权益,他说道,将不得不依赖于推行多民族方针的政党这一维护新政治秩序的基本单位。迈耶的进步观点将会为谈判进程的推进获得更大的筹码。

尽管德克勒克打着联合掌权的旗号,但民族党实质上依然属于高度集权主义、非民主主义和精英主义的组织。基本上,一个十几人的小圈子就能制定出整个党派的计划,并按照自己的意愿做出全权决定。民族党上下的成员也从未被召集到一起讨论当天的重大问题,他们一直处于被动状态,毫无异议地接受民族党领导人制定的任何新方向。

一个相关的例子就是,德克勒克从来没有被要求或接到要与非国大开诚布公地谈判的特定任务,更不用说重新制定一部非种族性质的宪法。事实上,通过开展反对与"恐怖分子"的协商谈判,民族党已经赢得了 1989 年 9 月的选举。民族党极度纵容自由的民主党——其主张与非国大谈判并对它进行负面宣传。一张用来威胁白人选民支持民族党的海报名声大震,只因在促成民主党领袖维南·马兰(Wynand Malan)与乔·斯洛沃在国外会面中起了重要作用。然后,自那场选举后不到一年的时间,民族党就将与之前的"恐怖分子"在国内举行会谈,包括斯洛沃。不过,民族党也毫无异议地跟随德克勒克"大转弯",甚至没有要求召开一个特殊的党代会来讨论过程中的突然转变。唯一的呼救声来自对立的保守党。

改革的三堂教训课塑造了德克勒克的战略思维,并助其成为一名战略家,因为他们开始在南非冲突中寻求解决办法。当时与南非有冲突的国家是津巴布韦[一直被称为罗的西亚(Rhodesia),直到1980年更名]、纳米比亚和苏联。他们认为津巴布韦是个值得学习的案例:当白人少数政权顽固又愚蠢地与历史趋势抗争,却没有顺应趋势抓住主动权以完成一桩最好的交易谈判,此时此刻发生了什么?德克勒克认为,伊恩·史密斯(Ian Smith)——罗的西亚的白人首相——犯了一个"巨大的错误"。"当真正有建设性的谈判机会出现时,却没有抓住。"德克勒克总统在1990年2月4日说道,"我们决不能犯类似的错误。我们坚决不重蹈覆辙。"

另一方面,德克勒克在与纳米比亚的独立谈判中得来的教训是相当不一样的:决不允许国外调解员决定谈判的步伐和主旨,换言之,不要何塞(Jose)控制整个过程。1989年11月,当格里特·维利欧恩致信民族党的德兰士瓦省议会时,他言简意赅地提到:"谈判过程将会发生在身处南非的南非白人之间。这里完全不需要外国调解员这个角色。"这一信念——直接谈判构成最佳路线——一直支撑着政府与曼德拉的秘密会谈,当时曼德拉还身陷囹圄。

白人改革者还从纳米比亚学到了另一个教训,那就是根据比例代表制进行选举,而不是在联合州中形成赢家通吃系统,这样就能阻止主要竞争对手获得来自人数多的政党的支持,也可以在联合政府中搭建权力共享的舞台。西南非洲人民组织是一个民族主义组织,在1989年纳米比亚独立选举中一举获胜,赢得了近60%的选票。总而言之,它与其政敌在利益最大化——实现民族和解和国家的政治稳定——之下完成了联合。德克勒克和民族党希望南非能获得一个类似的结果,同时纳米比亚的选举被证实是可行的。此外,独立3年后,纳米比亚也证明了多数派黑人和少数派白人可以通力合作,齐心协力地行使一个联合政府的功能。

德克勒克和他的民族党的最高思想曾经是按照苏联模式发展。但是共产主义的崩溃打破了他们的权力平衡,因为非国大突然失去了武器、政治支持和灵感思想的最主要来源。德克勒克对议会发表了历史性演讲,外国记者连续4天对其进行了简要报道。维利欧恩总结了世界新秩序的曙光启示录,用以下话语进行概括:"最近,受到许多国际领域变化的影响,如东欧、俄国和许多非洲国家的剧变,我们的情况已经发生了根本性的改变。在全新的背景下,这些事情引发的所有后果都将对南非共产党和非国大造成威胁。"

后来,出于不同的原因,戈尔巴乔夫统治下的苏联模式给德克勒克带来了困扰。戈尔巴乔夫发动的力量——后来证明是他无法完全控制的——最终导致了他的毁灭。德克勒克认为,戈尔巴乔夫的倒退是由他自己的优柔寡断造成的,他发誓不会在南非重演苏联的失败历史。

事实证明,新南非的谈判是一个非常混乱的过程,充满了各种延误、误会、未完成的协议和无休止的并发症。全国上下生活在跌宕起伏的情绪中,从希望的山峰跌落到绝望的峡谷,这样的死循环一遍又一遍地上演着。飞跃南非卢比孔河的伟大创举从未实现过,可行的办法只能是沿途搭建一排排"垫脚石"。"当河很宽时,渡河的方法就是挨个儿从一块石头跳到另一块石头上。如果你妄想一个跳跃就过河,那你肯定会掉进河里。"斯托菲尔·范·德尔·莫维警告说,他是民族党的重要谈判战略家之一。(民族党和政府有单独的代表团和谈判代表,虽然他们代表同一立场。)

谈判进程的开端类似于远古的敌人在新一轮战争开始时的初步探索。任何一方都不知道会发生什么。德克勒克与曼德拉双方都不得不努力克服一系列初始障碍,事无巨细,必须亲历解决。其中包括自20世纪80年代中期爆发的最严重的政治暴力;再到法律细节,比如准许发放非国大流亡领袖回国的临时赔款,因为双方的官僚作风延误了第一批流亡领袖的回国时间。非国大的情报局局长雅各布·祖玛(Jacob Zuma)一直滞留国外,直到3月21日要参加被认为是与政府的秘密预备会谈的会议才得以回来。

有大事即将发生的征兆是非国大在3月31日决定推迟与政府之间的首次非官方会谈,因为3月26日色勃肯(Sebokeng)城镇发生了屠杀,就在南非的工业中心地带,大约距离约翰内斯堡往南25公里的地方。警察朝非国大的示威者人群毫无预警地开火,造成至少11人死亡,400余人受伤。许多人是从背后被枪杀的,因为他们当时正在逃离现场。不得不说,曼德拉的领导遭到了非国大内部的挑战,他警告德克勒克说,国家总统不能"打着谈判的幌子却行谋杀人民之实"。

更为复杂的是,非国大拒绝了与司法与治安部长阿德里安·

沃克（Adriaan Vlok）同桌座谈，而后政府又因为让乔·斯洛沃出席会议的想法大为光火。4月5日，德克勒克与曼德拉在开普敦进行了3个小时的夜间会议，最终才获取了所谓的谈和——其目的是让会谈重回正轨。

5月2日至4日，在一种超现实主义的氛围中，这对宿敌召开了历史上第一次共同会议。会议安排在南非第一任殖民总督的府邸，这里既能召开大会，又能进行圆桌会议，地址在格鲁特·索尔（Groote Schuur），位于开普敦雄伟的桌山山脚。19世纪罗的西亚的英国创始人塞西尔·罗兹（Cecil Rhodes）曾住在这里，那时还有推行种族隔离的臭名昭著的"建筑师"和"建筑商"达尼埃尔·弗朗索瓦·马兰（D. F. Malan）、约翰内斯·赫拉尔杜斯·史垂顿、亨德里克·F. 维沃尔德和约翰·沃斯特。难怪当时一些非国大代表感到他们被领进了一个陷阱里。当然，半开着玩笑，他们回顾了著名的开拓者皮特·雷蒂夫（Piet Retief）的故事，他曾在1838年天真地带领70名手无寸铁的男人到祖鲁国王丁安（Dingaan）的牛栏中去讨论有关纳塔尔辽阔土地的条约，结果落得被屠杀的下场。

非国大特意选了9男2女——7个黑人、2个白人、1个有色人种和1个印度人——旨在陈述其愿景，那就是建立一个新的多种族领导的南非。政府显示的姿态却与它的架构大相径庭——9个人全是白人，清一色男性，且全为南非白人。然而，这些驴唇不对马嘴的信息并没有破坏这个场合的重要性。对于所有在场者、与会者和观察者来说，这都是一次难忘的经历。记者们目不转睛地看着乔·斯洛沃和乔·莫迪赛（Joe Modise）——"民族之矛"

的指挥官——与南非白人宿敌交换了第一句问候语。（虽然这次会议没有邀请记者，但能够在直播中收看代表团的成员互动，以及他们到达和离开的每一环节，甚至能偶尔在双方争执得满头大汗时共享茶点。）

大会第一天专门播放冲突的辛酸史。曼德拉解释说，非国大一直怀揣和平谈判解决问题的希望，只有当白人坚持关闭对话通道时他们才会拿起武器。就德克勒克而言，他捍卫了民族党长期追求一国两治的政治愿景——将黑人与白人分开统治，但他承认，这种模式失败了，甚至可能在其应用上误入了歧途。

第二天，非国大的国际事务主任塔博·姆贝基（Thabo Mbeki）现身于闭门会议，并称在一个媒体午宴上与他的非国大同事们发现白人对手们竟然"没有犄角"，他们一起聊天，互开玩笑，共同友好用餐。后来我们才知道，姆贝基曾对皮克·博塔开玩笑说自己一直期待着能成为他多种族内阁中的一名代表。博塔曾偶然听到有人对一个非国大代表的评价，那人称双方现在都航行"在一条船上"，此外，他们的船被鲨鱼左右包围着，如果一不小心落水，就会被数不清的鲨鱼围攻。

为期3天的会议结束后，全体与会代表聚集在格鲁特·索尔后面的草坪上合影，这些照片是正在进行中的变化的缩影：宿敌们礼貌地站在一起谈论什么是团结而不是分离南非的黑人与白人。双方对解决争议、民族和解与国家统一的前景都持乐观态度。如曼德拉所说，本次会议的既成事实就是"其含义发人深省"。曼德拉强调说，这预示着白人与黑人之间的"主仆"关系的结束。

后来，在一次联合新闻发布会上，喜气洋洋的曼德拉和兴奋不已的德克勒克并排坐着，表达了他们对未来的信心。"我丝毫不怀疑，国家总统说话算话，"曼德拉说，意指德克勒克的明确承诺——在新南非"人人都有选举权"。"我坚信（总统）的正直。"这些观点得到了整个非国大代表团的同意，曼德拉当天向媒体如此保证。德克勒克和他的同僚逐渐变得同样狂热，说他们对曼德拉的高贵、亲切和祥和留下了深刻印象，并肃然起敬。德克勒克说，曼德拉是他们的志同道合者，他们之间将会达成和谈，成就共赢，不会有失败者，每个人都会以胜利者的姿态出现。

尽管如此，第一次鼓舞人心的会谈也存有阴影，阳光灿烂的背后也会有乌云笼罩。新闻发布会结束后，德克勒克和曼德拉发现他们突然陷入了针锋相对的话题中，话题中心是现在是否是解除对南非国际制裁的时机，以及"权利在少数白人手中"这个棘手问题。当然，国家总统觉得制裁没有存在的必要，应该取消。但曼德拉坚决不同意，并呼吁国际社会让他们保持现状。德克勒克则表示，虽然他并非"在思想上痴迷"群体权利的概念，但希望宪法承认"在南非有群体存在的现实"。曼德拉则不会让这则评论通过挑战，他反击说："群体权利的概念是种族隔离的伪装。"德克勒克与一个副手交流完意见后称最终会证实一切都是真实的："当我们开始真正的谈判时，你可以看到横亘在我们面前的长期争论。"但至少双方最后终于坐了下来，心平气和地一起会谈。这表明两者间的僵局终于被打破，即使拥有的共同点为数不多。

协议达成的第一项共识收录于后来被称为"格鲁特·索尔备忘录"(*Groote Schuur Minute*)的文本中，反映了这个共同基础的薄弱点。双方承诺将努力为结束暴力作风而工作，并将自身投入"谈判的和平进程"中。他们同意成立一个联合工作组以解决和清除阻碍宪法谈判初始阶段的绊脚石。备忘录中记录道，这些阻碍包括释放政治犯和同意那些参与南非内外斗争的涉案者免于被起诉，特别是非国大全国执行委员会的成员们。此外，政府承诺将会修改所有的安全立法，允许黑人参与正常的政治活动，并解除国家的紧急状态。

在备忘录的文本中，我们可以清楚地发现，先决条件的两边都被制定用于促进实质性谈判的开始，并朝全面解决的方向发展。非国大要求政府首先解除紧急状态，允许2万至4万名政治流亡人士回国，释放所有政治犯，废除一切种族隔离和压迫的安全立法，并准许其谈判人员和高级官员永久免予起诉。政府则坚持非国大宣布结束其武装斗争，遣散游击队，透露藏匿武器的行踪，并将其本身从一个解放运动组织转变成一个正常的政党。

双方共同面临的最直接问题就是统一对"政治犯"的定义并达成共识，以及谁应该获益于特赦或免于公诉。最开始将1991年5月21日设为解决这个问题的最后期限，即当天要看到拟定的协议草案，但草案最后经历了多次修订和延期。双方发现，他们不能就术语"政治犯"的定义达成一致共识，因此也不知道谁应该被算在特赦或豁免之列。最初关于术语的定义困难成了后续麻烦事来临的先兆。无法解决这个墨守成规的纠结问题，政府会迫使非国大在一个接一个地解决这些费时又费力的案件的基础上审查是否无论哪种"犯罪"嫌疑都有"政治动机"。双方各执一词，为了能啃下这根老骨头，争执持续了两年之久。《格鲁特·索尔备忘录》开启了可怕的先例并将其定格——先例来自于不能给一个单词做出明确定义，且在执行协议的过程中产生了误解，最终为他们未来的谈判困局埋下了伏笔。

1990年8月6日，和平进程的第二个垫脚石出现在比勒陀利亚，当时代表们在此举行会议，商讨在格鲁特·索尔成立工作组的提议。这一次，德克勒克与曼德拉的会晤蒙上了阴影——由非国大是否准备结束其武装斗争的争论而导致信任危机。

6月7日，德克勒克满足了非国大提出的会谈先决条件——解除全国紧急状态，但根据特别法，多起暴力事件的中心纳塔尔除外。德克勒克要求非国大本着诚信互惠的原则，发布一些永久结束其武装斗争的意向声明。这个问题是最具代表性的，因为"民族之矛"已经被证实是毫无用处的。它从来没有进行过一场反对南非国防军的正派战斗，甚至还在国内派出了大批突击队员和破坏者。7月下旬，德克勒克被完全激怒了，因为他的安全部队逮捕了大约40名"民族之矛"的成员，他们正在密谋发动一场被称为Operation Vula（战争之门）的全国起义。

"Vula"组织意为"开放"，成立于1988年，由纳塔尔省的秘密细胞网络组成，它是非国大重振疲弱的武装斗争的最后一搏。它一直未能成功实施计划，政府将计就计，利用其对休眠革命计划的发现企图实现自身的战略目标——破坏非国大与共产党联盟的心脏，并离间两者。德克勒克一口咬定是斯洛沃所为，于是斯洛沃被错误地扣上了开放组织指挥官的帽子，并被排除在谈判之外。事实上，斯洛沃是否出席是德克勒克与曼德拉之间意志较量的核心。德克勒克越是将斯洛沃排除在会谈之外，曼德拉就越要坚持让他出席。德克勒克越是喋喋不休共产党给非国大带来了所谓的邪恶影响，曼德拉就更顽固地捍卫自己的联盟。然而有时候矛盾的是，曼德拉虽然一直坚定不移地秉持对共产党的忠诚，但可能有时他也会考虑共产党的消极作用；曼德拉坚持了40年的共产主义方针后，到现在依然没有打算放弃共产路线，他的妥协只不过是为了取悦德克勒克。

在曼德拉和非国大进行的比勒陀利亚会议上，虽然斯洛沃仍然留在非国大的团队中，但其与战争之间的联系反而帮助政府更加坚定地就结束其武装斗争要求对方做出承诺。根据所谓的第二协议《比勒陀利亚会议记录》，非国大虽然没有结束其武装斗争，但必须同意马上"暂停"。作为对非国大重大让步的回报，政府仅仅承诺"尽早考虑解除纳塔尔地区的紧急状态"和"检讨"国内安全法案——并且仅仅只是修改所有限制自由的政治活动的部分。

事实证明，曼德拉与德克勒克又一次签署了一项几乎没有实质内容和意义的协议。双方一直未能给"相关活动"定下明确的含义，所以他们成立了另一个联合工作组继续纠正对术语的定义，并于9月15日发布了报告。《比勒陀利亚会议记录》也曾试图澄清一些对《格鲁特·索尔备忘录》的误解。它指定了释放一些政治犯的"预定日期"，并确定了对被指控为如非法出境这样的轻度"犯罪"给予赔偿的具体时间。1990年末释放了一批人，根据"记录"，最后一批出狱的人应该"不得晚于"1991年4月30

日。政府拒绝了非国大的要求,但是为了加快这一进程,它授予所有反种族隔离活跃分子特赦权利,并坚持让向检控方寻求豁免权的人列举他们自认为可能犯下的罪行。换句话说,这也连累了流亡者,耽误了他们回家的时间。

《比勒陀利亚会议记录》在非国大中引发了轩然大波。曼德拉和他的谈判代表遭到了从上到下铺天盖地的批评,因为他们在政府并未做出同样让步的情况下居然同意了"暂停"武装斗争。公众的反应如此强烈,让非国大执行委员会真正理解了"群情激愤"的含义,于是他们决定推迟实施"暂停",一直拖到1991年7月的全国会议上,而此次会议也是该组织30多年来第一次在南非境内召开的全国会议。推迟可能是个明智的决定。这有助于公众对曼德拉的深度怀疑——他正在率领非国大走向"出卖"运动,就在1990年12月中旬举行的为期3天的旨在讨论谈判和其他问题的"协商会议"中——得以拨开云雾见青天。

在那次会议上,亟待解决如下问题:非国大是否应该修改其对制裁的政策?当德克勒克实施他们要求的改革时,他们是否应该支持分阶段实施的新路线?当会议召开时,甚至欧洲共同体的12国都投了赞成票,即同意放宽在南非的新投资禁令。在某些情况下,分阶段解除制裁的想法似乎很有道理,曼德拉支持这种全心全意为人民服务的做法。在这一立场上,非国大的实际外长和最有影响力的官员之一塔博·姆贝基也加入了曼德拉的行列。会议第一天,半瘫痪的非国大主席坦博用他略带颤抖的声音告诫1600名代表——"陈腐的口号"早已不再适用了,现在是到了重新评估"保留可取的制裁措施"的时候了。一份发给代表的文件草案还警告说,非国大正面临着"国际边缘化",除非它主动提出"经过了深思熟虑的旨在降级制裁行动的相关大纲"。

坦博的建议遭到了愤怒的抗议,这是他本人和曼德拉都不曾料到的。第二天,非国大的武装分子(由共产党成员领导)通过了一项特别决议——维持整个制裁方案不变。让坦博、曼德拉和姆贝基最尴尬的是,该决议获得了压倒性的支持票数。虽然记者被排除在这次会议之外,但后来他们通过代表团的视频看到决议被采纳后,公众爆发出了疯狂的欢呼。

仿佛对他的权威挑衅得还不够一样,就在曼德拉与德克勒克的"一对一外交"和非国大与政府的普通谈判之后,曼德拉还不得不忍受一名代表的漫天批评轰炸;非国大武装分子只是不明白为什么曼德拉一直称德克勒克是个"正直的人"。在曼德拉最近的演讲中,他哀叹这样的事实——他听到大家对任何全国执行委员会的成员"几乎没有一个赞美之词",同时对他们应该与政府保持谈判这一决定也只持"严重保留"的态度。曼德拉直率地承认,他和全国执行委员会严重失职,因为他们没能继续担当起让成员了解他们与政府的接触和协议的责任。他说他毫无保留地接受批评,并承诺会对非国大的领导风格做出巨大的调整。但是,曼德拉也坚持自己的权利,保持同德克勒克和他的政府的联系。曼德拉根本无法回溯每次协商会议,无论他还是全国执行委员会都不得不及时清理问题或解决冲突。

代表们的普遍强硬立场敲响了非国大总部和比勒陀利亚的警钟。德克勒克开始怀疑曼德拉是否真的能控制他自己的组织,或能否为他的选民提供和平解决的途径。在与政府谈判的中心议题之下,确实有一道深深的鸿沟横亘在以曼德拉为首的非国大领导人与其成员之间。在激进的主流下,会议的走势让民众越来越不安,因为在会议背后,曼德拉与德克勒克进行了惊人的秘密交易,且曼德拉对其进行了妥协。面对内部叛乱,曼德拉肩负的谈判任务显然比登天还难。

对于曼德拉的困境,德克勒克的反应是节节退让,松开了摁住武装斗争——由内斗不断的非国大领导层发起——命运咽喉上的手,并对其军事力量中所谓的"相关活动"采取了睁一只眼闭一只眼的态度。双方官员之间一系列未公开的会议导致了第三项协议的诞生。这项协议被称为"达尼埃尔·弗朗索瓦·马兰协议"(The D. F. Malan Accord),1991年2月12日于开普敦机场签署(以第二次世界大战后当时的首相名字命名)。政府从非国大那里得到的它对该协议的理解是:"假设"非国大已经"暂停"它的武装斗争,且"不会再重返武装行动"。非国大同意停止在全国招兵和购买武器;停止创建更多秘密组织和南非境内所有的军事训练;结束军火、爆炸物品或炸弹的所有袭击。非国大同样也接受了以下原则:在民主社会中,没有一个政党或运动应该保持一支"私有武装"。此外,非国大一致认为,对于藏匿在南非境内的"民族之矛"的领袖和武器来说,控制指挥权是"至关重要的"——但协议却没有明确指出由谁来指挥。甚至在"民族之矛"的游击队中会有一个阶段性的复员和"对武器的合法化控制"的过程。在政府—非国大的联合联络委员的管理下,所有这一切将会"随后"和"尽可能迅速地"实现。作为回报,非国大从政府那里得到的唯一馈赠就是非国大明确拥有了一项权利,即"以和平示威的方式来表达意见",以及政府承诺会对涉及政治暴力的军队进行安全调查报告。

然而,争论还有另一个焦点——非国大与政府签署了一个超级不和谐的协议。在这种情况下,似乎是德克勒克政府盲目地急于摘取果实——无视有害后果进行谈判。历史总是惊人的相似。《达尼埃尔·弗朗索瓦·马兰协议》跟《格鲁特·索尔备忘录》和《比勒陀利亚会议记录》一样,仍将是一纸空文,并将持续争议的主题。而且,与其他协议一样,它只有妥协才能得到更大、更全面的解决南非冲突的机会。

1991年4月30日是释放所有政治犯和让流亡者返乡这一提案的截止日期,成百上千的人正在等待释放和遣返。非国大选择了如下回答作为对它的所有承诺的解释,他们认为军事力量的命运依赖于宪法谈判是否有足够的进展。它拒绝承认"民族之矛"是非国大的"私有武装",宁愿称它属于德克勒克领导的民族党的南非国防军。

以曼德拉为代表的非国大温和派早已做好了准备,甚至迫不及待地想通过谈判达成和平解决,但对于温和派来说,现状是德克勒克有意无意地让事情变得更糟了。与曼德拉相反,德克勒克追求的是眼前利益——短期内在非国大获取最大利益,但他似乎忘了这个战术有明显的侵蚀作用——会妨碍其在未来前景中获得最大利润。

无法保全武装力量令曼德拉很沮丧;面对求变的承诺,德克勒克如同缩头乌龟一般的态度也让他悲痛不已,但曼德拉仍然将为人民争取政治权力置于个人追求之上。不过,最令曼德拉失望的是,他发现城镇中的暴力活动使得谈判过程中的每一步都如同上刀山下火海般痛苦不已。布特莱奇经常将这种情况描述为一种"低强度的内战",这是法律和秩序的崩溃。但当1990年跨越到1991年时,事情的脉络也越来越清晰,那就是夸祖鲁(KwaZulu)领导人故意没有将暴力的火焰浇熄,而是等待微弱的火光重新燃烧成熊熊大火。

第七章 蜜月的结束

1990年2月之后,南非政治格局中最具争议性的人物毫无疑问当属想成为祖鲁民族领袖的曼戈苏图·盖夏·阿什克纳齐·内森·布特莱奇酋长,他是来自马拉巴蒂尼(Mahlabatini)的布特莱奇部族的首领和王子,这只是他众多头衔中的两个。他也拥有最复杂的个性,对权力拥有狼子野心和雄心壮志,被看作是能比肩曼德拉的人物。但布特莱奇觉得自己徒有虚名,像"终极麻风病人"一样饱受主流民族主义运动的虐待,他变得越来越顽固和好战。一句话,结果就是他最终成为一块绊脚石处处阻碍和平进程。作为一名国家领导人,布特莱奇决心武装自己,辩证地看,他也成了自己的终极敌人。

布特莱奇也是曼德拉的克星。虽然曼德拉意识到布特莱奇这个麻烦不容小觑,处处受其制约却找不到成功的解决方法。从本质上讲,曼德拉已经被自己最初倾向于与布特莱奇讲和的压力攫住,同时非国大联盟向他施加了千斤重担,可以说,压力向他发起了全面进攻。对于曼德拉来说,讲和还是打仗,这仍然是个悬而未决的难题。所以,冲突的力量和逆耳的忠言不停夹击着曼德拉,他在两种选择之间摇摆不定,这样的经历均等地限制了每个方向可能的成功。

比曼德拉小 10 岁的布特莱奇可能是非洲大陆最不愉快的政治家——生性多疑、难以揣摩、敏感且易怒,经常对采访中的提问横眉冷对。他似乎很享受这种孤身英雄的角色。桀骜不驯、与众不同且不走寻常路,这些都只是他在追求合法性失败后在失意中强调自己的重要性。布特莱奇怀着一种优越感,别人如何看待他都没有任何关系。他的言谈举止好像他是曾经为南非黑人解放斗争奋斗了几十年的核心人物,仿佛到了每个人都该肯定他做出了巨大贡献的时候。例如,1990 年 5 月,他在接受采访时告诉我,他曾全权负责曼德拉的释放和促使政府接受与非国大的谈判。布特莱奇表现得好像他甘居幕后当一名默默无闻的民族英雄,但事实似乎经常与布特莱奇的话语相悖,这着实令他生气,因为似乎没有人明白他的感受,没有人会感激他为曼德拉、为非国大,乃至为全国做的事情。

布特莱奇酋长的傲气无疑源自他的骄傲——他是非洲最伟大的勇士部落的王室家族成员之一。他无时无刻不在向别人提醒他与 19 世纪的祖鲁王沙卡(Shaka)的关系,沙卡是当时最强大的黑人帝国和南部非洲军队的缔造者,借力于他母亲那边的曾祖父——丁安的儿子(沙卡的同父异母兄弟)塞奇瓦约(Cetshwayo),曾在 1879 年的伊山德瓦纳(Isandlwana)之战中打败了英国。布特莱奇在他意志坚强的母亲玛格格(Magogo)公主的督促下，将自己视为复活的现代沙卡，即将重振祖鲁民族的辉煌和荣耀。

布特莱奇性格多面性中的另一个缺陷是他的无能。在长期的反种族隔离斗争中，他仔细谨慎计算每一项决定和每一次行动，但就政治结果而言，绝对是无能。因此，从未在监狱中待过的布特莱奇怎么可能享有与曼德拉同等的国内待遇和国际威望呢？曼德拉在铁窗中牺牲了27年的生活才换来了今天享誉国内外的声名。在布特莱奇的政治组织因卡塔自由党中，鲜有值得对其唱赞歌的解放斗争烈士，然而非国大却有数百人。（因卡塔成立于1975年，最初是作为一场文化运动把布特莱奇推到全国人民面前的。虽然不知道它是否有声称的200万名成员，不过若是它要指挥忠心耿耿的几百或几千人，或动员几千名士兵发动突击战役，这还是没有问题的。）

所有这些关于民族荣耀的失落梦想的合力共同造就了这样一位政治家——极其敏感多疑，对日常政治生活毫无招架之力。布特莱奇不仅侮辱了他的侄子——祖鲁王古德维尔·祖韦利蒂尼（Goodwill Zwelithini），还侮辱了祖鲁皇室家族乃至全部祖鲁人民。如果皇室身份能满足他的要求，他就会把自己打扮成古德维尔国王的衣钵继承者，并要求大家用几乎同等的皇室礼仪对待他。他的野心告诉自己不能仅仅满足于做国王的首相——就像他的曾祖父马亚马纳·布特莱奇（Mnyamana Buthelezi）酋长在塞奇瓦约国王的议会中所担任的职位。相反，他把自己看作祖鲁民族唯一的政治领袖，并认为古德维尔国王只是为他传达旨意的傀儡。

布特莱奇的刺猬个性在新闻发布会上经常可见。相比回答问题,他更喜欢做演讲。每次记者采访他,都会去他位于乌伦迪(Ulundi)的总部,那里是纳塔尔省的省会,也是夸祖鲁的发源地。布特莱奇经常会准备长篇大论,然后在整个内阁面前扶着眼镜将其朗读出来。每次一到提问时间,记者们就会避免触碰他的敏感话题,否则就会面临他把长篇大论变成人身攻击的风险,这事时有发生。每当面对白人记者时,布特莱奇就会很不安,并且每次都会诉诸指责他或她的种族主义,并做出以下回答:"我知道你认为所有黑人都有卷曲的头发、宽阔的鼻子、同样的思想,但是,我们却不是这样的。"

然而想要从布特莱奇那里挖出他自己的观点并不是一件简单的任务。模棱两可似乎是他的思维定式,而且已经炉火纯青。布特莱奇经常会突然转变话题来掩盖问题,所以记者可能会很茫然,对他所表达的真正含义感到云里雾里。他会刻意回避回答有关他自身的问题,也闭口不谈因卡塔党在对抗非国大的政治暴力中所扮演的角色。布特莱奇始终坚信自己无可指责,并认为他完全致力于崇高的基督原则和马丁·路德·金式的非暴力。他不止一次向记者保证,他从来不曾涉足因卡塔或夸祖鲁政府的会议,因为这两者的会议甚至暗示将使用暴力作为促成他们政治目标的一种方式。但布特莱奇不仅是夸祖鲁的首相,也是因卡塔的统治者,甚至还是警察局的局长,并且他的警察官员及其下属的壮汉们全都参与了因卡塔的政治斗争。一方面因卡塔内部有严格的等级制度和纪律,另一方面布特莱奇却宣称对他的副手在做的事一无所知并无法控制他们的暴力行为,这种状况真是令人难以置信。

当布特莱奇的追随者站起来反对非国大时,根据他的主张——呼吁祖鲁人的民族自豪感和好战传统——布特莱奇的伪善面具早已荡然无存。布特莱奇时而会以古德维尔国王的名义来阐述自己的观点,时而会代表当地祖鲁酋长来陈述问题,当然,有时他也会只代表自己发表言论。

1990年3月,我第一次目睹了他操纵种族因素引发了祖鲁人的激情。3月24日晚,我在办公室通过南非新闻协会的电缆拍了一组电报,其内容是有关"夸祖鲁的凯萨"(Amakhosi of Kwa-Zulu)采取的决议。电报内容很有意思,因为信息直接来自布特莱奇位于乌伦迪的办公室。这些决议的重要性在于它是一份反映事实的演讲稿——国王在"祖鲁民族的政治领袖"布特莱奇面前进行了一场演讲,而这份演讲稿的决议被他们所采纳。该决议实际上是想发动战争。布特莱奇将所有首领和酋长召集到一块儿,通过应对"来自强势地位"的非国大的挑战,呼吁他的头头们或酋长们"保持自己祖鲁族群的尊严"。事实上,没有任何一位酋长会训练这批"政党吸纳的年轻的乌合之众"。这些酋长主要居住在城市地区,而非国大最大的挑战就是要勒令他们的支持者团结"有价值的祖鲁人"。如果不投入行动,这些全都只是纸上谈兵。

4天后,数千全副武装的因卡塔支持者企图攻占非国大的据点,这些据点横穿纳塔尔中部地区,散布在彼得马里茨堡周边。3月28日,据说这是自1987年开战以来最糟糕的一天,超过100间屋子被纵火烧毁。接下来的一周,暴力仍在继续,至少有80人丧生，数百人受伤。最后总计超过200间房屋被毁，12500人成为难民。布特莱奇的"祖鲁民族"响应了他的号召，但他却否认自己与煽动暴力有任何关系。

布特莱奇定期升起暴力的幽灵旗帜，通过这种方式，他就能免于被指责蛊惑他的追随者从事诸如此类的活动。他说，如果由于某种原因他和因卡塔未能参与政治解决，那么暴力必将在国内自发性地爆炸，"客观"地说，这显而易见不是他的错。布特莱奇多次提到安哥拉和莫桑比克的内战作为警告，告诫非国大不要试图以强硬态度来制伏因卡塔，也不要将其宪法解决方案强加于他的愿望之上。他警告说，即将来临的南非内战会被两个邻国当成"儿戏"看待，因为南非可能没有民主，除非"母语为祖鲁语的少数人"能寻求并获得支持。实际上，布特莱奇的意思是如果他不喜欢这部宪法，就将发动一场内战来破坏由非国大主导的政府的未来。

对于那些有兴趣看到在南非建立一个真正的多党制民主政治的人来说，布特莱奇真的是摆出了一个巨大的烂摊子，因为他在骨子里反对民主，这表现在他组建了自己的因卡塔自由党。基本上，因卡塔党就是一个专断的党派，其领导者的行为更像是一个祖鲁国王或部落酋长，而不是一个现代政治家。夸祖鲁的政治中也没有什么"民主"可言。因卡塔党是夸祖鲁立法机关中唯一的党代表，党和政府如此紧密地交织在一起，以至于夸祖鲁类似于典型的一党专政的非洲国家：党、国家和领导人三位一体。布特莱奇与民主主义者相差十万八千里，他属于独裁统治者，跟扎伊尔的蒙博托·塞塞·塞科（Mobutu Sese Seko）、马拉维的黑斯廷斯·班达(Hastings Banda)和肯尼亚的丹尼尔·阿拉普·莫伊(Daniel Arap Moi)这些独裁统治者是一类人。因卡塔的年度全国会议的主要目的就是重燃民众对他的领导权的热情和支持,这样他的话语权就不会面临挑战。

布特莱奇公开提倡另一种深刻的反民主倾向——祖鲁民族主义。不同于其他任何南非黑人政治家,他肩负重担,必须带领该国的政治"血缘"迎来一个新民主的不易曙光。非国大试图摆脱南非的种族隔离制度——因为其由许多少数民族组成,而布特莱奇却试图延续以往的隔离制度。他甚至称赞博塔总统指出的"南非是由少数人统治的国家"。布特莱奇在不断强调"祖鲁人民"并劝勉他们捍卫自己的文化和传统。跟其他任何南非领导人不同的是,布特莱奇明目张胆地操纵着种族因素,试图以此巩固自己的权力基础。虽然因卡塔党吸引了少数白人、印度人和以索托语为母语的人,但它本质上是个祖鲁组织,其总部设在乌伦迪,其领导人都来自祖鲁酋长阶层,且它的主要支持者也来自祖鲁族。因卡塔党的地方和区域领导都依赖于传统的祖鲁领头人,他们中的一些人被送到约翰内斯堡周围的青年旅社(其中住的都是外来务工人员,多为单身男子),以确保在因卡塔追随者中保持军事化的纪律。以因卡塔党为主的青年旅社甚至被编排成了传统的祖鲁战斗单位——南部非洲班图族的一队武士中最基本的单位。种族划分可能仍然是现代政治的遗传因素,但是作为唯一的决定因素,它预示着多党民主,这一点在东欧和南斯拉夫已经表现得很清楚了。然而,布特莱奇仍然是南非的首要发起人。

事实是,布特莱奇的因卡塔党缺乏南非自由派人士和其他对实现一个真正的多党民主制度感兴趣的群众基础,而这些不可替代的人物原本可以作为一个与非国大抗衡的政治筹码。白人的自由派民族党实在是太小了,而且成员中没有基督教徒或社会民主党黑人。其他两个主要的黑人政党泛非议会和阿扎尼亚人民组织(Azanian People's Organization)似乎决意要坚持强硬的反对派政治立场,尽管民调显示支持率很低。如果因卡塔党不愿勇敢面对非国大,南非将毫无疑问走向一党政治,非国大可能会接手德克勒克及其民族党曾经扮演的角色——控制政府的每一个分支。但因卡塔党的存在引入了一个真正的不确定因素,那就是因卡塔与民族党之间的联盟可能会在新议会中产生对非国大的强烈反对。1990年至1992年间的民意调查显示,因卡塔党得到的选票支持率从3%上升到了12%——虽然根本不足以将布特莱奇弹射到总统办公室,但也足以让他成为德克勒克身边一个有分量的盟友。布特莱奇根本不怕在他与曼德拉的博弈中打出这张王牌。

曼德拉与布特莱奇之间的关系从一开始就电闪雷鸣。在他们还年轻的时候,关系一直很友好;布特莱奇曾经也是非国大共青团的成员之一,甚至在1950年因为参加对学生会的抵制运动而被海尔堡大学开除。布特莱奇喜欢提醒曼德拉,在非国大的明确鼓励之下,他已经初步成了夸祖鲁的行政首长,原本非国大是想让布特莱奇踩下刹车——停止政府设立"独立"家园的政策之轮。在组建因卡塔党之前,布特莱奇曾咨询非国大的意见,非国大表示同意。事实上,从1975年一直到1979年,这两个组织都处在友好关系之中,是反种族隔离的盟友,尽管两者之间也日渐滋生着不安因素。布特莱奇渴望曼德拉的祝福,让他建立自己在非国大的政治共同体中的合法性,但是曼德拉的主要兴趣不在于提高布特莱奇的地位,而是遏制其破坏非国大的暴力。

据布特莱奇称,非国大与因卡塔党的分裂起源于 1979 年 10 月他与奥利弗·坦博在伦敦的会面。当时因卡塔党宣称有 30 万成员,布特莱奇直接要求非国大承认其作为"国内的一支主导力量"的地位。那时候非国大正处在与布特莱奇断交的重压之下,因为因卡塔党曾反对 1976 年抗议白人教育体系的索韦托起义,其成员实际上攻打的是那些参加起义的人员。更重要的是,非国大在寻求确立它作为反种族隔离斗争的唯一合法代言人的身份,但是因卡塔党隐约成了达成这一目标的障碍。这两个组织的政策方向也是南辕北辙。布特莱奇后来声称,他曾在伦敦的会晤中试图说服非国大主席放弃武装斗争,并保持与博塔政府的谈判。如果真是这样的话,这两个组织分道扬镳以及非国大后来认为布特莱奇是种族隔离制度的"工具"就不足为奇了。

祖鲁族领导人通过故意搭建一个政治平台——无论什么时候,其意见都恰恰与非国大的主张完全相反——而加深了非国大对其的反感。非国大一直主张对南非进行制裁,以此作为一种向政府施加压力迫使其让步的途径,布特莱奇则逆行其道,认为非国大对国家经济和黑人的影响是灾难性的;非国大尝试开展武装斗争,布特莱奇就捍卫非暴力和谈判;非国大制定的经济政策是社会主义模式的,而因卡塔党的则明显带有资本主义导向;非国大支持建立一个强大的中央集权国家和政府,布特莱奇则坚称,对于南非政府来说,唯一可行的形式是联邦制;非国大希望尽快废除10个黑人家园,布特莱奇却坚称他们会在联邦政府的领导下保持10个家园以形成未来各"州"的核心;非国大希望尽快举行民族选举以决定每个政党的政治分量,布特莱奇则希望推迟选举;非国大开辟了自己的道路,避免谈论种族和少数民族,布特莱奇则一直倡导南非在当代世界政治格局中的重要性;每当非国大及其盟友呼吁全国罢工向德克勒克政府施压时,因卡塔党都会反对。非国大与因卡塔党只有一个共识,即他们都认为10个黑人家园应该重新合并成一个唯一的南非,选举应该保持比例代表制,以确保所有政党在议会中都有席位,并认为与白人结盟是可取的。

非国大指责布特莱奇捍卫了那些与德克勒克政府一致的政策和原则,意图抹黑他是白人建立的傀儡政权。这当然是事实,布特莱奇采取了与政府相同的立场,至少是类似的。布特莱奇也有相当充分的政治理由这样做。例如,布特莱奇为了维持他在夸祖鲁地区的权力基础而支持联邦制。他用尽一切可行的手段试图推迟选举,因为选举可能会暴露他缺乏大范围的国家支持,这会削弱他的政治影响力。他同样反对由选举产生的制宪议会和临时政府,即使德克勒克在他身边支持这些机构也不行,因为如此一来他的政治权力将被极大削减。布特莱奇大肆渲染种族隔离和少数族裔的重要性,与其说是为了取悦德克勒克,倒不如说是想让自己萎缩的权力基础重新丰盈起来。

此外,最新观察显示,布特莱奇被非国大清理门户并非因为他对种族隔离的柔顺态度。布特莱奇拒绝接受夸祖鲁的"独立";他发动了战争,以防纳塔尔的城市区域被合并入斯威士兰

（Swaziland）；他曾多次拒绝与白人政府谈判，除非释放曼德拉。博塔总统对布特莱奇恨之入骨，因为布特莱奇阻挠了他的种族隔离计划，且布特莱奇巧妙地操纵了群众的仇恨情绪以提升他在国内外的形象。事实证明，布特莱奇一点儿也不傻，他非常聪明地操纵了政治：那些想要利用他达成目的的人们却反过来被他利用了。

非国大通过宣传把布特莱奇描绘成了一个傀儡，如果种族隔离制度的支柱被推倒，这将是对支持者们的最好回报，但它也导致了非国大产生了无数错觉，并就将如何对付他而判断失误。非国大的本能是诉诸强制性策略。它试图抹黑布特莱奇，也推出了一场反对他的宣传大战，但在当时并没有效果。1990年7月2日，非国大发动了为期1天的全国大罢工，旨在反对布特莱奇和他的家乡夸祖鲁。这是第一次由一个黑人团体将这样的战术使用于另一个黑人团体。当然，它没有取得任何明显成效。

1990年2月，所有反种族隔离团体都因政治压抑而迸发出了反抗的火花，被警察镇压了30多年后它不可避免地爆发了。尽管政府采取了拖延战术，但成千上万的流亡者已经返回国内，数以千计的政治犯也已被释出狱。一个新的时代已经来临，非国大和共产党突然决定放手让全国自由管理，甚至连"民族之矛"的指挥官、军官和士兵都可以自由管理。一些"民族之矛"的成员开始积极帮助在城镇和由非国大主导的寮屋营地中组建大规模的自治"自卫队"，另一些则加入了非国大反对因卡塔的斗争之中。虽然非国大已经同意"暂停"其在1990年中期的武装斗争,但规模小一些却更激进的泛非议会却没有停止斗争;实际上,它的武装派别"Poqo"扩大了"解放斗争",并通过超级好战阵线力图吸引追随者远离非国大。

一切照旧,政府的安全部门依然按成规办事:过去几十年中负责维护种族隔离制度的警察部队、神秘的军事情报部门、专门"搞鬼"反对政府的敌人的专家、神秘的军事民用合作调查局(CCB),以及一直残留的"敢死队"已经发动了对非国大的公开战争。政府与非国大的政治斗争并没有突然结束,它只是改变了形式并转换了舞台。这些安全部门与非国大之间的仇恨如同往昔一般根深蒂固。

来自莫桑比克的苏制 AK-47 步枪早已在全国泛滥,名副其实地给这个不稳定的混合局面添加了相互冲撞的力量。具有讽刺意味的是,这些枪支中的绝大部分都是被回收利用的,20 世纪 80 年代南非安全部队曾为叛军提供数千枪支去对抗莫桑比克解放阵线政府。叛军以及无偿的政府士兵发现枪支自由是个利润丰厚的行业,每一个人——从普通的银行劫匪到汽车抢劫者再到非国大的自卫队、打了就跑的突击队"Poqo",以及因卡塔战士们——都在使用这些昔日的"解放武器"以达到各自的目的。

所有这些活跃在约翰内斯堡和纳塔尔周围的南非"杀戮战场"——并有大量参与者——成了各类"专家"为自己开脱罪责的借口,并将战争归咎于暴力。他们互相推诿,将责任全都推到某个人身上。政府指责这些政治暴力,不管是非国大与因卡塔党之间"黑人 PK 黑人"的权力斗争,还是非国大内部的共产党人的阴谋,或是非国大的各种"群众行动"。非国大则声称所有错误

124

都是改革安全部队所致,比如种族隔离的"代言人"布特莱奇酋长和西斯凯的欧帕·葛克佐(Oupa Gqozo)准将之流,或是由反叛的右翼极端分子在警察和军队中经营的"第三势力"。而因卡塔党则把战争归咎于非国大对他们的排挤——试图让布特莱奇和他的夸祖鲁政府从政治舞台上消失。南非的学者则试图将过错归咎于不同的社会、经济和政治状况,而不单是由某个政治派别所致。他们说,暴力是种族隔离、经济大萧条以及大规模的种族分裂社会的产物;同时,外部创伤导致的固有权力转移——权力从少数白人过渡到多数黑人——也会导致暴力出现;或者是以上因素的综合产物。导致暴力的真正罪魁祸首极具迷惑性,导致人们无从判断。

然而,老生常谈的核心问题仍然是政府是否曾使用过任何方式挑起暴力?安全部队到底是曾下过决心遏制暴力,还是仅仅让其自然爆发?通常情况下,非国大和黑人社团的主要指控对象都是安全部队——现在仍由过去的冷战分子指挥——它要么自己煽风点火,要么故意帮助别人招惹"火山爆发"以加强政府的政治立场。

在某种程度上,警察和政府无情冷漠的态度脱胎于南非白人对非洲社会的认识。警方放弃暴力似乎是南非白人想象中的祖鲁人与科萨人(Xhosas)之间历史竞争的"自然"结果。这两个南非最大的族群(祖鲁人约700万,科萨人在特兰斯凯和南非的人数也与之相差无几)都在全国不同区域反对白人殖民侵略者,但他们从来没有因为彼此的土地或统治发生冲突。南非白人的普遍看法是,因卡塔是"祖鲁党",非国大是"科萨党",并假设祖鲁是个骄傲的民族斗士,绝不会向"科萨统治"顺服,一定会毫不犹豫地进行反倾销措施并抗争到底。因此,战斗是不可避免的。南非白人警察官员、军官、学者和普通公民都赞成这种观点,尽管祖鲁人和科萨人从来未曾开创为国斗争的先例,而且纳塔尔省祖鲁人的数量在政府和非国大眼中都是惊人的。显然这已经成为事实,在约翰内斯堡周边城镇发生的战斗已经演变成了祖鲁与科萨的"种族"之争。这主要是布特莱奇利用祖鲁人民的自豪感将祖鲁工农群众凝聚到身边的结果。

此外,南非白人栽培因卡塔党及其追随者也有特定的政治原因。南非白人当权派一直赞赏布特莱奇坚持"祖鲁"民族的主旋律,因为它有助于确认南非是由多种族组成的,以及确认其"正确性"——承认和保护每个种族特殊的独立身份。非国大是南非白人统治者的敌人,因为它想抹杀让每个部落"民族"都拥有独立家园的概念,并形成一个以科萨人为主导的政府。从这种奇特的南非白人的角度来看,因卡塔与非国大的战斗只能算作一个福音——南非白人统治者追求的以种族为基础的联邦解决方案。

到了20世纪90年代中期,事态变得越来越清晰,因卡塔控制的青年旅社已经成为撼动城镇的暴力频发中心。有时候是非国大的支持者对他们发起进攻,有时候是因卡塔成员对非国大发动城镇袭击。早在1990年3月,彼得马里茨堡被暴力进攻包围时,非国大就已经开始考虑有关让青年旅社歇业的问题,或者把他们的单人宿舍转换成家庭套间。

因卡塔操纵着每个青年旅社,并将其作为城市要塞以扩大他们在周边地区的影响力。因卡塔会将传统的祖鲁族长——所谓的宿舍成员——带到旅店组成队伍,以此组成祖鲁的战斗单位,只要得到通知就能被迅速调动起来。一旦因卡塔党巩固了其在旅社中的地位,就会系统地派出小支突击队,袭击和恐吓相邻街道的居民,直到他们建立起一个以建筑为圆心向四周发散的完整的因卡塔控制区。

然而,德克勒克对是否要严厉打击这些宿舍犹豫不决,很大程度上是由于对非国大和因卡塔采取了模棱两可的政策。他不能确定是否应该将布特莱奇酋长视为反抗非国大的潜在盟友,还是他的民族党与非国大结盟的绊脚石。如果民族党选择的策略是联合适当的黑人、有色人种和印度人团体来建设一个对抗非国大的联盟,因卡塔就会对它的成功起到很大作用。毕竟,布特莱奇对非国大的痛恨远远超过民族党,而且他跟德克勒克一样,是联邦制的狂热支持者。如果德克勒克希望把布特莱奇团结在身边,他就无法忽视这位酋长的愿望,而酋长是坚决反对非国大提出的所有关于融资、淘汰或改造旅社的建议的。

曼德拉曾多次公开表示,德克勒克应对暴力负有相当大的责任。用他的话来说就是:"要么是德克勒克总统已经失去了对其安全部门的控制权,要么就是他对其采取了纵容态度。"正如曼德拉所看到的,德克勒克从来没有试图认真努力地在自己的安全部队中遏制暴力行径。德克勒克一次又一次地表态并承诺会"调查"此类案件,却从未付诸行动。曼德拉说,早在获释之前他就曾警告过德克勒克,暴力是个大问题,一旦失控必将成为阻碍他们关系的绊脚石。"从任何一位解放领袖的立场来看,再多的温和措施或逻辑都已不再能够说服人们不要失控。"曼德拉如是说。在领导安全机构方面,总统已经成功地抑制了解放斗争长达30年之久。根据曼德拉的说法,如果他们真的进行了尝试,就一定会有方法来遏制在安全部队中出现的同样的暴力问题。当然,如果德克勒克能采用类似于政府镇压针对反种族隔离斗争的暴力活动的办法,暴力活动也会偃旗息鼓,曼德拉和非国大认为这是关键所在。

1990年7月,曼德拉开始了缓慢渐进的觉醒之途——要求德克勒克采取高压措施杜绝暴力,伴随而来的则是自曼德拉被释放之日以来,非国大与因卡塔在约翰内斯堡地区发生的首次重大冲突。色勃肯地区的城镇战斗标志着因卡塔开始在约翰内斯堡的各城镇地区和瓦尔三角区(the Vaal Triangle)南部将自己打造成一个政党。7月2日,非国大掀起了反对布特莱奇的全国性罢工,随后引发了此次战斗。非国大在这片沸腾的政治氛围中获得了极其重要的信息,那就是因卡塔将于7月22日在约翰内斯堡策划一场大型暴力活动,意图在那里对非国大的支持者发动大规模进攻。非国大的律师给司法与治安部长阿德里安·沃克以及两名德兰士瓦警察部队的指挥官写了两封信,恳求他们制止因卡塔的集会。曼德拉说,起初他们毫无回应,直到最后才承诺警方将随时准备阻止任何暴力行为。然而,尽管潜在的爆炸威胁一直存在,因卡塔仍被允许进行集会活动。

正是由于政府的纵容态度,因卡塔擅自提前实施了计划,一车又一车地将约翰内斯堡旅馆中的支持者们——早已全副武装好"传统武器"的战士们——输送至目的地。旅馆周围有30人死亡，大部分是非国大的支持者，战斗由此爆发了。第二天，曼德拉到访色勃肯的太平间，随后又探访了医院，对幸存者表示慰问和声援。曼德拉为阻止暴力行为付出了巨大努力，他的愤怒是可以理解的。

7月24日，曼德拉前去会见德克勒克，要求其对警方的不作为做出解释。但他除了愤怒之外一无所获。曼德拉后来披露了两人当时的谈话——"我说：你对整个事件无动于衷，为什么呢？""为什么没有实施逮捕？在其他任何国家，如果有32人死于这种屠杀，国家元首就会出来谴责犯罪并对受害者的直系亲属表示同情。你为什么不这样做呢？"曼德拉称，德克勒克的回答是"绝对荒谬"的。总统试图通过指出警察增援甚至动用直升机输送人员至色勃肯的事情来反驳曼德拉的批评。不过，德克勒克承认，在因卡塔集会的第一天并没有及时采取措施；但第二天，在曼德拉访问色勃肯的太平间和医院期间，对其采取了相关保护措施。至于经过多次警告后，警方仍然发生的失误——未能及时进行干预以阻止麻烦，曼德拉称"德克勒克没能给出答案"。

曼德拉与德克勒克就色勃肯事件进行了针尖对麦芒的正面交锋后，随之而来的是次月政府做出的一项决议——决定改变纳塔尔省的《祖鲁法典》。决议做了许多改变，特别是第一次允许祖鲁人在政治集会上携带"危险武器"。8月31日，由德克勒克本人签署了政府的"声明"，宣称"除了在特殊集会中，黑人不准携带南非土人所用的长矛、剑杖、战斧、狼牙棒、权杖或尖头棒，以及其他任何危险武器"。除非携带者可以"证明他携带这些危险武器的真正意图,并符合祖鲁人的传统惯例、习俗或宗教"。显然,这项法令的受益者只能是因卡塔党,因为其大部分成员都是祖鲁人。

曼德拉说,这项法令的宣布让他对德克勒克发人深省的行为大开眼界。"它服务于自己的政治目的。我意识到他正在玩游戏。"法律资源中心、人权监督小组对此宣布一片哗然并严正抗议,迫使政府不得不捍卫这项极具挑衅性的决议。该法令于9月30日生效。但10天后,政府出台了一个声明——这绝对是模棱两可的欺人之谈和诡计多端的托词范本。决议仅仅改变了《祖鲁法典》以保持更好的法律和秩序,宣称任何针对德克勒克厌恶暴力的质疑都是"荒谬"的。昔日的《祖鲁法典》变得"过时"和"太死板",不能有效应对现在的局面。修订后的法典是更好的,因为现在将要求个人证明他携带危险武器参与集会的"真正意图"。潜伏在声明背后的说明才是关键性的妙语:它说,法典被改动了,由于采取极端条款措施是为现实所迫——在任何可携带传统武器的场合中严格解除祖鲁民族的武装,只能是对挫折现状的火上浇油。祖鲁人将遭受"尊严丧失"之痛,其结果将是"愤怒和暴力的进一步升级"。换句话说,政府意指允许因卡塔成员公开携带危险武器是为了遏制暴力所采取的行动!

对《祖鲁法典》的这些修改引起了轩然大波,随后在11月,非国大的一个据点遭到了因卡塔的大规模袭击,袭击发生在Zonkizizwe(当地地名)的寮屋营地,位于约翰内斯堡外的哈斯特·兰德(Hast Rand)。"Zonkizizwe,"曼德拉略带讽刺地说,意指祖鲁,"这个地方欢迎所有的民族。"此次袭击以所有居民的溃不成军以及因卡塔对全部寮屋营地的接管收场。曼德拉说,他再次会见了德克勒克以及沃克,质问他们为什么没有在这些地区采取行动,以恢复寮屋营地合法所有者的所有权。随后,曼德拉又说道,德克勒克似乎完全不知道有这回事儿。但是沃克非常大胆又粗鲁地反问曼德拉:"难道你不知道'普天之下,莫非王土'吗?"这个问题对于曼德拉而言毫无意义,因为他首先关心的是警察的不作为。事实上,地方当局通常会授予百姓在土地上搭建寮屋的权利,并试图让在另一个营地遭受暴力蹂躏的受害者们搬到新的处所。德克勒克答应曼德拉对此事进行调查,但是他"事后从来没有回应过我"。曼德拉称他一次又一次地跟德克勒克提起"Zonkizizwe事件",然而始终没有得到任何答复。

1990年的最后几个月里,非国大与因卡塔支持者之间的战斗不断升级。因卡塔以武力夺取了约翰内斯堡周围更多的旅馆,并将这些旅馆纳入其据点和运营中心;非国大则尽可能地搭建更多的寮屋营地,所以战斗的中心往往位于这些寮屋营地或者青年旅社。

曼德拉最初曾试图以老派的"一对一外交"来解决与因卡塔的这一危机。但是哈利·夸拉和其他纳塔尔的非国大强硬派领导人在1990年3月否决了这个想法。最终,1991年1月29日,召开了一次布特莱奇—曼德拉峰会,但当时纳塔尔地区血流成河,要将积蓄的敌意四处扩散简直易如反掌。

布特莱奇敏锐地意识到了自己正面临着被政治边缘化的危险,因此他千方百计地寻求对自己和因卡塔的承认,抓住机会释放他的政治怒气以减轻压力,并揭开旧疮疤宣扬他的委屈。布特莱奇挖出了非国大官员的往昔声明，称其早在1985年就诋蔑他为"班图斯坦①的领袖"和推行种族主义的种族隔离政府的"合作者"，并在位于德班的皇家酒店召开的首脑峰会上对着所有人大声重读了这份声明。事情并未就此打住，他一页一页地朗读这些对他的侮辱，并罗列了将因卡塔从非国大中分裂出去的所有政治分歧。

如果曼德拉没有干预他的代表团成员保持冷静或者未能及时忠告其成员进行温和回应，那么本次峰会或许将变成彻头彻尾的灾难。曼德拉在自己的演讲中用独特的方式安抚布特莱奇，感谢他在争取让自己出狱方面所做的贡献，并强调了这两个组织的共同目标。本次峰会应该以和平收场，即签署一项和平协议——设定一套双方协商时的行为准则，呼吁结束暴力，创建一个委员会处理暴力事件。但是任何一方都没有履行协议的真正精髓，很快这份协议就在鲜血中化为了泡影。

1991年3月，因卡塔党将触角伸到了亚历山德拉（Alexandra），这是约翰内斯堡城市范围中唯一的黑人城镇。3月8日至10日，在为期3天的战斗中，有5人死亡。民众的控诉书在非国大总部堆积成山，无一不在痛斥警察涉嫌勾结因卡塔。亚历山德拉的居民以及其他遭受冲突蹂躏的城镇一次又一次地上报此次勾结事件，他们宣称已经看到警车运送因卡塔的支持者以及白人

---

① 班图斯坦（bantustan）：班图斯坦制度又称黑人家园制度，是南非政权为推行种族隔离政策对南非班图人实行政治上彻底"分离"的制度。班图斯坦制度的实施激化了南非的种族矛盾和阶级矛盾，遭到了黑人的坚决反对，加剧了南非的政治危机。

警察积极参与袭击非国大的寮屋营地或城镇家园。直到冲突逐渐平息后,政府派遣的警察和增援军队才姗姗来迟,并在最糟糕的杀戮结束后宣布该城镇是一个"动乱地区"。许多外来的因卡塔成员已经成功夺取了马达拉青年旅社(the Madala Hostel)的控制权。这是一个巨大的堡垒般的建筑,蔓延在主要山顶,可以俯瞰整个小镇,从而成为战略据点。堡垒中安置了2000至3000名农民工,他们来自各个种族。战斗结束后,所剩的居民几乎都是祖鲁人,且全部是因卡塔成员。

在亚历山德拉地区攫取了立足之本后,因卡塔党决定于3月17日举行大集会,以纪念它抵达城镇并创建了一个新的分支。让众人跌破眼镜的是,警方竟然允许因卡塔继续示威游行,尽管它仍然身处一个"动乱地区"并伴随着日渐高涨的紧张局势。一些外国记者现身于当天早上的集会,以见证即将发生的事件,这仿佛预示着即将产生的麻烦。出乎我们的意料,警方允许来自索韦托和其他城镇的数以百计的因卡塔支持者们汇聚到一起,以扩大规模,壮大声势。更令人不可思议的是,由于无法阻止一些新来的定居者武装一系列五花八门的"传统武器",警方最终放弃了阻止,默许他们来到亚历山德拉时手持长矛、非洲砍刀、圆头棒以及粗棍棒(常指印度人作武器用的棍棒)。当天的警察指挥官约翰·伊拉斯莫(Johan Erasmus)上将信誓旦旦地保证会收缴所有武器,但是他根本没那么做。"我们当然不会允许他们使用那些大砍刀,"他如此回答,脸上挂着一个夸张的微笑。然而,当被问到为何在如此紧张的局势下仍然默许集会,他仅仅不屑地答道:"他们闹不出什么大事。"

此次集会和随后的街头游行几乎成了 5000 名因卡塔支持者和非国大居民之间的酣战；两名因卡塔成员迷路后在城镇中心被砍死的消息一经披露，立刻在集会人群中引发了骚乱。我们在城镇的体育馆附近发现了他们的尸体，这里当时正在举行非国大的集会；这两名因卡塔成员被刺伤并被石头砸死。在增援部队的帮助下，伊拉斯莫只得勉强安抚被激怒的因卡塔人群，以阻止他们对亚历山德拉的居民采取报复措施。当天有 6 人死亡，但实际死亡人数可能比这个数字高得多。

这一切都直接影响着曼德拉，来自人民的绝望恳求将他团团围住，但他发现无法从德克勒克和他的部长们那里获得任何援助。最后一根压倒骆驼的稻草是戴维顿（Daveyton）的大规模屠杀，发生于 3 月 24 日，地点在约翰内斯堡东部地区。正如前一年的色勒肯屠杀，警方朝非国大的示威游行队伍开火，这一次至少造成 12 人死亡。对于曼德拉来说，情势变得越来越清晰，在任何宪法谈判可能开展之前，全国必须首先集中力量打击暴力活动。

1991 年 4 月 3 日，科罗拉多州阿斯彭研究所（Aspen Institute）的一位官员史蒂夫·麦克唐纳（Steve McDonald）来到开普敦机场迎接纳尔逊·曼德拉时，发现非国大领袖正处于极端愤怒之中。他们正在去往一个由研究所组织的研讨会的路上，与会者包括美国国会成员以及他们的助手，曼德拉是其中一位与众不同的发言者。曼德拉说，德克勒克背叛了他的信任，对他的请求置若罔闻，并且从未采取任何措施阻止城镇中的暴力。此次闭门会议在殖民地风格的纳尔逊山峰酒店（Mount Nelson Hotel）举行，在长达3小时的问答环节中,曼德拉一直不停地发表有关德克勒克的长篇大论,震惊了在场的21位美国参议员和众议员。过去一年中在各种场合发生的所有事件——他要求德克勒克为城镇暴力中最新的非国大受害者伸张正义——曼德拉都列出了具体的时间日期,并详细叙述了事件的来龙去脉。一名出席会议的美国外交官清楚记得,当提及德克勒克在暴力事件中扮演的角色时,曼德拉曾三次使用了"共谋"这个词。

第二天午餐时,德克勒克向同样一群美国人致辞。当他被几位国会议员问及关于曼德拉的控诉时,德克勒克起初似乎不以为意。但随着越来越多的问题被提出——有关曼德拉曾引述的具体事件,总统才开始意识到问题的严重性。麦克唐纳回忆说,起初德克勒克似乎真的不知道他与曼德拉的个人关系已经恶化。但事实就是如此,曼德拉对国家总统的态度发生了根本性的转变。因为阿斯彭研究所会议是一个私人聚会,不会对本地或外国媒体透露任何信息,所以直到当年11月,在另一个和事佬劝解无效后,曼德拉公开发表了对德克勒克的谴责,于是二人闹翻的事实最终浮出水面。

追寻两位领导人之间"特殊关系"土崩瓦解的时间和地点,事件脉络越来越清晰,主导原因就是在和平进程中无孔不入的暴力肆虐。通过拒绝回应非国大领导人的恳求帮助,德克勒克破坏了曼德拉在黑人社区内的信誉和地位。曼德拉似乎已经得出结论,总统的不作为表明德克勒克背叛了他的信任,纯属利用他的单纯善意谋求个人政治利益。他往昔做出的所有关于德克勒克的判断是个根本性的错误,并被误导认为他们两人在初衷上也有类似的议程和目标。曼德拉认为自己已经被德克勒克利用,而他曾一直捍卫着他并认为他是一位诚实的改革家。

曼德拉态度转变的后果立刻显露无遗。4月4日,当天德克勒克从美国国会议员那里了解到了曼德拉对于他的觉醒和死心。非国大全国执行委员会召开了为期两天的会议,专门讨论不断升级的暴力,在这个会议上,曼德拉承认了自己最初对德克勒克的误判。他曾错误地称德克勒克为"一个正直的人",但是从其对非国大说一套做一套的处事方法中,他逐渐认识到,德克勒克是个狡猾、精明、冷酷的对手。曼德拉曾试图打通与德克勒克协商的关卡,但都失败了。他承认,对德克勒克持怀疑态度是正确的。

接下来,曼德拉为他之前对全国执行委员会的误导发表了正式道歉。突然之间,曼德拉变成了"鹰派",要求停止与政府的所有联系,直到政府同意采取应对暴力的磋商措施。会议结束时,全国执行委员会以公开信的形式对德克勒克发出"最后通牒",旨在通知总统,如果他不采取行动遏制暴力并满足非国大的7项要求,有关和平谈判的所有会谈就将被全部取消。这些要求在当时完全不切实际,因此双方很快陷入了对峙的僵局。7项要求包括解雇国防部长马格努斯·马兰(Magnus Malan)和司法与治安部长阿德里安·沃克;禁止在公众集会携带危险武器;解散所有陆军平叛部队;关闭因卡塔的青年旅社;建立一个独立的调查委员会,调查并起诉警察的不当行为;非国大同时也希望肃清警察队伍,清除所有与各种暴力事件有关联的警察官兵。非国大给政府设定的满足这些要求的截止时间是5月9日。

许多国内外的政治分析家以及大多数政府官员都将非国大

的"最后通牒"解读为一个借口,即试图把与政府宪法谈判的开始时间推迟到非国大的7月全国会议之后。非国大并没有自己的议会机构,原因使然,一个新的领导班子——有权与德克勒克进行谈判——预计将从会议上选举产生。这很可能是非国大对政府态度突然强硬的原因之一。但当时如果没有曼德拉的态度改变,和平进程中肯定也不会出现绊脚石,这个说法似乎更有说服力。这将只是由反对暴力而引发的一系列重大危机里的第一个,用不了多久就会让曼德拉与德克勒克间的信任与信心分崩离析。

第八章　纳尔逊·曼德拉的悲哀

"女士们,先生们,我希望你们能明白我所经受的痛苦。"

(1992年4月13日,纳尔逊·曼德拉宣布将与妻子温妮离婚,临别之前,他满怀痛苦地说出了最后的话。这对于曼德拉的家庭、非国大乃至整个黑人社区来说都是一个万分悲痛的时刻。整个南非最耀眼的一对夫妇结束了他们的婚姻。)缠绵病榻的奥利弗·坦博的妻子阿德莱德(Adelaide)于1957年介绍温妮与曼德拉相识,当时温妮站在曼德拉身旁,曼德拉同他的亲密老友沃尔特·西苏鲁并肩而立。曼德拉的声音很少颤抖,但当他身处非国大位于约翰内斯堡市中心的总部,正按部就班照读非国大早已准备好的声明时,他的声音却明显地发颤了。仿佛每一座城市的摄像机都在那里,记录着一项重大历史事件——被期待已久并且经过了一年多的酝酿。

众所周知,曼德拉和温妮从来没有享受过正常的夫妻或家庭生活,因为"奋斗"一直排在他们婚姻生活的第一位。当曼德拉开始照读声明时，勾起了记者们对这件往事的回忆，他们对温妮赞不绝口——在曼德拉漫长的铁窗生涯中，她毫无保留地为他奉献。她在地狱般的生活中煎熬了近30年：种族隔离的监狱、层出不穷的禁令以及警察的日常迫害。温妮一直活在对他的回忆之中，并且数十年如一日地挣扎在由黑人民族主义导致的最黑暗的日子里。"她的坚韧日渐加深了我个人的尊重、热爱和不断增长的情感，"曼德拉说道，"我对她的爱依然不减。"不幸的是，他们之间出现了"紧张局势"——由"一系列问题"的分歧导致。曼德拉没有详细说明，但在场的每一位记者都知道他指的是什么事。两人一致认为分开是对双方都好的选择，曼德拉说。尽管如此，他将继续大力支持她以回报她的付出——被他称为"她生命中的那些试炼"。记者招待会最后以尴尬的沉默收尾，曼德拉突然从桌边站起来，说出了最后这句倾诉私人痛楚的话语。没有人会怀疑这些话的真实性。

两天后，轮到温妮面对媒体。她泪眼婆娑，声音时而哽咽："我的丈夫一直是我生活的重心，我的爱自始至终贯穿着我们的婚姻并将一直延续下去，"她说道，"没有什么事情能使我动摇自己的承诺，无论对我的组织、丈夫还是饱受压迫和贫困的南非人民。"与她相关的政治后果随之而来。温妮宣布她将辞去非国大的社会福利部负责人职务，声称她已成为一个"诽谤活动"的受害者，意指前年法院对她的定罪——她被卷入绑架4个索韦托青少年的事件。她坚持认为她是无辜的，以及另外一些指控——当地和国外媒体针对她的政治指控和个人不当行为——是完全错误的。不过，她承认这些指控给非国大、她的丈夫以及自己制造了一个"困难的局面"。

在分离的岁月中,诺姆扎莫·扎尼薇·温妮弗雷德·曼德拉流泪的次数屈指可数。所有的泪水都是因为曼德拉。这个男人在非国大内部拥有压倒性的支持,在很多黑人社区也拥有势不可当的人气,是长期饱尝种族主义痛楚的殉道者,但是现在却成了自己妻子的政治阴谋和性丑闻的牺牲者。曼德拉被这个女人深深地欺骗了,这个女人曾是他在狱中的渴望和获释之初的偶像。他们的分离是一个凄美的暗示:伟大的领导者无法兼顾生活,往往会导致个人生活的悲剧,因为他们背负着更大的责任,即舍小家为大家。这种生活哲学似乎在曼德拉身上得到了应验。1992年10月,在他女儿辛济的婚礼上,他告诉出席婚宴的来宾,这似乎是著名的解放战士的命运,看看他们的家庭生活"完全分崩离析"。他的生活也难逃厄运。

1958年6月,在第一次叛国罪审判期间,曼德拉与温妮举行了婚礼。除了作为两个神话和斗争的象征,曼德拉与温妮几乎没有在一起生活过。1961年4月,曼德拉转入地下活动;1962年中期,他已被逮捕关押;1964年6月,他被判处终身监禁。作为结局,在34年的岁月中,曼德拉与温妮只在一起度过了4年的真正婚姻时光。前两年是在他被拘留之前,后两年是在他被释放之后。这场架构在反种族隔离斗争战场上的婚姻终于成为战争的牺牲品。如果不是温妮,他几乎对女儿泽泥和辛济一无所知,反之亦然。在辛济的婚礼上,他在那场令人动容的演讲中,反映了自己家庭生活的悲哀状态:"我们眼睁睁地看着自己的孩子在没有我们指导的环境下成长,当我们从监狱中出来,我的孩子们——举个例子——说:'我们认为我们有一个父亲,而且有一天他会回来。但令我们失望的是,我们的父亲回来了,但他几乎每天都不属于我们,因为他现在已经变成了民族之父。'"曼德拉说,他经常反思,斗争是否值得牺牲正常的家庭生活,但他始终怀着坚定的信念:"它值得,它是我们应该为之奉献终生的崇高目标。"

1991年的春天和夏天,曼德拉面临着两个新的重大挫折——公众游街示威抗议他的妻子,同时他失去了对非国大的控制权。他在这双重考验中形单影只,唯一陪伴他的只有助他一路前行的他对使命的信念。德克勒克已经深深令他失望,他的希望——能与南非白人领袖建立一个亲密的、特别的关系——已经破灭。现在,又轮到了他的妻子和非国大的领导权从他手中滑落。

曼德拉在重获自由后面临的一系列挑战中,处理与他妻子的问题最令他伤神。温妮不仅被证明是曼德拉的情感软肋,也成为他道德沦丧和政治权威在非国大内部流逝的主要原因。关于如何处置温妮的问题成了全国执行委员会的一大争议,而在曼德拉获释之前它就已经是联合民主阵线的难题了。这个问题把曼德拉推入了另一种领导能力的测试中,但测试效果不佳且进展非常缓慢。因为他被强烈的罪恶感——离开温妮让她无所依靠如此之久——蒙蔽了双眼,看不到真相。最终,只有曼德拉自己才能摆脱这个困境——温妮将他和整个非国大推入了进退维谷的两难处境。然而曼德拉足足花了两年时间才甘愿正视温妮的阴暗面,并把自己从负罪感中解放出来。

在此过程中,曼德拉自身和非国大遭到了不计其数的政治迫害,因为温妮残忍地利用他的负罪感来复兴自己的政治生涯。曼德拉陷入了她的政治阴谋,她妄图将自己打造成南非的科拉松·阿基诺夫人①。他甚至隐忍地保持沉默,缄口不言温妮的出轨背叛,虽然它早已成为全国的热门话题。直到温妮的穷奢极欲不当行径变得越来越猖獗并最终打破了他的忍耐极限,曼德拉才屈服于发狂的非国大官员们施加的压力,因为这些官员们非常担心她会破坏整个非国大的领导结构并葬送她所领导的妇女联盟的前程。

自曼德拉出狱当天起,其婚姻的命运几乎成为全国热炒的话题。1990年2月15日,约翰内斯堡《星报》采访了几位英国心理学家,他们提前预测到了两人的未来会相处不佳。这些分析师称,曼德拉和温妮两人在一起相处的时间太过短暂,以至于无法巩固一个强有力的情感纽带。两人分开生活的时间太长了。他们发现两者在生活中对于彼此来说都是"一个彻头彻尾的陌生人"。心理学家戴维·刘易斯(David Lewis)认为,温妮的爱可能是"一种崇敬,缺乏激情和欲望",有些类似于对"一个圣人或烈士"的情感奉献。他还预测,当温妮从权位上退下来时将面临一个巨大的情绪调整,相较于在国际上声名大震的曼德拉,她自己

---

① 科拉松·阿基诺(Corazon Aquino)夫人:华文媒体通常简称阿基诺夫人,菲律宾第11任总统,亦是菲律宾及亚洲首位女总统,1986年至1992年在任。

的国际名声却黯然失色。时间将会证明这些预言完全属实。温妮的表现则告诉大家她完全不能做出这样的调整或适应别的变化。当她的狡猾和越轨行为变得有目共睹时,非国大和黑人社区内的普遍看法是:温妮是在责难与曼德拉婚姻的破裂,对于任何女人来说,与一个神话般的人物——虽然同时他也是个凡人——生活在一起绝对不是件容易的事情。

温妮从来没有从自己的错误中吸取教训,或者当她想回头时已经在错误的道路上走得太远。即使是在曼德拉获释之后,她仍然认为自己是个政治巨头,不仅凌驾于种族隔离法律的土地之上,同时也高于自己的组织纪律和规则。他们分离后,我们共同收拾了她为达成自身的政治目的而操纵曼德拉的丑闻残局,见证了给曼德拉带来的巨大痛苦和给非国大造成的政治迫害。温妮被巨大的权力欲望驱使,甚至连曼德拉也成了她布局中的一枚棋子。最具讽刺意味的是,如果她在出牌阶段多一些小心谨慎,少一些侵略性,少侵犯别人的感情,那么她或许将会拥有一切。温妮具备成为第一夫人的一切要素——成为南非第一位黑人统治者的夫人。过去,这个位置毫无疑问绝对属于她。但她为了成为总统甚至发起了一个外线射击,妄图由曼德拉之死攫取公众泛滥的同情并驾驭这支力量。是她自己搞砸了一切。

温妮无法控制她冲动的坏脾气,她说风就是雨,无论政治还是性,她都要求立即被满足。她表现得像个"inlokhasi"——一只雌性大象,城镇中的一些崇拜者这么称呼她。但她是名特立独行的女性,无论前进的道路上有任何路障,她都将不顾一切地像公牛一般冲过去。她对权力、职位以及非国大中特权的欲望贪婪到了极致,为自己谋求了半打的行政职务。从表面上看,温妮已经分裂出了双重人格。有时,在面对政治暴力的受害者时,她浑身散发出宽宏大量、彬彬有礼和关怀同情的气息。她经常是非国大官员中第一个——有时是唯一一个——急于去安慰那些在最近事件中失去亲人和家园的受害者的人。然而,她性格中的另一面是,无论对待朋友还是敌人都脾气极坏,经常毫无预警地为了一点儿小事动怒。没有人能控制她的愤怒,且无人能幸免于难。甚至有一次她掴了博塔·姆贝基一个耳光,只因为当时这位非国大国际事务部负责人挫败了她。1991年初,对她的审判揭秘了一位女性如何转变成了令人难以置信的铁娘子,且对城镇中的谋财害命乐此不疲。有大量证据表明,她已经多次批准或可能下令谋杀了众多她想象中和现实中的敌人。她在自己周围聚集了一堆惊人的城镇暴徒打手、刚愎的青年和佞幸之徒。那些试图帮助她的好心人和善行者则往往发现他们自己身陷污泥沼泽后就再也抽不出身了。

对于导致她上述不端行为的原因,各界争辩不休:精神分裂症、酒精中毒、长期迫害或妄自尊大。我一直想知道美国和英国媒体在其中起到了什么作用。外国媒体塑造了她种族隔离斗士的形象,以及她在诗人眼中烈士般的存在。随后媒体对其城镇活动逐渐深入的报道一步步地摧毁了她的圣洁形象。媒体对她前后不一的评论是否在某种程度上对她的精神恶化起到了推波助澜的作用?我相信,类似的经历影响了埃及总统安瓦尔·萨达特(Anwar Sadat),我亲眼看到他在被暗杀前的最后几个月中逐渐变得歇斯底里,最终于1981年10月死于伊斯兰狂热分子之手。

萨达特不明白为什么西方媒体总是质疑他的判断并且批评他在国内严厉地打击日益增长的伊斯兰反对派。批评是一面镜子,透过这面镜子,他仿佛看到了多年后的自己并非美国英雄崇拜的对象。跟萨达特一样,温妮在享受着烈士身份的同时,完全无法应对汹涌而来的批评——对她言行举止的公开谴责。无论原因是什么,或者存在着多重原因,1990年温妮似乎变成了真正的精神病患者。对权力的欲望和关注无法控制地疯涨,与当局对抗进入了僵持阶段,她一手促成了自我毁灭。在这个过程中,周遭的一切事物被她破坏殆尽,身边的人也无一幸免。但最不可原谅的是她一直无情地剥削曼德拉并当众羞辱他——这个了不起的男人,还声称他是她一直崇拜的偶像。

大多数"温妮观察者"似乎一致认为1977年5月是她人生的转折点。当时温妮——自1962年开始就生活在各种禁令之下,还被禁闭了17个月——被流放到奥兰治自由邦布兰德福特(Brandfort)的一个小村落,那里是南非白人乡民的农业中心地带。温妮的困境迅速引发了巨大的同情。由于她敢于挑战种族隔离法律——在地方邮局和杂货店将黑人与白人画线分开——人们对她的同情迅速升华为崇拜。她甚至还组织农场工人进行大罢工,从她所在的小茅屋——位于Phathakahle(南非当地地名)的黑人城镇——一直游行到了布兰德福特之外。

如果温妮在布兰德福特的经历强化了她的意志——反抗种族隔离系统的决心,那么她灵魂深处就不会有恶意作怪了。但这8年的隔离和孤独斗争也扭曲了她的心理平衡。那些记者——

曾参与报道温妮在布兰德福特前后的活动——强调说，当温妮在1985年回到索韦托时已经完全变了一个人。当时让她改变的部分原因可能是酒精中毒。但她也变得愤怒痛苦和偏执妄想，在同阴谋者、警察告密者以及身边的背叛者交手多年之后，她早已敌友不分。

温妮的两居室房子被一伙年轻人洗劫一空，这很可能是由地方警察当局唆使。于是她打破禁令，离开了布兰德福特。她利用这一行动大胆违抗当局阻止她回家的禁令——她的家位于奥兰多西区索韦托镇维拉卡兹街——并侥幸成功。于是，她重返索韦托定居，并投身于城镇政治，因为抵制种族隔离系统将会获取一个强有力的上涨趋势，许多城镇试图建立"解放地带"，设立由青少年领导的临街委员会，随时准备用石块、棍棒和燃烧弹对付警察。南非的抵抗战士想出了可怕的惩罚方式：用"火项圈"对付向警察告密的人或可疑分子。1986年5月，温妮发表的一份声明让她变得臭名昭著——"只要有装满火柴的火柴盒和项圈，我们就能解放这个国家。"1986年6月，她回归后不到一年，政府宣布全国进入紧急状态。

正是城镇起义和警察镇压这种氛围催生了温妮建立起曼德拉联合足球俱乐部，这也是后来导致她走向毁灭的原因。以备受大众喜爱的反种族隔离领袖的名字来命名足球队俱乐部是因为当时正是城镇情绪高涨之时，温妮作为社工和政治活动家帮助过许多无家可归的年轻人躲避当局的镇压，因此在她的资助下成立一个俱乐部也变得名正言顺，但是在那个动荡的年代里，社会活动、政治活动与犯罪活动也有明显的一线之隔。黑帮团伙和青年打手经常以交保护费的名义进行勒索,并在他们自己的社区斗争中制定独裁法律。

1990年9月21日,《伦敦独立报》刊登了一篇文章,内容是关于曼德拉联合足球俱乐部的全方位思考,并分析它是如何从踢足球走向闹革命的。一位创始成员勒若斯迪·艾卡能(Lerothodi Ikaneng)告诉该报记者,得益于温妮的努力,曼德拉联合足球俱乐部成立于1986年,目标是结束两大敌对帮派的斗争,每边约各有20名"战友"。在温妮的建议下,帮派之间同意和解,冰释前嫌。同时双方在温妮的主持下组成了一个足球俱乐部。他们中的有些人直接住进了曼德拉家中后院的房间——索韦托作为其第二故乡,他们在狄普克鲁夫(Diepkloof)居民区又置办了一套房产以维持日常生活。艾卡能表示,俱乐部在转向政治和犯罪活动之前居然打了好几场比赛。1987年1月下旬,这些住在温妮家中的俱乐部成员有多人因为涉嫌其第一次枪击事件而被捕。俱乐部相关事宜的走势越来越糟糕,因为温妮试图利用其成员作为"执法者"以扩展自己在整个索韦托的政治影响力。在她的主持下,由铁拳教练杰里·理查德森(Jerry Richardson)作陪,他们设立了一个黑幕"人民法院"以审判和裁决他们的受害者,有时还会置他们于死地。《独立报》发现了温妮和她的俱乐部涉嫌杀害16位索韦托居民的证据,且死者多为青少年。1991年初温妮出庭受审,曼德拉联合足球俱乐部中的4名成员被判处死刑,将在比勒陀利亚的第一监狱执行。这些死刑犯包括"教练"理查德森,他被认定与其中12起谋杀案有关联。

其中一起事件是他们谋杀了一位14岁的城镇反抗英雄——

斯托比尔(Stompie)，这起案件将所有问题推到了风口浪尖。反种族隔离运动的领导人在对付温妮时却束手无策，因为温妮在黑人社区中获得了"南非黑人母亲"的尊称。他们只得对温妮和她的俱乐部采取一种攻守同盟的措施，无论地方还是外国记者对其越来越肆虐猖獗的活动都几乎没有一个字的报道，因为有人担心这样的批评只会抹黑反种族隔离斗争。诺玛温达·马希尼(Nomavenda Mathiane)——《前线文件》(*Frontline File*)的一位黑人女记者(周刊现在已经不存在)，也是唯一一个敢于在当地提出相关问题的记者——曾质问曼德拉联合足球俱乐部的真正目的是什么。《华盛顿邮报》的威廉·克莱本是在早期就对温妮周边正在进行可疑活动进行报道的少数几位外国记者之一。1987年2月26日，《华盛顿邮报》刊登了他的文章——有关前一天曼德拉位于奥兰多西区的家中一位黑人青年被砸死的事件。达利翁噶高中(the Daliwonga High School)的学生们掷出一堆乱石以报复温妮的足球俱乐部成员将他们从足球场上赶走。克莱本提醒读者，这并不是民众第一次对温妮爆发不满。去年12月在开普敦时，她给予了一个不受欢迎的本地女子祝福——她谋杀了自己的丈夫，从而导致了人群的愤怒并纷纷朝她投掷汽水罐和枯枝落叶，甚至还朝她抛撒沙砾。

斯托比尔的谋杀案打破了温妮的沉默保护墙。他和另外3个青年从卫理公会教堂的牧师住宅被绑架带走，地点就在奥兰多西区，距离曼德拉家不远。这一次温妮把较量地点选在了教堂，碰巧这里正在上演一场战绩出色的支持反种族隔离的运动。虽然她自己也是卫理公会的一名教徒，但却与教会牧师保罗·威莱恩（Paul Verryn）陷入了无止境的争吵中，因为他也收留了一群无家可归的青年。温妮犯了一个错误，那就是断章取义地引用了她的朋友休利萨瓦·弗莱蒂（Xoliswa Falati）说的话，弗莱蒂当时是牧师宿舍的女监管，这个女人最后被证实是个不折不扣的疯子。弗莱蒂告诉温妮说，威莱恩曾猥亵了很多和他在一起男孩子，她认为一定要做些事情来拯救这些男孩免于被鸡奸。

于是温妮告诉弗莱蒂和理查德森，并组织他们开展"营救"。1988年12月29日晚，他们将4名被吓坏了的青年带到温妮家的后院，大概位于狄普克鲁夫。4个年轻人遭受了严厉拷问，并被俱乐部成员无情殴打，试图逼迫他们"招供"有关威莱恩涉嫌同性恋活动的事实。斯托比尔得到了特殊"关照"，因为他被认定为是警察的线人。他没能在生不如死的"审讯"中存活下来，在被带走的第三天夜里，他被"教练"理查德森乱刀砍死。1989年1月6日，斯托比尔被发现陈尸于索韦托的一片荒野中。第二天，另一名被绑架的受害者肯尼斯·凯斯（Kenneth Kgase）从曼德拉家门外的"警卫岗"虎口下逃生。他立刻告诉卫理公会教堂长老自己和3个朋友的遭遇，并警告他们。社会再也不能容忍这种恶行，于是决定制止温妮这种令人发指的行径。

当月晚些时候，在索韦托，温妮被她在大众民主运动中的同事告上法庭。该庭审几乎是在索韦托和约翰内斯堡秘密进行的，同时递送了一份秘密备忘录到卢萨卡的非国大领导人处。温妮已经在她的索韦托老家指挥了自己的"人民法庭"对其开庭会审，现在她将被类似的方式审判。但她拒绝合作或接受一切针对她和俱乐部的指控。对于运动和索韦托的领导者来说，很难从政治角度对温妮进行裁决,换句话说,"南非黑人母亲"有罪且理所应当被"放逐"这一裁定肯定会成为一个全国性的丑闻,并且肯定会被政府大肆宣传播报,因为政府总是急于抓住一丝一毫的借口来诋毁整个反种族隔离运动。

考验领导者能力的关键时刻到了。1988年8月,"曼德拉危机委员会"成立,以应对抛向维拉卡兹街曼德拉家的燃烧弹——由温妮的足球俱乐部中的另一个帮派发起的进攻(没有一个邻居前来帮助扑灭大火,这足以反映出该区人民的气愤心情)。现在,该委员会作为"法庭"将对温妮进行审判。评审团中包括了一些在运动中举足轻重的人物,例如西里尔·拉马福萨,国家工会联盟主席;奥布里·莫克纳(Aubrey Mokoena),释放曼德拉运动的领导者;弗兰克·奇凯尼(Frank Chikane)牧师,南非教会委员会秘书长;以及其他一些著名教会领袖。卫理公会主教彼得·斯托里(Peter Storey)虽然不是委员会成员,但据说他也在1月9日至16日期间参加了35场会议和"遭遇战",以寻求各种尝试解决"温妮危机"的办法。该委员会反复征求非国大卢萨卡总部领导层的意见并通过曼德拉的律师司马义·阿尤布(Ismail Ayoub)与曼德拉进行沟通。最后是通过曼德拉的亲自干预才终于说服温妮释放加布里埃尔·米克韦(Gabriel Mekgwe)和让比索·莫诺(Thabiso Mono)这两个至今仍然被关押在她家的年轻人。

1989年1月中旬,非国大主席坦博收到了一份危机委员会的备忘录,反映出委员会成员在面临越来越多的"温妮事件"的证据时内心经受的煎熬。该委员会已经取得了曼德拉足球俱乐部成员涉嫌绑架的第一手资料,其成员卡提扎·切贝克胡鲁(Katiza Cebekhulu）已经承认他确实参与了殴打。在描述绑架过程时，他称在绑架之前就已经知道斯托比尔的最终命运了。他告诉委员会，4个年轻人全都经受了"重度袭击"，而且他相信斯托比尔肯定已经死亡。1月16日入夜，就在米克韦和莫诺被移交给主教斯托里之后，在切贝克胡鲁的陈述基础之上，委员会召集所有索韦托民间团体领导人举行了一次会议。这两个青年确认了切贝克胡鲁的口供（一名医生在1991年审判温妮时出庭作证称米克韦曾被"至少击打19次"，且其背部、臀部、胸部、脸部和眼睛遭受了藤鞭。他还在莫诺身上发现了15处鞭伤）。他们还告诉委员会，温妮自己也曾对受害者大打出手并挥拳相向，而且是第一个动手的人。待两个青年从折磨中苏醒之后，他们甚至被要求将审讯室墙上和地板上的血渍清理干净。然后，他们对俱乐部的警卫和清洁工的"服务"留下了深刻印象。

事件过去几天后，委员会就弄清楚了事情的来龙去脉以及一切相关事宜。同一份证词经过了两年多的时间才正式提交至约翰内斯堡的法庭。也正是在这次会议上，首次提出了一项建议——将温妮正式从黑人政治运动中排斥出去。该委员会决定"所有进步组织将不得再给她提供平台"，并下令立即解散足球俱乐部"以免社区抢在前面将其解散"。最后，委员会要求温妮"停止试图建立一种她为人民代言的印象这一荒谬的想法"，并建议所有"进步律师"停止向她提供帮助。

得知委员会的决议以后，温妮的第一反应是拒绝服从委员会的权威并要求列出所有与会人员名单。"她似乎认为自己凌驾于委员会之上。她对危机委员会和社区这两者都表示蔑视"，危机委员会如此告知奥利弗·坦博——他被呼吁亲自处理"这一正在我们眼前发展的、全新的和可怕的情况",并被询问是否想到什么方法能让温妮改过自新。温妮威胁要召开新闻发布会,并从非国大辞职——这一步将对整个反种族隔离斗争造成毁灭性的破坏。这是一种政治讹诈,后来曼德拉获释后,她在与非国大竞争对手过招时曾乐此不疲地使用这一伎俩。

虽然温妮拥有非国大卢萨卡总部作为后盾,并得到了曼德拉授予的充分的知识储备作为支撑,然而,运动的领导人并没有退缩。2月16日,联合民主阵线和南非工会联盟这两大主要合法黑人政治和劳工组织在国内召开了一场记者会,宣布正式将她从运动中除名,因为她滥用黑人社区的信心和信任。他们说:"近年来,曼德拉夫人的行径已经日益将她推进了矛盾的深渊——使她与被压迫人民的各个部分都发生冲突,已经逐渐成为整个大众民主运动的绊脚石。"该声明还将对她定罪——绑架并殴打4名青年:"我们不准备保持沉默,因为有些人打着反种族隔离斗争的幌子行侵犯人权之实,他们也确实这么做了……大众民主运动自此与曼德拉夫人和她的行为划清界限。我们呼吁人民,尤其是索韦托社区的人民,有尊严地与曼德拉夫人划清界限。"温妮保持沉默,但她永远也不会忘记或原谅那些对她下台负有责任的领袖们。1990年2月,在她丈夫获释后,她将从曼德拉那里掀起对他们的报复狂潮。

这仅仅是对温妮正式审判的前奏,1991年2月4日,她还公然挑衅卫理公会的权威,就在约翰内斯堡的兰德最高法院(the

Rand Supreme Court)里,而隔壁就是卫理公会的主要建筑。温妮和曼德拉两者都坚持,无论付出什么代价都将会证明她的清白,只要她能够等来"她上法庭的那一天"并站在她的立场上讲述这件事情。温妮终于等来了这一天。审讯持续了14周,一直拖到了5月中旬,这是对非国大和曼德拉的考验和煎熬。此次审判在非国大执行委员会中制造了一条断层线,将其忠心耿耿的成员们划分成了两个阵营,成了曼德拉与非国大联盟的更广泛利益之间的对抗。曼德拉首先说服守旧派站在温妮这一边,并试图召集团结整个执行委员会为她说话。温妮的支持者希望将审判定义为政治迫害。全国执行委员会起初站在这一阵线,但不久又改变了其态度,否决了曼德拉并拉大了同温妮的政治距离。最终,它甚至都没有怀疑此种做法的合法性——白人种族隔离制度正坐在审判长的位置上裁决自己的总统夫人是否有罪。

温妮组建了一支联防队伍,因此引起了广泛关注。联防队由乔治·比佐(George Bizos)带领,他曾在20世纪60年代早期的政治审判上力挺温妮的丈夫,且在反种族圈子里地位非凡。比佐的选择并不奇怪,他是老资格的非国大成员和曼德拉的支持者。但是温妮想证明她在黑人社区中得到的政治支持远超非国大,所以她聘请了狄克冈·莫森尼克(Dikgang Moseneke)——泛非议会的杰出领导人(以及后来的副主席)——协助比佐。她也坚持在联防队伍中启用达利·莫普弗(Dali Mpofo)。然而,作为一名29岁的律师新手,莫普弗唯一能声名鹊起的原因是由于其身份——他是温妮公开的秘密情人。

审判以大张旗鼓的政治秀开场,并出现了大批的温妮支持者。妇女联盟的成员身着非国大的黑色、金色和绿色相间色彩的服装,迸发出了对她的大声欢呼。她们中的一些人占据了审讯室后面一整排的座位并且一直保持不动,就像古希腊悲剧的合唱团。在法庭之外,她们高呼:"南非黑人母亲,我们与你同在!""温妮,我们爱你!"以及"非国大万岁!"等口号。温妮还组建了温妮·曼德拉支持特设委员会,其中的主要成员是她的长期朋友和崇拜者。审判开幕式上现身了很多非国大高级官员以及共产党领导人;在曼德拉的个人要求下,旁听席减少了她的支持者的人数,直到屈指可数;在举行完一次新闻发布会之后,温妮的支持特设委员会就自动解散了;除了曼德拉,其他非国大高级官员都不再参与她的审判。

非国大官方态度的转折发生在 2 月 26 日,这一天她的支持委员会在约翰内斯堡市政厅举行了唯一一次新闻发布会。温妮和曼德拉都不曾露面,这是意料之中的。相反,非国大最高级领导人召开了一次私人会议并告知曼德拉,该组织将不再允许自己被温妮用于政治目的——不愿意再被她当枪使。对温妮的直接反对——这意味着间接反对曼德拉——拉开了序幕。温妮接到通知,即使是由白人法官主持审判,这也是对她的审判,而不是对非国大的审判。迈克尔·J.施特格曼(Michael J. Stegmann)法官神情严肃,言行举止间都透露着他是日耳曼人的讯息。但作为一名自由主义者,他毫无名气。根据南非的司法系统,因为温妮没有被控谋杀(她被起诉的 8 项罪名都是绑架和殴打),施特格曼在听完案件陈述之后就对她做出了判决并宣判定罪。然而,非国大没有对施特格曼审判温妮的方式提出异议或批评。

起初这看起来像是温妮和她的非国大朋友在整个迫害活动中获得胜诉。与她一同被起诉的8名同伙中有4名跳过保释,并始终未曾露面。后来检察机关的一位重要目击证人米克韦消失了——地点同样是在卫理公会教堂的牧师住宅。据传闻,他是被非国大的特工"绑架了"。(后来才得知,他自愿离开牧师宿舍躲到了赞比亚。米克韦声称,他已经接受了温妮的收买,不会出席作证,并在与她交好的非国大情报人员的帮助下秘密越过了边境。)米克韦的神秘失踪使得另外两位主要证人凯斯和莫诺受到惊吓,他们告诉施特格曼由于太害怕而不敢出庭作证。在起初几天内,审判面临因缺乏证人而被取消的困境。但是施特格曼向凯斯和莫诺施加压力并警告两人说,如果他们拒绝出庭作证则将面临牢狱之灾。他们挣扎了许久,终于在3月上旬妥协,答应出庭作证。

他们的证词对于曼德拉来说是一场可怕的煎熬,其中涵盖了太多内容。凯斯和莫诺告诉法庭,温妮——他们被要求称其为母亲——曾经主持了他们的审讯法庭。她曾试图对他们严刑拷打以"招供"威莱恩涉嫌参与同性恋活动。温妮当时大声呵斥他们:"你们不应该活着!"凯斯紧接着描述了温妮如何朝他们4人发起攻击,猛击他的眼睛,用粗皮鞭猛抽他"很多次"。莫诺告诉法庭,温妮"扇了我几个耳光并且朝我脸上挥了几拳"。然后,其他足球俱乐部的成员也加入"践踏我的身体。他们将我高高抛起然后摔在地上"。被怀疑是警察线人的斯托比尔得到了特殊"关照",两位目击证人说。斯托比尔遭受毒打后就被带到外面,然后又被扔进了一个装满水的浴缸中。有人强迫将他的头摁入水中直到他差点儿窒息而死。最终,在残忍的虐待中,他被屈打成招,承认自己曾将积极分子的名单透露给警方。此时的斯托比尔已是鼻青脸肿、伤痕累累,几乎动弹不得。由于斯托比尔的"认罪",凯斯和莫诺得以"平反"并被强行拉回足球俱乐部的队伍之中。然而斯托比尔就没那么走运了,他最后一次出现在众人面前是1月1日晚上,被"教练"理查德森带向死亡。

作为"第8号被告",对温妮的正式提审毫无疑问是整个审判的重头戏。4月16日,她终于走上了审判席,当然在此之前她接受了为期3天的盘问——起诉人和审判长双方都试图从她那里寻求真相。然而温妮的叙述与事实风马牛不相及。在庭审的几天前,比佐曾教过她应变技巧,并决定让温妮装作从没做过、从没看过,也从没听过任何不妥之事。事情很快有了结果,弗莱蒂成了温妮的替罪羊,尽管弗莱蒂的律师事前并不知情。法庭被告知,弗莱蒂是一切的主导,她应该为所有事情负责。就是她一直在散播威莱恩涉嫌同性恋的谣言,也是她建议将这几位年轻人带到温妮家。事情发生在12月29日下午,当理查德森、弗莱蒂和温妮的司机约翰·摩根(John Morgan)去捉拿4位受害者时,温妮早已从家里出发前往布兰德福特并在那里停留了数小时。温妮是清白的。她甚至都不知道4位受害者在她家后院,更不知道他们被绑架和殴打,直到几天后她才在报纸上获知此事。她从来没有见过其中任何一个人,只依稀记得斯托比尔——她曾看见这个孩子从外面回来后在水龙头前面洗手。至于臭名昭著的曼德拉联合足球俱乐部,事件发生时它早已解散了,她也不曾有过任何"保镖",并且从来不知道有任何"在后院的男人"担任她家周围的夜间警卫。这完全是胡编乱造,温妮和比佐竟然面不改色地信口雌黄。

比佐对温妮的辩护重点在于绑架发生那天晚上温妮在哪里,他在这方面面临着一个尴尬的问题。尽管温妮对报道她参与绑架的新闻很是愤怒,但她从来没有告诉过任何一位记者那个关键的夜晚她去了布兰德福特,也不曾对此作过任何陈述。"从来没人问过我。"她信口胡诌了这个解释。由于被新闻报道骚扰得心烦意乱,于是她决定在一家荷兰电视台做一次专访。"因为我不能忍受这些野蛮的指控,而且我想证明自己的清白。"不过,即使再次提到在布兰德福特的行程,她仍然没有说出个究竟,不过她依然顽固不化,辩称记者回避了这个问题。

事实上,直到1990年5月,法庭才召开对理查德森的审判。此时,距离温妮披露她去往布兰德福特的内幕已经过去了一年半的时间。比佐安排了两位证人来证实她的故事。一位名为塔波·莫泰(Tabo Motau)的学生自称是她的日常司机,并在法庭上作证说,12月29日晚上,他曾从摩根所在的地方驱车载她前往布兰德福特。另一位证人诺拉·马霍里(Nora Moahloli)是布拉德福特的一名教师。她声称温妮当晚与她在一起,直到12月31日才返回索韦托。马霍里是唯一在法庭上出庭的来自布兰德福特的证人,她提供了一份日记证明和一张写满潦草字迹的纸片,以此来证实温妮12月30日确实和她在一起。此外并没有第二个当时在场的人出庭作证,温妮也不记得任何与会成员的名字。马霍里的证词漏洞百出,关于温妮不在场的证明也疑云重重。例如,马霍里日记中提到的温妮的布兰德福特之行在时间顺序上出现了错位,同时用来证明温妮清白的纸片上出现了三种笔迹——纸片的内容声称温妮当天参与了一个讨论是否需要搭建日托中心(a day-care center)的研讨会议,然而12月30日标注在顶部的内容所使用的墨水与其他笔迹的墨水不一致,显而易见是后来添加的。

在证人审讯的3天中,温妮曾试图发表一些令人难忘的声明。她说,她坚持理查德森是"实话实说"——2月19日,他在接受一名记者采访时就其涉嫌绑架和殴打"说的是实话"。在采访时,她一口咬定并坚持要他承认的确实施过"殴打",而不是无伤大雅的"轻拍",因为她声称理查德森在第一时间告诉了她这件事。"他能做的至少是讲真话,"她告诉施特格曼法官,"男人的荣耀就是面对事实讲出真相,我的上帝啊。"在场没有任何人质问她是否"妇女的荣誉"也有要坦诚真相的义务。

温妮最终迎来了她出庭的这一天。现在是施特格曼法官做主的时候。他认为她的证词和品行描述——这些信息上传于5月13日——完全是一派胡言。温妮与她的被告同伙弗莱蒂一样,处处表现出"明显缺乏坦率",对事实胡编乱造,妄图瞒天过海。他表示,她的证词完全是"含糊其辞"、"模棱两可"和"天方夜谭"。

当然,问题的关键在于:施特格曼法官是否会像两年前的运动法院(the movement's court)一样,判定温妮是4个青年绑架案的幕后策划者。施特格曼断定她一定是,因为正如他的雄辩那样:"想象一下,如果这些事情的发生没有曼德拉夫人作为运动精神象征,那就好比《哈姆雷特》中没有王子。"只有当宣判温妮在殴打青年中起到何种作用时,他才对她的罪行有了一丝疑虑。控诉方未能证明她访问布兰德福特的不在场证明是伪证,所以仍然存在一种合理的可能性——如她声称的那样,她在袭击开始前就去了那里,他表示。不过,随后她一定得知了绑架和殴打的事件,但她却一直拒绝释放人质,即使索韦托的领导人对她施压也不为所动。施特格曼得出结论说,最起码,温妮的知情不报以及火上浇油的行径是有罪的。他认为温妮和弗莱蒂两人都应该为绑架承担罪责,温妮还应为作为施暴的帮凶承担相应的责任。

几乎当天所有出庭的记者都同意施特格曼对温妮的评价:她是一个"冷静、沉稳、思虑周全的厚脸皮骗子"。然而,最令人震撼的是他直言不讳地对她的性格进行的控诉,显然还不曾有过任何白人或黑人官员敢于站出来如此真实地谴责这位"南非黑人母亲"。甚至温妮本人——之前曾面无表情地听完了施特格曼对案件长达6小时的审查——显然对此也感到震惊不已。听完施特格曼的研究结果之后,她当时唯一的反应就是说了一句话——她很高兴他并没有宣布她犯了殴打孩子的罪名——"所有事情中,就这一件与我有关。"她脱口而出。当走到法院大门时,温妮再次扬起了一贯的标志性微笑,而曼德拉却笑不起来。对于施特格曼的审判结果,他的信心显然已被动摇,并打算重新审视他的妻子。这一次,他想不出任何理由展现他那一贯灿烂的笑容。

第二天,施特格曼对温妮做出判决,温妮因绑架罪被判处5年监禁,另外她作为施暴帮凶被判处额外增加1年刑期,但在此之前,他谴责她对受害者"完全缺乏同情心",他是指她将那些青年关押了20多天,直到迫于巨大的压力才释放他们。"目前还没有任何迹象显示你有丝毫的悔意或不会再犯同样的罪过。"他评论道。弗莱蒂被判处6年有期徒刑,司机摩根被判处1年监禁。

乔治·比佐立即宣布他将对施特格曼的裁决提出上诉,但是这对温妮和曼德拉造成的政治影响和情感伤害却永远无法弥补。[1993年6月2日,上诉法院在布隆方丹(Bloemfontein)维持施特格曼对绑架指控的判决,但将温妮的刑期减少至1年,缓刑2年,外加罚款约10000美元。法院推翻了帮凶费用的定罪罚款。]

该判决导致曼德拉对温妮的最后幻想也破灭了——他曾经崇拜她如此之久。这是他的妻子第二次被发现犯有严重不当行为,距离首次案发仅有两年多时间,第一次是她自己的同事对她进行了非正式的审判,而现在是被法庭正式提审。施特格曼对温妮做出的判决与她同事如出一辙。曼德拉也可以继续宣称他相信她的清白。但曼德拉知道这并不是最好的办法。他再也无法保护温妮,面对一群虎视眈眈想要将她开除的非国大领袖,他深感无能为力。对曼德拉妻子的信誉和荣誉,施特格曼做出了惊世骇俗的评判,这令全国执行委员会的每一位成员都拍手称快。法官判决后出现了短暂沉默,随后爆发出了震耳欲聋的赞同声。此外,非大的领导层已经拒绝遵从曼德拉的要求——非国大把对她的审判变成了一个政治问题来审查。它采取的立场是既反对他也反对温妮。曼德拉突然陷入了一个尴尬的处境,那就是当他出访世界各国时,他的妻子将会背负着绑架罪名站在他身边。她让他面临着巨大的政治尴尬。尽管如此,深感歉疚的曼德拉却还没有准备好放手让她离开或不再捍卫她。至少当时还没有。直到1991年秋天,由于种种原因,他终于背过身不再为她的审判奔波。

1991年中期,温妮不仅因绑架孩子被定罪,同时,为了促进自己的政治生涯,她处心积虑地成了一个对阴谋诡计无所不用其极的权谋高手。当曼德拉第一次出狱时,她曾短暂地致力于扮演好一名顺从的妻子的角色,让他出尽所有风头。在演讲台上,她总是安静地站在他身边或身后,面对着来自四面八方的群众——只为一睹救世主的真容并聆听他的演讲——几乎一言不发。每当有合适的时机,她就会代替曼德拉履行职责,两人肩并肩站在一起,带着他们胜利的笑容,伸出握紧的拳头,此时温妮开始高声呐喊:"Amandla, Awethu!"(权力属于人民!)

然而,温妮的屈从是短暂的。曼德拉最初被温妮的温柔攻势麻痹,非常乐意为她的政治事业助一臂之力。一开始,他通过帮助温妮当选非国大分支机构的领导人以及奥兰多西部妇女联盟的负责人,为她奠定了一个坚实的政治基础。他自始至终都号召人们投票支持她。因此温妮轻而易举地赢得了选举,为自己搭建了一个跳板——旨在介入区域和国家层面更大的事情。借助曼德拉和他的非国大守旧派朋友的鼎力相助,最终在1990年秋天,温妮瞒天过海地骗取了福利部部长的职务。此次的晋升引起了相当大的争议,但是曼德拉却为她全力辩护。1991年2月8日曼德拉在新闻发布会上说,那些反对她的人"沆瀣一气",是一丘之貉。这个职位将给温妮提供一个平台,以便她能在城镇和寮屋营地中频繁露面并树立良好形象,从而使她能在激进的非国大支持者中建立起自己的阵营,拥有属于自己的一席之地。

参照艾薇塔·庇隆(Evita Peron)在阿根廷的所作所为,她把自己看作穷人和受压迫者的救世主。与此同时,温妮还忙于着手为非国大的"激进者"和"革命者"搭建一座沟通的桥梁,特别是为那些属于南非共产党的成员们。她和"民族之矛"的参谋长克里斯·哈尼经常一起现身于公众视线。哈尼不仅是非国大领导层中的一位高级成员，也是南非共产党中央委员会的成员。温妮百般炫耀她与哈尼的亲密友谊，甚至在1991年定制官方曼德拉圣诞贺卡时还别出心裁地在贺卡背面印上了他们两人的照片。温妮是否秘密加入了共产党成了当时一个主要的投机炒作话题，但结果却不得而知。她偶尔会别一枚党徽，但更炫耀激进的共产党服装，并将党徽别在穿戴整齐的军装上。她想表明自己是共产党人与"民族之矛"间的和平使者。

温妮结交的其他主要公众盟友还有彼得·莫卡巴（Peter Mokaba），他是南非青年大会的前任主席，后来成为非国大共青团的拯救者和领导者。其成员主要担任非国大在城镇中的突击士兵，获得了"幼狮"的称号。温妮的好战形象使得她在这个群体中广受欢迎。总而言之，她拥有强大的朋友和盟友阵营，上至非国大和共产党的高层领导，下至寮屋营地的普通百姓。

温妮的敌人阵营也很庞大。其敌人主要存在于非国大的妇女联盟之中，也包括许多非国大的高级和中级官员。后者中的领导者是联合民主阵线的前任领导人，他还参与了1989年2月的决议——在大众民主运动中排斥温妮。这支由拉马福萨领导的派别是南非最强大的工会。曼德拉获释之后，温妮立即将拉马萨福撤职，但由于他实在太受欢迎以至于花费了很长时间才将他完全撤职。其他非国大的官员认为，对于组织来说，温妮是个巨大的政治不利因素，其行为使组织给外界留下了鲁莽战斗和政治腐败的不良印象，尤其是她因实施绑架被定罪之后，非国大的形象更是一落千丈。

155　　随着时间的推移,温妮的推土机战术使得越来越多的非国大积极分子渐行渐远。例如,她认为恐吓人们投票支持她这件事一点儿也没错,甚至在某些情况下还借助曼德拉的帮助来实现这个目标。非国大在约翰内斯堡地区的几个分支组织在当时曾试图阻止她在行政区域竞购选举,并抱怨她使用粗暴强硬的方式。每当投票时,温妮就让曼德拉陪她一同走进会场。接着,他会慷慨激昂地恳请众人随后立即展开投票。毫无疑问,最后当选的一定是温妮。再举一个她当选为约翰内斯堡地区妇女联盟主席的例子。温妮给每位她认为不会支持她的人写了纸条,威胁他们如果不投票支持她,就要谴责他们是政府的"间谍"。但温妮最终能平步青云的决定性因素仍是曼德拉的个人魅力以及他的提携。

1991年4月下旬,温妮再次遭遇了严重的"滑铁卢"事件:她在争取妇女联盟主席的竞选中惨败。这一次甚至连曼德拉也无能为力,因为设计让她失败的女人是阿尔贝蒂娜·西苏鲁(Albertina Sisulu),这两个女人之间一直暗流涌动。1990年之前,她与温妮同病相怜,同样长期遭受警察的无情迫害。她的丈夫,沃尔特,在监狱中度过的漫长岁月跟曼德拉的铁窗生涯一样长。但她是个安静、祥和的人,没有推动政治的野心。相比更加引人瞩目的温妮,她有些黯然失色。许多黑人认为,阿尔贝蒂娜才是名副其实能被冠以"南非黑人母亲"称号的女人。她们的政治交锋发生在金伯利(Kimberley),当时那里正在召开解禁后的第一届南非内部联盟国家会议。

主席职位的两个主要竞争者分别是温妮和格特鲁德·舒普

(Gertrude Shope)。作为全国执行委员会元老的格特鲁德也是卢萨卡非国大妇女分部的负责人。这次会议的议题是选举问题。当投票选举开始时,温妮用公车一车车载来她的支持者,甚至试图欺骗选民。正如一位与会者回忆所说,选举采用不同颜色的选票对应每一位候选者,并采取不记名的投票方式,这是为了能容纳大量的文盲妇女参加选举。温妮的选票颜色是绿色的。她的支持者们很快就解决了一半的选票以期使温妮的得票数加倍。但诡计很快就被识破并遭到制止。事实证明,选举中真正的决定性因素是阿尔贝蒂娜。她公开呼吁她的支持者们为舒普投票,他们也按照她的话去做了。结果是温妮惨败,只获得了 196 票,而舒普却赢得了 400 票。阿尔贝蒂娜随后自动当选为副主席,而温妮只好勉强当选为 6 个"额外成员之一"。过了不到两个星期,温妮就在涉嫌绑架的审判中被判定有罪。

眼睁睁看着妻子遭受公开羞辱和政治落马,曼德拉还不得不蒙受另一种羞辱——在守旧派盟友面前颜面尽失。1991 年 7 月 2 日至 7 日,非国大在德班举行了期待已久的全国会议。会议将选定新的领导人。曼德拉作为官方名誉主席,将要挑选出一位秘书长,他距离成功当上主席又近了一步,即所谓近水楼台先得月。守旧派本来希望现任秘书长阿尔弗雷德·恩佐继续任职。但恩佐从来就不曾严肃认真对待竞选连任这回事。他被普遍认为是非国大内扶不起的阿斗,朽木不可雕,所以发挥不了大作用,只是为曼德拉跑跑腿而已。取而代之的是,塔博·姆贝基与克里斯·哈尼之间燃起了熊熊战火。他们之间的差异是如此鲜明:完全是温和派姆贝基与激进派哈尼的对抗。但是在最后时刻,他们都同意退出比赛,以避免一场激烈的权力斗争。曼德拉随后游说雅各布·祖玛——他出生于祖鲁民族,现任非国大情报局局长——担当新的秘书长,并解释说,他想要一个和谐的"种族"领导,特别是一个具有祖鲁血统并致力于对抗布特莱奇酋长的人,这也是考虑到当时的非国大是由科萨人主导。

再一次,曼德拉没有达成他的意愿。相反,联合民主阵线的前任官员与共产党武装分子联合发起了一场运动以推举众望所归的西里尔·拉马福萨。曼德拉无能为力,也无法扭转秘密投票的结果——共有2244名代表参加了票选会议。拉马福萨以1156票完胜祖玛的490票。(祖玛随后选择出任新设立的副秘书长职务。)38岁的拉马福萨获得了巨大的欢呼,他被一群慕名而来的代表扛到肩膀上,他们就像扛着一个凯旋英雄一般从大厅回到演讲台。

拉马福萨的获选象征着权力从守旧派转移到了年轻一代的积极分子,这些年轻人很多都来自联合民主阵线。在非国大全国会议结束一个月之后,联合民主阵线也最终宣告解散。拉马福萨当选之后,我们从曼德拉的行动中看到了一个信息:新上任的秘书长显然与曼德拉或温妮没有私交。而且曼德拉并没有忘记拉马福萨的无心之论——并不期望曼德拉出狱和接管非国大。工会领导人小觑了曼德拉的政治重要性,1989年11月他们曾对《领导》杂志说,曼德拉的地位"与任何来自非国大的成员没有什么不同",并评论曼德拉只是"可供参考的领袖人选之一"。

尽管温妮被定罪,但她仍然当选为非国大的全国执行委员会成员,但这次成功获选却并未得到任何认可。在委员会的开放席位中,她曾经位列第 26 位,但现在已经排到了 66 位,温妮大部分的激进盟友都反对她丈夫选择的谈判路线。事实上,当尘埃落定,在新的领导阵容里,曼德拉拥有的朋友屈指可数。奥利弗·坦博和沃尔特·西苏鲁被授予荣誉职位:分别出任名誉民族主席(national chairperson)和副主席(vice president)。守旧派的另一位中流砥柱托马斯·尼科比(Thomas Nkobi)仍然担任财务主管。但趋势却朝另一个方向发展:联合民主阵线、共产党和工会积极分子拥入了执行委员会的核心,这显然是一股新兴力量。所有迹象都表明,曼德拉前方的道路布满荆棘。

　　这比他的预期时间来得要早。发生在非国大领导层内的事情看起来完全是拜占庭式的阴谋,很多人似乎只针对遏制曼德拉的权力和行动自由,特别是在与德克勒克开展谈判期间。这次争议的中心是曼德拉或拉马福萨是否会全权负责与政府的联系。1991 年 7 月下旬,新当选的全国执行委员从内部挑选了 26 位成员组成了全国工作委员会(NWC),以组织非国大的日常工作。8 月初,曼德拉正在国外,全国工作委员会在非国大内部开展了一项大规模的官僚机构重组工作,撤销了温妮作为非国大福利部负责人的职务[一位年轻的共产党激进分子谢里尔·卡罗勒斯(Cheryl Carolus)接替了她的职位],并委以拉马福萨谈判总负责人的重任。总部位于伦敦的小型期刊《前线文件》称此次重组是一场政变,并指责它是一个正在进行着的"共产党阴谋"——强烈反对"曼德拉决策的独裁风格"。然而,这不仅仅只是共产党对曼德拉获释后推行与政府进行谈判的方针不满意,全国执行委员会中的多数成员也被联合民主阵线的集体决策精神洗脑，妄图从曼德拉手中夺取进程控制权。

拉马福萨对曼德拉权威的挑战引发了他的愤怒，曼德拉开始反击。他成功地逆转或修改了这两项决定——至少是暂时的。温妮恢复了福利部部长的头衔，曼德拉、西苏鲁和姆贝基也将与委员会一道共同负责与政府的谈判。现在的曼德拉身处一个团队之中，他与政府的谈判也不再是单枪匹马。

随着曼德拉的权力受限与耐心耗尽，他开始不再干预非国大对温妮行径的决议。事实上，1991年9月上旬至11月期间，曼德拉对他妻子的态度突然强硬起来，当时两起相关事件终于让他认清了现实——曾经的温妮再也找不回来了。其中一件事是温妮与情夫莫普弗的恋情曝光，莫普弗是她辩护团队中一位潇洒的年轻律师。曼德拉还没出狱时，他们就有了奸情，达利——大家都这么称呼他——曾在曼德拉的住所住了一段时间。曼德拉后来知道了这件事并给温妮写了一封信，告诉她将"那个男孩"赶出他们的家。达利离开了他们的住所，但是温妮的外遇并没有停止，并且越来越明目张胆。1991年7月，《城市新闻报》(*City Press*)刊登了两则温妮的外遇故事，且没有遭到当事人的任何异议。

出于某种原因，曼德拉起初并没有中断他们的往来，这让温妮变本加厉地公开炫耀她的情人。在福利部恢复原职后，她居然厚颜无耻地委任达利做她的副部长，这大大方便了两人借工作名义行偷情之实。10月的第一个星期，温妮去了一趟美国，表面上是为了"非洲儿童音乐会"——将于1年后在尼日利亚举行——

筹集资金和招募艺术家,但实际上她带上了达利一同前往。他们搭乘的是头等舱,所费不菲——传言光机票就花了20000兰特(约合7100美元,非国大否认他们的花费是自掏腰包)。此行自然是无功而返。温妮和达利从5天狂欢中返回南非时(他们去到了西海岸和好莱坞),既没有募集到资金也没有找到艺术家。当他们的奢侈开支传到曼德拉耳边时,他气得暴跳如雷。

大约在同一时期,相关报道——在非国大约翰内斯堡总部的一间办公室里,曼德拉将温妮和达利抓了个现行——也传到了外交圈中。这种侮辱绝对是他无比愤怒的原因,从而也就解释了他从他们回国后采取了一系列措施的原因。曼德拉单方面解除了达利作为社会福利部副部长的职务,这一举动致使温妮写了一封长达20页的辞职信给非国大执行委员会以免她的行为和美国之行被秋后算账。现在,曼德拉夫妇之间的冲突成了非国大领导圈中公开的秘密;同时,对于反对温妮的成员来说,这也是一件值得津津乐道的事情。

全国执行委员会最后不得不出面干预,以解决冲突。在11月25日至26日的会议上,会议决定——虽然真正原因从来不得而知——拒绝温妮的辞职请求并让达利官复原职。(显然,全国执行委员会仍然希望曼德拉和温妮能消除分歧,避免尴尬。)然而,这些内幕绝对不会让媒体知道。当月只有一条新闻提到曼德拉与温妮有点儿不对劲,当地媒体称温妮和曼德拉已不再生活在一起了。非国大在新闻头条上刊登了一个故事,称两人分居是由于他们的生活中出现了威胁,必须采取"安全防御措施"以保护他们的安全。发生这些事情之后,曼德拉转而向别处寻求陪伴,比如芭芭拉·麦赛克勒(Barbara Masekela)——她是非国大艺术与文化部的前任负责人，同时也是著名小号手休·麦赛克勒(Hugh Masekela)的妹妹。两人开始公开出席一些场合。12月上旬，曼德拉第二次访问美国，此次陪同在他身边的人不再是温妮，而是芭芭拉。

此次美国访问一直持续到4月，曼德拉回国后才宣布他们离婚的消息，虽然约翰内斯堡的每个人都知道他们的婚姻已经名存实亡，但曼德拉迫于非国大领导层渐增的压力——为了他自身的声誉必须疏远温妮——不得不做出这个决定。

此时此刻，在曼德拉和拉马福萨的领导下，非国大的领导风格走到了一条双岔路口，面临着两难选择。这两个男人，无论他们是否喜欢对方，但似乎都摸索到了对方的处事风格。曼德拉虽然公开鼓吹集体领导的原则，但其私下在行为处事中对原则的藐视已经成了常态。拉马福萨声称他已经掌控了非国大的领导机构，并会一点一点从曼德拉那里夺回与政府谈判的责任。漫天新闻都在铺天盖地地报道一个以拉马福萨为首的"小集团"密谋将曼德拉打入冷宫，但这事却从未发生过。

曼德拉似乎被对手压制住了，这严重制约了他的个人主动性。从前他会与德克勒克进行一对一的私人会谈，现在却被安排通过电话交谈。他们很少召开类似于美苏首脑峰会的会议：由一连串高级助手将精心设计的主题提上议程，先讨论潜在的协议，并在最后进行公报。曼德拉仍然具有影响力，因为他是非国大的主席，在国内和国际享有极大的威望。但自1990年2月起，他的权威却不断被侵蚀。非国大集团——作为更广泛的组织且其领导力更宽泛——看到了自己的"企业"利益濒危,主要是受曼德拉的独裁倾向和个人外交影响。于是他们削减了曼德拉的权力并将其均摊,他的同事们也在不断提醒他注意集体领导的事实。

最令人赞叹的是,曼德拉学会了向这种"集体意志"低头,这显然需要非凡的气度。当他看到严重抗议已经改变了非国大的国际制裁及其国有化政策时,他做出了让步。当他得知地方领导人强烈反对他与布特莱奇进行会谈时,他撤销了会谈。曼德拉甚至最后屈从于同事的压力,最终与温妮离婚。曼德拉最终用行动证明了他的保证——成为"组织中的一个好人",但是我们必须一遍又一遍地提醒他,要在实践中保持这一形象,否则就是失信于民。

第九章　全都倒下了

1991年7月,非国大的全国会议期间,曼德拉和其他温和派成员有了两个重要的领悟:首先,在谈判桌上,德克勒克遵循的议程与他们完全不同;其次,推迟谈判是弄巧成拙,因为这导致了政治暴力和德克勒克未能履行非国大的前置条件。如此强硬的立场恰恰给了德克勒克集合众多不利因素反对宪法谈判的机会。非国大在4月发给政府的最后通牒事与愿违,反而阻碍了非国大尽快获取移交权力的中心目标。

曼德拉转变的第一个信号——至少是他的思想发生了转变,出现在非国大全国会议的开幕式上。在最后通牒未得到满足的情况下,他的演讲勇气可嘉,因为当时支持恢复对话的呼声极其虚弱。曼德拉说,非国大不得不重新考虑其对谈判的态度,本来,非国大应该被看作"胜利方",而白人政府应该是"失败方",但实际形势却完全颠倒了过来。谈判只是运动的另一个"戏剧性斗争",只要稍微晚一点儿进入这个战场就会被控制在敌人掌心。

恰恰由于这些部队犯下的政治暴力阻碍了谈判的开始。"延长痛苦的种族隔离制度绝对不符合我们的利益。这也不符合我们所代表的人民群众和国家的整体利益,耽误实现权力移交给人民的目标。"换言之,非国大应该放弃其先决条件以重启与政府的会谈,并续订一个启动宪法谈判的多党会议。曼德拉甚至第一次提出了"民族团结过渡政府"的想法,这样就必须与德克勒克自视甚高的民族党一起分享权力。

曼德拉话语的含义在很大程度上被公众忽略了,被第一个真正的民主选举——选举新的非国大领导层——盖过了风头,但是他有效地引导了非国大回到有关会谈的谈话中。阿齐兹·帕哈德(Aziz Pahad)——非国大的谈判代表之一——后来解释说,全国会议之后,整个非国大的思维都沿着曼德拉阐明的路线经历了一次"战略转移"。非国大近期的新目标是通过一个民族团结的多种族临时政府来取代德克勒克政府。曼德拉曾悄悄地重新编排了非国大的优先级,并巧妙地将谈判从"失败"转变为"胜利"。

全国会议结束仅两个星期后,曼德拉的新战略就经受了考验。1991年7月19日,《每周邮报》刊登了一系列关于政府往事的文章:过去政府曾资助因卡塔集会和南非工人联合工会(UWUSA)——由布特莱奇成立了南非贸易代表大会工会。整个事件很快就被戏称为"因卡塔门"。这些事件所涉及的金额相对较小,但带来的政治影响却是毁灭性的。《每周邮报》从德班的安全分支机构负责人梅杰·路易斯·博塔(Major Louis Botha)处获得了一份警察的内部报告,他在报告中讨论了为什么他给了因卡塔约10万美元帮助它组织两次政治集会,一次在1989年11

月,另一次在1990年3月。该报纸刊登的信息还表明南非工人联合工会收受了政府资助。这些指控造成了全国轰动,以至于德克勒克总统和他的几位高级部长不得不立刻承认这是事实,虽然他们就金钱的数额与《每周邮报》进行了激烈的争议。阿德里安·沃克后来透露,南非工人联合工会在6年间收到的资助"不超过150万兰特"(1991年约合52.5万美元),而不是《每周邮报》公布的500万兰特(175万美元)。

梅杰·博塔的报告极具破坏性,因为他说布特莱奇曾用10万美元感谢他,并为这笔钱签署了收据。博塔证明了在1990年3月的集会上给予因卡塔援助是由于这是非常重要的展示——布特莱奇在纳塔尔的祖鲁人中拥有的支持率与曼德拉一样多,曼德拉曾在2月下旬访问德班时吸引了一堆人群前来。这主要是要表达他的担心——布特莱奇可能"严肃考虑将他的命运扔给非国大的后果",如果他觉得自己人气太弱且会有被"从现场移除的"风险的话。布特莱奇披露的最糟糕的部分就是德克勒克和沃克从来不曾完全弄清楚资金的流动是否已经停止。

《邮报》的故事刊登在周末版,当时我正在乌伦迪出席因卡塔周年会议。该组织刚刚将自身从"文化运动"中抽离并转型成一个政党,为即将与非国大展开的斗争和任何即将到来的全国大选做准备。这场暴风雨般的会议主要致力于痛斥《邮报》并夯实布特莱奇的支持基础,现在却面临着尴尬的境地。布特莱奇坚称自己对资金一无所知,说梅杰·博塔在感谢金一事上是在撒谎。"我一直划着我的独木舟,"他说,将因卡塔建设成为他所描述的"一个强大的巨人"。

周日上午，在乌伦迪之外搭建了一个巨大的帐篷以召开会议，布特莱奇在与会代表面前大声朗读了两篇文章——分别刊登于当周的《每周邮报》和《星期日时报》(Sunday Times)。《星期日时报》引用了头版社论说，也许披露带给因卡塔的是"致命的"伤害，布特莱奇应该辞职并让位给新的"未被污染"的领导人。代表们足足听了两个多小时的文章诵读——来自《每周邮报》和《星期日时报》（首先用英文朗读，随后用祖鲁语再读一遍）——面对这些对他们领袖的侮辱，他们变得越来越焦躁不安和激动难耐。会议结束时，出现了一个"自发的"大规模鼓掌，为布特莱奇和他的领导层喝彩。坐在报道桌旁，就在巨大的会议帐篷前面，我的记者同事们和我都在担心是否会遭到人身攻击。事后证明什么也没发生，虽然氛围实在是令人讨厌且代表们始终处在斗志昂扬的情绪之中。

布特莱奇最终通过高度不可信的借口来为自己开脱——他的长期私人秘书麦基泽德·Z.库马洛(Melchizedec Z. Khumalo)在他不知情的情况下收受了金钱。库马洛承担了全部责任并辞去了职务，从丑闻中保全了布特莱奇。但是布特莱奇也难逃丑闻带来的负面影响：他被披露为白人政府的傀儡和代理人。

在曼德拉的新政策之下追求谈判优势成了另一个"戏剧性斗争"——经非国大之手流传出去的"因卡塔门"丑闻。曼德拉认为披露政府口是心非的行为将会促使德克勒克更加渴望并对有关谈判的会谈做出让步，如果他想修复他的公众形象的话。自非国大发出最后通牒之后，两位领导人只举行过一次会议，那是一次长达6小时的会议，时间在5月6日，旨在讨论政府将对升级的暴力部署什么样的计划。曼德拉后来说,德克勒克同意发布集会武器禁令——将会罗列出一长串的祖鲁"传统"或"文化"武器清单;并同意逐步淘汰青年旅社的想法,在此期间,在旅馆周围装上栅栏。但仅仅6个小时的会谈并不能充分解决这些问题,双方都给各自预留了在未来两年中能讨价还价的细节。

曼德拉和其余非国大领导层绝对不会放过这次机会——因为他们在谈话中占据上风,所以同意了参加一场由一些南非商会、教会和民间领袖发起主办的民族和平会议。本次会议定于9月14日,预计将会是曼德拉、德克勒克和布特莱奇进行的第一次面对面会议,并将包含近50名来自全国各地的代表——他们分别来自政治、教会、公民和企业团体。这似乎在初始阶段就是一个巨大进步和重大成就,并将最终开辟出各派别真正合作的光明大道。

当务之急就是在会议上签署协议,因为暴力行径再次失控。9月8日,会议前一周,暴徒在托克扎(Thokoza)伏击了因卡塔的游行队伍,23人丧生于AK-47的枪林弹雨,18人受伤。枪匪一直未落网,但当时普遍认为这是非国大的专业人士所为。因卡塔支持者的报复是直接又可怕的:他们拿起AK-47步枪到处闹事,肆意攻击公交车、出租车和火车。虽然政府宣布4个重灾城镇是位于约翰内斯堡附近的"动荡地区",并迅速颁布了夜间宵禁,但3天之内仍有数百人死亡。

到处都处于高度紧张的气氛之中——濒临全面对抗,所有政治团体的代表(除了白人极端右翼势力和最激进的黑人分子之外)都集合在"中立地段"——在约翰内斯堡市中区的卡尔顿酒店（the Carlton Hotel）——签署了历史上的第一份民族协议，这是广泛的黑人和白人团体之间的第一个和解。会议组织者起草了"行为守则"，以供警察和政治团体遵循，调节他们彼此的相处模式以避免暴力。守则强调宽容并责令所有组织承诺停止恐吓、威胁或成员之间的互相残杀。他们都避免做出任何将会煽动其支持者加入暴力或仇恨的声明。社区有权建立"自我保护单位"以打击任何可确认的犯罪行为，个人使用枪支器械时必须持有"许可的武器"且是用于"合法自卫"。但早前签署的《民族和平协议》（The National Peace Accord）中明文规定任何政治组织都不得组织这些单位或维持一支"私有武装"。他们在全国范围内建立了区域和地方的"争议解决委员会"以解决仲裁纠纷；同时，还成立了一个常设"国家和平秘书处"来执行整个协议。

民族和平会议最后被证明是一场灾难，虽然配备各项承诺、规范和委员会，但这些并不能改变其政治行为。布特莱奇酋长似乎铆足了全力来破坏会议的整体氛围，他用公车运来了一车又一车的祖鲁"战士"——全部武装"传统"武器，武士们在旅馆前的街道上走来走去，招摇过市，仿佛他们正在围攻移民先驱的临时防御营地（在南非白人开拓的旧时代，由四轮马车圈围起来的营地）。这是一个可耻的行为，甚至激怒了布特莱奇在政府中的盟友，并致使司法与治安部长赫鲁斯·克里尔（Hernus Kriel）陷入了尴尬的境地——因允许破坏行为而被指责（克里尔最近顶替了阿德里安·沃克，后者因"因卡塔门"事件被调任另一个内阁职位）。最终，布特莱奇和古德维尔国王从阳台上俯瞰酒店入口并对他们的支持者们发表了讲话，劝导他们解散回家。但即便如此,在协议签署之前,合作的基础已然坍塌。

但是布特莱奇并没有停止种种离经叛道的行为。签约仪式结束后,他曾设法再次破坏氛围。摄影师努力想要铭记这一刻——三位主要和平缔造者在历史上第一次会面并三方握手。这个画面简直是为布特莱奇量身打造的,他过去给自己的定位就是要站在德克勒克总统和曼德拉身边,想象(现实并非如此)他与这两位人物平起平坐。但当德克勒克和曼德拉向布特莱奇伸出手时,他却故意摆出了对和解一脸唾弃的高姿态。同时,他的手紧紧握住仪式的拂尘。最后拍出来的照片一眼就能看出布特莱奇是个多么没有政治风度的男人。当几个摄影师恳求他合作时,这位酋长很快就恢复了正常神态——因为他不会在他们面前"表现得像个小丑"。或许是他无意中错过了象征着三方握手的照片拍摄,也可能是他故意摆出了拒绝国家和平与和解的姿态。

显而易见,会议上三位领导人之间笼罩着无声的紧张气氛,直到签字仪式结束后举行新闻发布会,这种紧张才从沉默中爆发出来。当时我打破了这种沉默,向德克勒克问道,政府是否已经批准因卡塔对外示威游行。国家总统并没有谴责这种行为,而是试图淡化这一事件,他声称已经做出"无犯罪"的承诺并且这种行为是被允许的——因为它发生在任何已被证实为骚乱的地区之外。德克勒克坚持认为警察无权剥夺游行示威者的武器,除非示威者以暴力相威胁。"手持盾牌和棍棒的人",他说,已经"明显玩得很尽兴"并且"在任何阶段都不对他们构成威胁"。

我们完全可以理解曼德拉对待德克勒克轻率态度的熊熊怒焰。他从他的座位上跳起来,一把抢过话筒,义正词严地说:"国家总统曾表示,如果那些在外面示威的人们是非国大的成员就将不适用于这个规定。如果他们拒绝离开,警察就可以使用武力或武器。"他指出,就在一天前,1200 名警察和士兵已经封锁了非国大在约翰内斯堡之外的颇拉公园(the Phola Park)据点,并发动挨家挨户的地毯式搜索,缴械他们发现的每一件武器。德克勒克突然升起了防护盾,向记者保证他曾发布的具体声明——任何非国大支持者在旅馆外面示威,都应该给予他们足够的空间,同时警方也应该一视同仁。曼德拉余怒未消,在他的椅子上喊了起来,说非国大曾禁止他们的支持者进行任何这样的示威游行,目的就是为了避免任何麻烦玷污了"和平"会议。对于布特莱奇而言,他坚持认为他的追随者有充分的权利去游行并施展他们的"文化武器"。因为这是尊崇参与此次会议的古德维尔国王的"传统"方式。作为对他的和平伙伴的最后一击,曼德拉坚持认为非国大的"民族之矛"并不是"私有武装",因此在任何情况下它都不能因和平协议而被解散。非国大也不会放弃"群众行动"的自主权。总之,这是三位和平缔造者之间的一次公众交流——过程着实令人难以置信且苦不堪言,并且隐约透露出缔造和平的无望。

人们希望通过《民族和平协议》加强"和平精神"已然成为泡影。尽管所有承诺都在极力避免使用煽风点火的词句,但曼德拉再也克制不住他对德克勒克的冲天怒火。5 个星期后,曼德拉出席了共同富裕国家的领导峰会,地点在津巴布韦的首都哈拉雷。令人始料未及的是,他在这次会议上公开宣泄了他的怒火。10 月 20 日,曼德拉在接受《星期日邮报》(Sunday Mail)的记者采访时坦诚道,他过去对德克勒克的评价是完全错误的。他起初真的以为国家总统是个"正直的人"。但事实最终证明"也许我们是草率的,或许我们本身还有一点儿天真烂漫"。曼德拉说,"德克勒克最终被证明是个伪君子,最后的行为完全与最初大相径庭"。

就在同一周,德克勒克在开普敦与他的民族党举行了一次会议,他甚至脱下了手套,毫不留情地鞭挞曼德拉和非国大。然而,在1991年9月至10月间,尽管两人之间存在个人隔阂,但两位领导者仍然举行了多次秘密会议,克服了最后一个障碍——宪法谈判,并最终达成了被称为"南非民主公约"(CODESA)的协定。曼德拉严防死守他的新路线——谈判是通往权力的唯一路径,他几乎花费了秋季的大部分时间来与德克勒克总统制定基本规则。

德克勒克也正忙着和他的政党和政府准备立宪会谈。9月4日,在布隆方丹举行了一场特殊的民族党联邦国会,德克勒克相当详细地概述了他的政府制定的和解条款。虽然这些提案是按照西方最佳宪法的模型打造成的,但他们的核心动力仍然是在保护少数白人的前提下才允许与多数黑人分享权力。突然之间,德克勒克的立宪派都建议进行正义的道德复仇——借用所有与西方民主相关的制衡——以阻止中央政府权力的滥用,例如民族党自1948年以来享受至今的权力滥用。立宪派巧妙地糅合了美国、瑞士、德国和南斯拉夫政治制度中的各种要素,以阻止多数黑人以同样的方式——少数白人延续了300多年的统治方式——进行统治。关键的概念是"权力分享",它出现于20世纪70年代末的南非白人学术思想中,旨在替代(作为一种更受人尊敬的方式)少数白人统治形式的理念。这个概念由阿伦·利普哈特

（Arend Lijphart）引入南非，他是美国加州大学圣地亚哥分校的一位政治学家。利普哈特拒绝"多数民主"的概念，因为其提倡多党统治至上，这对于南非黑人来说绝对是天籁——越来越接近将权力之棒移交到黑人手中。利普哈特认为，南非民族划分得太清晰了，如果功能强大的少数民族被排除在外，政府功能也会受制于统治者的民族立场。只有在各个民族之间建立一个以多党为基础的共同决策制度（他将这种制度命名为"comociation"，意指联合执政），才能有效确保政府的地位和政权的稳定。

这些建议中能体现南非白人的创新思维的是"宪政"概念，这意味着将会有一个成文宪法与基本权利宪章一起代表最高权力机构以衡量法律的可行性。当然，这些对于民族党来说是全新概念，因为为了推行种族隔离制度的立法，民族党40多年来一直都在反复制定和撤销宪法条款。但是在接受法制（the rule of law）的过程中（依然受独立的司法机构保护），德克勒克的党派在头脑中形成的思维并不仅仅只是保护个人权利；同时这些建议还强调需要保护"群体和社区的利益"并承认"存在多元化群体的现实"，这是什么意思呢？从本质上说，这是保护少数白人的利益。该担保也不会停止权利法案。民族党对联邦制的愿景也呼吁广大地方和区域政府获取自治权力以阻止国家陷入中央集权的专制统治。

德克勒克深有远见的宪法旨在制衡双方以避免"黑人统治"，包括创建一个两院议会且两院权力均等，以及由区域代表成员组成的众议院。这类似于美国各州的参议院，各地区都有平等的代表权。此外，任何特别重要的立法，比如修改宪法或联邦制将需要 2/3 的"加权多数"予以批准。民族主义的关键是在此安排下能确保权力分享,每一方将获得与其所占议会席位比例相同的选票比例;同时将会设置一个共同的总统职位(南斯拉夫曾有过类似情况),由议会中 3 至 5 个最大党派的领导人组成。此总统职位的主席(The chairman of this presidency)将由这几个主要领导人每年轮流担任,将在达成共识的基础上做出所有决定。换句话说,如果民族党不同意变更非国大所倡导的现状,它就可以轻易做出否决。集体统治的原则和权力分享也体现为多党的联合内阁。

曼德拉立即公正地谴责了这些建议,指责它们是政府软化的配方和白人少数否决派的故步自封。他说,非国大理解民主意味着民族党赢得多数人统治的胜利——有权组建一个政府并且能根据自己的选择制定政策。它也可能会邀请其他政党来组成联盟,虽然宪法没有规定它必须这么做。"这很明显是民族党在反对多数人的统治。"他直截了当地说。曼德拉指出,如果德克勒克采取他的方式,那么一个多数黑人统治的政府将永远无法纠正由旧种族隔离秩序导致的社会和经济不公平。但是德克勒克也同样坚决:"只得到 51% 获胜选票的政党不应该拥有 100% 的权力。"

尽管存有实质性的分歧,但曼德拉和德克勒克仍然商定出了宪法会谈的方式,并一致敲定了参会的人选。在没有选举的情况下,决定黑人政治群体在国家占据何种地位是很不容易的。但是他们决定全数囊括,邀请全国范围内的每一支白人、黑人、印度人和有色人种政党,包括几个由摇摇欲坠的家园政府匆忙组织的政党——目的仅仅是为了参加此次会谈。唯一的抵抗来自泛非议会,它们拒绝与德克勒克坐到同一张谈判桌上,泛非议会坚持会谈应该在南非之外的地方举行,在中立的非洲国家或由国际调停。

11月,约翰内斯堡举行了一场由私人赞助的有关民主的会议,在会议开幕式上,曼德拉完全拒绝了泛非议会的建议。这是数月来他第一次对非国大与民族党的关系赞不绝口,并对与德克勒克进行直接协商表示乐观。"在南非之外开展会谈对于我们来说简直是浪费时间,"他说,"我们已经营造出足够的氛围,能确保谈判成功。"非国大与政府曾在格鲁特·索尔和比勒陀利亚取得"巨大进步","从我们自己的经验来看,它有可能为我们——也就是说,政府和非国大双方——的讨论肃清任何问题"。他们通过共同努力已经移除了所有的谈判障碍,他自豪地宣布。曼德拉从来没有对和平进程将会持续的方式表现出这样的满意程度。

截至11月底,大约有20个政党和其他政治实体曾聚集在约翰内斯堡国际机场附近的假日连锁酒店,他们放下了自己的基本立场前来参加此次谈判。代表们很快就提出了一个想法——他们所做的全部决定都应该基于"充分协商一致"的理念,这是一个由于历史遗留原因而未曾完全定义的术语,因为它需要巧妙地解决一个棘手的问题。然而第二天,泛非议会的成员——他们也出席了本次筹备会议——站了出来,因为他们意识到自己不可能抑制谈判的势头,并谴责他们看到的一切——作为一种"决策模式",政府与非国大第一次系统地就每一个问题本身达成了协议;其次,泛非议会的与会者们希望所有人都能跟随领导人的步伐。

"会谈之前,几乎在所有问题上的唯一实质性辩论都是由泛非议会挑头的。"泛非议会的副主席狄克冈·莫森尼克在一场新闻发布会上自吹自擂,但当时的场合非常不适宜,因为他选在了游泳池边,且周围都是身着泳装的酒店客人。泛非议会关于在国外举行谈判的建议书无人问津,毫无人气可言。相反,其他各政党都一致同意:由白人法官佩特鲁斯·J. 斯切波特(Petrus J. Schabort)与一位印度裔法官司马义·穆罕默德(Ismail Mohamed)共同主持会议进程,并提议在假日酒店的会谈结束一段时间后,南非民主公约的成员应该在12月20日再次会聚在世界贸易中心。

除了泛非议会的成员外,大多数代表都称赞最后的筹备会议是个"分水岭"。这是第一次将全国的白人、黑人、印度人和有色人种领导人聚集到同一个屋子里,并且奇迹般地成功了。德克勒克的首席谈判格里特·维利欧恩说,他确定全体南非人民都取得了"一个确定的、清晰的和不可逆转的突破,这与过去完全不同"。经过22个月的初始谈判和有关谈判的会谈,国家已到达"真正的谈判,真正的麦考伊(McCoy)"边缘。非国大的秘书长西里尔·拉马福萨同意全心全意为人民服务。"比起以往任何时候,我们都相信我们只差几步就即将走向胜利的终点。"他说。因卡塔的首席代表弗兰克·马德拉鲁斯(Frank Mdlalose)也不甘示弱地赞美此次会议是一次"治愈我们分裂社会"的事件,从而表明南非有能力克服"由种族隔离和暴力社会造成的所有的困难和分歧"。

可悲的是,这些评论太过乐观,宪法谈判的方式实际上在黑人与白人的团体内部都造成了新的裂痕。德克勒克不得不与保守党和白人至上主义团体据理力争,以抵御他们的攻击;曼德拉也发现自己在激进黑人民族主义者的尖锐批评浪潮中难免首当其冲。非国大的领导人在第一时间回应了泛非议会的离席,称其仅仅是"一个典型的小题大做",在这个问题上"他并不打算花费数个不眠之夜"。他自信地预言泛非议会一定会出现在南非民主公约的开幕式上。但是他失算了。就在宪法谈判前4天,泛非议会在开普敦举行了一场特别会议。会议旨在决定是否退出整个谈判进程,而退出的决定势不可当。南非民主公约(原文如此,估计应为泛非议会)的代表们群情激奋,2000人一边跺脚一边高喊着"每位居民一发子弹",全体一致投票同意抵制。此前已经拒绝出席筹备会议的阿扎尼亚人民组织认为泛非议会的决定完全正确,它呼吁在所有黑人团体中建立一个"爱国阵线"以反对谈判,旨在重新努力迫使德克勒克交出权力。

反对派阵营反映了对白人政党的强硬反抗态度。保守党和成立于1969年由民族党内持不同政见的成员组成的重组民族党(the Herstigte Nasionale Party,缩写HNP)、在南非白人抵抗运动中已经成为全国最大的白人至上主义组织的新纳粹主义分子(AWB,或南非白人抵抗运动),以及更小的如南非布尔人州党(the Boerestaat Party)这样的团体,他们统统谴责谈判,将其看作白人权力坠入深渊的开始。他们更易于相信泛非议会所指责的非国大与民族党将密谋成立一个多元种族的临时政府,两者将在这个政府的执政体系中共同行使统治权。重组民族党领导人雅普·马莱(Jaap Marais)斥责民族党对白人社会筹划的"丑陋的政治阴谋",并指责德克勒克"背叛了民主政府的每一个原则"。保守党秘书长安德里斯·贝耶斯(Andries Beyers)稍微诚实地表达了头脑中关于白人至上主义的想法。他说,制宪会议的唯一目的是向"我们的自由权利和在自己的祖国里实施自治"缴械。他坚持认为这是"不可谈判的"。这可能也是大多数保守党的看法,但实际上该政党就是否出席产生了分歧。由"自由者"库斯·范·德尔·莫维(Koos van der Merwe)领导的这一派就对谈判相当动心。他甚至敢现身于假日酒店,以与3个安哥拉黑人商人在那里吃早餐为借口。然后,他让人们知道,如果对白人以及黑人的自决权被提上议事日程的话,他就可能参加南非民主公约。他的言论引起了保守党领袖安德里斯·特立尼赫特的严厉斥责——"保守党不会在各民族权力分享的基础上展开谈判,南非是不可分割的。"特立尼赫特说道。

最猛烈的抨击来自布特莱奇酋长,此时他选择了在他对制宪谈判的陈述过程中制造事端。他要求他所控制的三个代表团同时发出三种声音:首先代表因卡塔,其次代表他的家乡政府,第三代表古德维尔国王。他认为因卡塔党是一个多种族的民族党,并不只是代表祖鲁民族选区的单一成分政党,然而国王作为整个"祖鲁"民族的代言人有权作为一个单独的代表团出席。另外,夸祖鲁是名义上独立的并拥有平等权利的四大家园之一,已经在大会上派出了自己的代表团。他指出,无论德克勒克的民族党还是他的政府都应该允许独立代表团,并认为因卡塔和夸祖鲁应该当之无愧地享受类似待遇。

然而,布特莱奇发现在任何方面都没有人支持他有关三个代表团的费解说法。非国大指出,国王势必凌驾于政治之上,而他的存在将会导致全国所有其他族群派遣其"国王"或最高酋长。民族党和政府多次敷衍表述了他们支持"国王"的存在,但在实质问题上却拒绝订立公约。布特莱奇警告说,国王的缺席会对"祖鲁民族和南非民主公约产生严重后果",但布特莱奇当时并没说具体会导致什么。12月15日,他在德班之外的一次追随者集会上发出了警告。他说,祖鲁人不应该承受委屈,"以免这个国家发生那么可怕的状况并遭受破坏,相比安哥拉和莫桑比克的内战——孩童们发挥了主要作用"。当明确得知他预期的结果不可能实现以后,布特莱奇不得不做出决定:是接受失败的屈辱还是抵制会议。最终,他选择了后者,但他仍然派出了一个由高级官员组成的因卡塔代表团来维护自己的利益。

布特莱奇最初可能不曾想过他在大会开幕式上的缺席会是如此遗憾,因为这将以国家的名义团结说服其他18个代表团改变他们的想法。如果这是他的算计,那他的算盘就完全落空了。因为没有代表团愿意跟随他一起抵制大会。会谈没有他参加照常如约举行,他的缺席对大会毫无损失可言。而布特莱奇自身招来的麻烦就是,他成功地将自己打入了政治冷宫。这样的结果完全出乎他的预料,1990年9月,他曾承诺他的追随者:"我个人将会以因卡塔主席的身份出现在谈判桌上。"公约成立了专门的小组委员会以研究他的要求——将会邀请古德维尔国王出席,但是非国大和它的盟友们却对这个要求置之不理。反过来,这使得布特莱奇没能顺从内心的渴求如愿在全国人民面前出尽风头,最终也未能建立一个新的专门以非国大和政府为中心的双边格局。但即使没有夸祖鲁的领导者挑起事端,南非民主公约的第一届会议也将会发挥更大的作用——远远超出自己本身所扮演的角色。

约翰内斯堡之外的世界贸易中心与纽约建筑同名,但实际地位却相去甚远。它只是机场路上一座其貌不扬的白色仓库风格的建筑。建造该中心的目的是举行国际展览,但因为制裁从来不曾开办过活动。所以,巨型谷仓结构的建筑自建成后就空置了10多年。但是1991年12月它却重获新生,因为预计将在这里举行第一届南非民主公约大会。

12月20日,当12个代表团加上政府在会议室就座时,现场气氛超级紧张,争执仿佛一触即发。此时此刻,在没有中间人的情况下,昔日的宿敌——在种族和意识形态上拥有强烈分歧的派别——坐在了同一张桌边,旨在谈论权力从少数白人到多数黑人的和平过渡。英国已经在罗的西亚冲突中达成了协议;美国人、苏联人和葡萄牙人结束了安哥拉内战;联合国与美国人将纳米比亚赶出了南非;意大利人、葡萄牙人和美国人给莫桑比克带来了和平。无论结果是好还是坏,南非人正在他们自己寻求解决办法的道路上摸索着。同时,会谈也迎来了国际新风,他们分别是来自联合国、英联邦、欧共体以及非洲统一组织的观察员。

10月31日在马德里举行的中东和平会谈与此次会谈完全不可同日而语,现场代表团之间一片欢声笑语,大家其乐融融,就在八角主会议室外面的大厅里一起喝着茶或咖啡。现场的氛围甚至比非国大与政府在格鲁特·索尔的第一次破冰之旅还要友好,因为到目前为止许多代表们已经相互认识并畅聊起来。对于许多黑人来说,这是一个看似不可能的梦想,但它变成了现实;甚至曾长期避免使用"不可逆转"这个词汇来描述改革进程的曼德拉现在也动容地说"有了南非民主公约，我们国家的现状就是不可逆转的"。德克勒克在他的开幕致辞中将此次会谈描述为自政府达成谈判必要性的共识后发生的"独一无二的最重要事件"。

事实上，这完全可以说是南非自1909年国民公会后最具历史意义的时刻。回顾1909年的场面：4个昔日的英属殖民地——德兰士瓦、纳塔尔、奥兰治自由邦和开普——一致同意成立一个统一的联盟。没有任何一个黑人参加那次大会。但这一次，会议厅的黑人数量远远超过了白人。此外，所有新宪法都需要达成共识或至少是"足够的共识"，以保证黑人与白人拥有平等的权利。民族党的首席代表戴维·德·维里埃完全被会场的精神感动，带着十足的诚意为种族隔离制度所造成的一系列恐怖事件道歉。因为在过去的岁月里不仅黑人没有获得平等的权利，种族隔离还产生了"更大的冲突并加剧了不公平"。剥夺他人的权利或增加他人的痛苦本不是白人的意愿，他强调道："但最终它还是导致了这样的结局。对于事态演变成这种局面，我们深感遗憾。"这象征着民族党最高领导人开始表现出悔改的姿态。

但没过多久，会议大厅上空就蓄积了此次会议的第一场暴风雨。博普塔茨瓦纳家园（the Bophuthatswana homeland）的主席路易斯·曼霍佩（Louis Mangope）坚决拒绝签署意向声明——一份针对常规谈判原则和目标的声明。他声称，他没有"合法身份"达成任何协议，尤其是这些协议将会导致他的家园被重新划归入南非。当然，这仍然是谈判进程的主要目标之一。曼霍佩坚持只有博普塔茨瓦纳议会才有权改变他的家园的地位。但他说他参加会议另有打算,并将在达成"足够共识"的基础上接受决策。

就在第一届大会即将结束时,发生了一件惊天动地的大事。率领政府代表团的德克勒克应邀成为会议的最后发言人,虽然原本计划让曼德拉最后上台致辞。德克勒克在致辞之初就援引了聚会的历史意义,并指出需要克服互相之间的不信任和猜疑。他指出"面前的道路很宽广",在这方面,政府想要确保公约不会反对成立一个临时的多种族政府。事实上,公约赞成以权力分享的模式"与政府"共同代表全体人民。这是可以实现的,只需要改变以白人为主导的三院制议会的结构,包括实现"所有人口都处在公平状态之中"。这些文字意味着黑人也被包含在内。他的政府随时准备修改宪法以实现这一目标,并举行公投以争取赢得国家批准。"所有南非人民都必须参加这样的公投。"他说,但是对白人、黑人、印度人和有色人种仍然会分别计算他们的票数。这听起来就像长期存在的种族隔离制度的翻版,但鉴于德克勒克长期以来反对换届选举的制宪议会,他关于常规公投的建议——即使是站在独立选民的立场——也构成了向前的一大步。德克勒克似乎在寻找一种两全其美的方式,既能满足他对白人的承诺并寻求他们许诺对宪法的任意根本性修订,同时也能设法满足黑人用一个新的临时政府来替换现有政府的要求。

不幸的是,德克勒克释放出的让步信息在触礁后立刻就消失得无影无踪——他在结束讲话时传达了反对非国大的旨意。他指责非国大没有履行协议(《达尼埃尔·弗朗索瓦·马兰协议》),首次披露了非国大秘密武器的藏匿之所;同时,由于非国大维持了一支"私有武装"从而违反了9月14日的《民族和平协议》。所以，德克勒克十分质疑非国大参与制宪会议的权利。他同时也质疑非国大的承诺——在会议上达成的协议——是否值得他们签署那一纸协议，如果非国大不放弃武装斗争的话。因此，一劳永逸地让非国大承诺终止其武装斗争是很有必要的。

很明显，座位上的曼德拉表现得越来越烦躁，随着愤怒情绪达到临界点，他终于爆发并坚持行使了回答的权利。曼德拉大步走上讲台，此时他陈述的有关非国大的不合情理的话以及不合时宜的进攻明显让台下沸腾了。随后，他马上对南非总统发起了最刻薄的反击——所有观察者都一致同意这是一个黑人男子在公众论坛发表过的最恶毒的攻击。对于德克勒克来说更糟糕的是，南非广播公司正在进行现场直播，这意味着所有白人和黑人都看到了也听到了这一切。曼德拉说，德克勒克"一点儿也不坦诚"，他控诉道："甚至一个非法的、道德败坏的、少数民族政权的领导人也会坚持一定的道德标准。"曼德拉说他特别愤怒，因为晚上8点后到入夜前他一直在同德克勒克讨论，而德克勒克却丝毫没有透露他将重视非国大藏匿秘密武器的计划。德克勒克曾邀请他作为特别嘉宾在会议的最后阶段发言。"现在很清楚这是为什么了，"他说道。德克勒克曾策划进行总结发言，如果曼德拉最后没有回应的话。好吧，他犯了一个严重的错误。

曼德拉接着指责德克勒克对非国大奉行双重议程，在谈论和平与合作的同时又发生了"因卡塔门"丑闻，前后相悖。这是个好主意，德克勒克假装他受到了"因卡塔门"丑闻的波及，但并不知道巨款通过警察被送到了非国大主要竞争对手的手里。但是，曼德拉补充说："如果国家领导人不知道高达700万兰特的金额什么时候被花掉了,那他就不适合做政府的领导人。"他无数次警告德克勒克,继续攻击非国大是做无用功,然而,"他还在做这种事,我们要阻止它"。

曼德拉咬牙切齿的讲话让所有参会者都震惊得哑口无言,整个会场陷入了沉默之中。曼德拉控诉德克勒克是"不称职的政府首脑",若是在几年前,光这一条理由就已经足够成为叛国罪的呈堂证供,将会使他陷入多年的牢狱之灾。目前有一种山雨欲来风满楼的阵势,两位和平缔造者可能永远也无法回到昔日的和谐状态,国家或许再也无望依靠他们来解决痛苦的种族冲突。

当然,曼德拉对德克勒克的愤怒实际上是从非国大4月下了最后通牒后一直累积到现在的怨气,现在终于忍无可忍地爆发了。同时,他已经开始在公开场合质疑国家总统是否是"正直的人",他早前曾以为他是。但是曼德拉后来告诉我,他对德克勒克的愤怒是源于这样一个事实,那就是他和他的全国执行委员会已经闹翻了,现在他是孤军奋战,所以敦促国家总统能允许他在闭幕式作最后发言,跳过原来的顺序。全国执行委员会曾反对他争取这种特别待遇,但是曼德拉进行了干预并坚持要最后演讲。因此,当他听到总统开始攻击非国大时,他感到被出卖了,他说:"我担心所有非国大成员都会把矛头指向我。"曼德拉真的很困惑,为什么德克勒克弄不明白自己的艰难处境,为何他不明白整个非国大要将武装斗争坚持到底的真正原因。尤其是当政府并没有要求白人右翼团体解散他们的突击队时,非国大怎么可能遣散它的军事力量?他已经私底下对总统解释过了,总统要非国大做的事就是让它自杀。但非国大还没有做好那一步的准备。"什么样的政治组织能够将它的武器交给一个被人们视为杀害无辜百姓的男人呢？"他质问着大会上的每一个人。

曼德拉一坐下来，德克勒克就坚持要再次发言，告诉各位代表他们两位领导人曾多次尝试解决这个问题，但都徒劳无功。在过去的10个月中双方已经会面了无数次但却一直未能达成共识。德克勒克和曼德拉后来亲自尝试打破僵局。就在民族和平会议之前，他们已经举行一场持续了好几个小时的会议，正如德克勒克描述的那样，他在会议上步步紧逼曼德拉执行《达尼埃尔·弗朗索瓦·马兰协议》。他当时警告曼德拉说，他正准备在《民族和平协议》的签字仪式上公开提出这个问题，但是非国大的领导人向他保证非国大将给予"严肃关注"并立即执行，所以他当时就没有再提出来。但他已决定在正式的宪法会谈开始之前解决争议。德克勒克与曼德拉在12月12日举行的另一场会议上曾提出这个问题，他们已经同意立即举行高级磋商以将其解决。这些就发生在签署《南非民主公约》的前一晚。"在那些友好交往过去数天后，迎来的却是绝对的僵局，"德克勒克说，公约是对他的决定的阐释，使他的言论为公众所知。这个问题必须在其他协议达成之前得到解决。否则，德克勒克说，民族党将面临这样一个局面——"非国大一手拿着笔要求获得权利，另一只手上却还拿着武器。"

各派别在第一届公约大会上吵得不可开交，且各自扬言要退出，因为他们不知道摆在前面的问题是什么。第二天早上，怨愤的领袖们不情愿地试图掩盖争吵并弥补他们带来的恶劣影响，企图作秀给公众看，但是他们并没能骗过任何人。

这件事在公众之间引起了轰动,其内幕相当复杂且影响巨大,所以双方亟须寻求一个解决办法。毕竟,如果这两位领头的和平缔造者不再与对方沟通协商并且失去了所有的互相尊重,那将如何预期他们各自的组织有不一样的表现?事实是,双方都因对方而变得沮丧,且所持幻想破灭。德克勒克认为,曼德拉没有任何权威或政治意愿试图让非国大履行与政府的协议;曼德拉相信,德克勒克没有试图遏制执意摧毁非国大的暴力。两人都肩负着来自各自选区的重压,对非国大武装问题争执不休,都不肯屈服于对方,因为这个问题具有重大象征意义。所以他们一同撞进了一场公共对决,在国家电台和电视上互相朝着对方猛烈开火,但这样有失身份的行为仅仅只是破坏了各自的形象和地位。德克勒克的形象——作为一个强有力的领导者——感染了许多白人,这是曼德拉需要的缺失部分;他也很担心德克勒克在政治上是否强大到能够将他的白人选区带入一个新的秩序。而且德克勒克严重错估了他的时机。该仪式标志着全国寻找新宪政秩序的开始,几乎没有适当的时机给非国大和曼德拉本人难堪。此外,德克勒克曾通过巧妙地操纵虚假借口成为最后的发言者,他本以为曼德拉不会有机会做出回应。这绝对不是一个伟大的政治家应有的行为。在曼德拉的追随者面前愚弄他,这对和平进程绝对无利可图。

但对于白人至上主义者而言,他们宁愿和平进程中没有发生过这样的事,甚至对黑人统治正越发感到紧张不安的白人自由派也这么认为——国家总统前所未有地被一个异教徒、一个黑人狠狠地训斥着,这真是一次令人大开眼界的经历,南非白人抵抗运动和其他右翼势力团体将其作为一个实例铭记于心——黑人统治下的白人还能期待什么样的生活？自由主义者在公众面前保持沉默，但他们对黑人和白人以建设性的方式进行合作并分享权力的信心已经发生严重动摇。

第十章 雷霆在右

彼得·博塔(Pieter Botha),一位任职于路易·特里哈特的偏远北部农业小镇的南非白人副市长,个头虽小但很彪悍,深信他的市民们拥有上帝赋予的全新使命,那就是拯救"新南非"。实际上是拯救所有的非洲黑人,阻止他们缓慢陷入一场政治混乱和经济灾难。他还坚信白人——特别是南非白人——在南非历史上起到了"救世主"的作用,还是整个大陆的英雄。他奉若昂·阿尔巴西尼(Joao Albasini)为英雄。若昂是19世纪中期的一位葡萄牙商人,当上了尚加纳族(Shangaan)人民的"首领",祖鲁勇士王沙加的扩张引发了内战之火,若昂义无反顾地在战争中"解救"了他的人民并消除了他们的灭顶之灾。阿尔巴西尼是德兰士瓦北部白人的民间传说,是南非白人形象的象征,是承载着西方文明的非洲野蛮人的象征。他的坟墓就在路易·特里哈特城外的阿尔巴西尼大坝之下,这些年来一直保存完好,几乎被视为一座圣殿。在克鲁格国家公园的西部缘边,还有一个地点被称为阿尔巴西尼之墓,那里仍然保留着他自19世纪80年代中期开始经营的交易场所,其作为遗址被精心保存了下来。"一个白人男子拯救了尚加纳族"。1991年12月,博塔告诉我,也许一个白人国度可以拯救非洲。"南非可能成为这块垂死大陆焕发生机的催化剂。我们必须为北部边境的非洲兄弟做一些事情。"

博塔并不是唯一一个用这种方式说话和思考的南非白人。另外一个博塔,也就是外交部部长皮克·博塔,我在1992年4月上旬随同他和德克勒克总统一道出访了尼日利亚的阿布贾。皮克称此次访问为"我们在后种族隔离时代承诺的最重要的访问"。这是因为黑人人口最多的非洲民族终于张开了双臂欢迎南非白人进入非洲的怀抱。在阿布贾的新闻发布会上,皮克展望了南非未来将在非洲大陆上发挥至关重要的作用。他说,南非注定要成为4个区域的"火车头",将拉动该大陆其他地区走出经济困境、债务和政治混乱。其他3个国家分别是尼日利亚、肯尼亚和埃及。南非希望建立一个四向的伙伴关系,将努力扭转非洲被布什总统的"世界新秩序"边缘化的局面。

尽管他们是把非洲黑人当兄弟的白人,但他首先考虑的还是南非,更确切地说是以他自己的南非白人人民为重中之重的南非。所以当尼日利亚外交部部长艾克·恩瓦舒库(Ike Nwachukwu)在双边会议开幕式上说"布尔人和几个部落一起组成了非洲,我们看不到这几者有任何区别"时,皮克深受感动。4月9日,尼日利亚总统易卜拉辛·巴班吉达(Ibrahim Babangida)在国宴上也听到了德克勒克的甜言蜜语。尼日利亚领导人高度赞扬德克勒克是"将种族隔离拒于门外的人",且位列南非黑人反种族隔离的"中坚力量"。他把德克勒克比作阿尔伯特·卢图利主席和德斯蒙德·图图,两人都获得了诺贝尔和平奖,比肩被谋杀的黑人意识领袖史蒂夫·比克(Steve Biko),且与非国大领导人纳尔逊·曼德拉不相上下。对于南非白人政界而言,这是一次直抵非洲黑人心脏的激动人心的行程。在回国的路上,皮克穿戴上了他在阿布贾购买的尼日利亚传统喜庆民族服装"dashiki"(颜色花哨的短袖套衫)和帽子,在飞机的尾部盘膝而坐,并要求随行记者们加入他,围绕着一个尼日利亚花瓶——由玛丽·德克勒克赠送——席地坐成一圈。他朝着花瓶伸开双臂,闭上双眼,开始诵念咒语和祈祷,他的南非白人在黑人统治下的南非大地上会找到一个新的家园和角色。

17 世纪中叶,荷兰、法国胡格诺派和德国先驱者抵达了他们期待已久的目的地,随后就在南非定居了下来,经过几个世纪的繁衍生息,其白人后裔人数已经达到 250 万。他们正在逐渐丧失权力,在将近 350 年的生存斗争中,他们与巨大的困难相抗争——首先是对战祖鲁人和科萨人,然后又反抗大英帝国。这种斗争是个漫长、孤独又充满艰辛和挫折的过程;在世纪之交的第二次布尔战役中,他们有 27000 名妇女和孩子在英国集中营中死去。

然而,他们成功创造了自己的语言和文化——融合了马来、非洲和欧洲影响因素的早年殖民化并存的混合体,在 1948 年抓住经济大权之后,英语在他们的生活中占据了越来越重要的地位。40 多年来,南非白人借助国家机构这面护盾——安全部队、公务员、教育系统和政府——得以生存下去,并希望能将这种状态永远延续下去。他们在非洲大陆上建造道路、机场、港口和现代化的基础设施,针对国际经济制裁寻找自己的出路以求获得核技术和导弹技术,并催生了非洲大陆最强大的经济实体。

此外,他们创造了有关他们自身和他们在非洲的地位的强大神话——因为这是上天注定的,这个"白色部落"在数以百计的黑人部落中如同犹太人一般获得了他们的"应许之地"。他们甚至还与上帝立约,每年12月16日,人们就会大肆庆祝他们的伟大胜利——成群结队的祖鲁部落终于在1838年的血河大战中被征服。我们只能用宗教奇迹来解释这个事实,530位南非白人对阵12000至15000人的祖鲁军队,居然没有一个人死亡。当然,这是一个表明南非白人是上帝选民的表征,他们在比勒陀利亚之外矗立起一块巨大的花岗岩移民先驱纪念碑以庆祝他们的传奇故事。

南非白人一直流传着数目繁多的历史和文化神话,对于任何外来者来说,最困难的任务之一就是评估这些神话的意义——有关南非白人自身以及它们的历史作用。他们都是德克勒克的人民,他领着他们经过长途跋涉到达了另外一个完全不同的旷野。他承诺这次不是分裂他们的国家而是建立一个由黑人统治各少数民族的统一国家。德克勒克甚至对在新南非中即将消亡的南非白人特殊身份大献殷勤,他身为那个族群之内的社会精英,其肩负的重任实属不易。以德克勒克为首的这支政党(1989年的选举之后)代表着少数白人选民,虽然他在民族党内的领导能力不曾遭受严重挑战,但他也意识到了一种局面已经严重威胁到了他的改革项目——威胁主要来自其政党以外的右翼势力,且这股力量正在逐步壮大。1991年底,和平进程因此而动摇不定。

南非白人政治辩论中最显著的一个特点就是从不坦率发表任何有关种族隔离的观点。南非白人的政治领袖在讨论"新南非白人"的未来时往往几乎不会碰触任何可能涉及的道德问题,即使他们是当代最可怕的种族隔离制度的建筑师、建设者或捍卫者。南非白人总体上似乎认为自己在道德上无可指摘,他们坚定不移地充耳不闻有关信息——三个世纪的殖民统治和种族隔离给非洲社会造成了严重破坏,而白人可能在某些方面对黑人有亏欠。

1990年11月,痛苦在一场为期5天的宗教会议上达到了高潮,会议的地点在比勒陀利亚往西的鲁斯腾堡(Rustenburg)。80多个教派的300多名教会领袖聚集在一起讨论种族隔离是否是一种"罪恶",甚至是"异教",如果是的话,白人该承担什么后果。最后这被证明是个戏剧性事件:这些是由荷兰改革教会的白人长老提供的高度情绪化的"供词"。这些证词被立刻否决,因为黑人认为其不真诚或者真诚度不足。但是,会议之后产生的《鲁斯腾堡宣言》(Rustenburg Declaration)却成了对于所有教会来说都极其重要的文件,尤其是对荷兰改革教会——它已经几十年如一日地赋予种族隔离以道德祝福。

该文件称,在部分事情上"我们承认自己有罪,承认我们的种族隔离政策中的异端部分导致我们的祖国遭受了如此极端的痛苦。我们谴责在意图、实施以及后果方面都是一种邪恶政策的种族隔离制度。种族隔离的实践和防护就像圣经和神学的合法化行为对上帝旨意的违背,对耶稣基督的福音的否定,一种阻碍我们团结在圣灵之中的原罪"。该声明接着告诫白人说他们必须付出真诚的忏悔和"实际赔偿"才能获得上帝的宽恕。"要是人们之间没有正义,就不可能达成真正的和解",教会领袖承认,他们中的一些人曾经"积极地误用圣经为种族隔离辩护,致使许多人相信它是上帝的惩罚"。他们甚至"坚持认为其动机是好的,尽管其影响是恶劣的",他们不谴责种族隔离是一种罪恶,还鼓励政府将它保留下来。

这份举世瞩目的宣言代表了荷兰改革教会思想的一个分水岭,即使德克勒克自己的多普勒教会不予承认。不幸的是,它对争论——南非白人在新南非的未来——没有任何影响。无论德克勒克还是其他任何南非白人的政治领袖都不曾提到它。事实上,德克勒克曾经告诉我,正如第三章讨论的那样,他并没有同意种族隔离是一种"罪恶",或者说不承认其创立者的意图是"邪恶"的。它只是未曾按照民族党设计师的规划找到原本为它量身打造的出路。因此,有关南非白人未来的争执——例如该争执围绕是否接受黑人多数统治或以某种白人的家园抗衡——的核心就变成了要么成为一个单独的国家,要么成为联盟成员之一(与其他占据统治地位的黑人团体结成联盟)。赞成建立一个独立的白人国家的构想一直在召唤同样的圣经神话——一如种族隔离的奠基建筑师创造的那样。他们对包含在《鲁斯腾堡宣言》中的新思维充耳不闻。

历史上,南非白人登上非洲大陆的传奇大迁徙开始于1835

年，在搜寻应许之地的过程中创造了延续至今的不朽神话，白人对他们的土壤和农场有着深情的眷恋。事实上，南非白人的整个早期历史全部都是有关他们通过条约、欺诈、战争和彻底没收等方式从非洲土著那里逐步接管土地的记载。南非白人认为由土地衍生的仇恨构成了他们冲突的情感核心，这段历史被铭刻在了移民先驱纪念碑的一面长长的墙壁上——描绘了皮特·雷蒂夫和他的手下的故事：1838年，他们在前往与丁安国王签署"条约"的途中被国王屠杀，条约的内容是在纳塔尔给予布尔人一大片土地。丁安是否曾真正同意割让土地仍然是个有争议的历史问题。《追踪历史的神话》(*Tracking Down Historical Myths*)的作者杰伊·奈杜(Jay Naidoo)提出了一个严肃的问题——有关条约源文件的副本的真实性问题，而其原本早就神秘消失了。无论在何种情况下，丁安所谓的背叛都得对祖鲁王国的毁灭负责：在1838年12月13日的血河大战中，南非白人获得了奇迹般的胜利，同时这些移民先驱收复了纳塔尔并在那里建立了另一个短期的共和国。南非白人对土地和廉价劳动力的贪得无厌导致了该国目前令人难以置信的资源分配不均，其中450万白人拥有87%的土地，而3300万非洲人只拥有余下的土地。

血河大战150年后，很显然南非白人有关土地的神话在今天看来仅仅只是神话而已。绝大多数南非白人已经失去了与土地的所有联系，并且早已不再从土地上获取直接利益。1948年民族党上台之后，南非白人大规模转移入国家官僚机构：在工作中，他们把手中的犁换成了铅笔；在身份上，他们从在土地上耕作的农民变成了公职人员。最终演变成了今天的局面，南非白人大多是城市居民和官僚公务员，多数供职于行政部门、邮局、学校、铁路及其他国有企业。据开普敦大学政治学教授赫尔曼·基利欧米(Hermann Giliomee)称，截至1977年，2/3的南非白人都在从事白领工作。在白人学校，母语为荷兰语的南非白人教师占了教师总人数中的绝大部分——共有72711人，而母语为英语的教师仅32087人；同时，在警察和军队中也同样是南非白人占主导地位。在邮局或其他任意各政府部委，很难碰到一个说英文的人；高级公务员几乎100%被南非白人垄断；1992年，22位部长中仅有两位——贸易和工业部长德里克·克思(Derek Keys)和能源部长乔治·巴特利特(George Bartlett)——使用英语。荷裔南非白人已经与土地完全失去了联系，其最直接的效应就是农业人口的下降。截至1992年，全国共有5万至6万白人农场主，他们中的大多数都是南非白人。即使他们都是南非白人，白人农村总人口也只能达到20万至30万人，大约占270万南非白人总人口的10%。此外，许多南非农民都是地主。这些南非白人非常怀念他们开创性的过去，很大程度上似乎都沉迷于举行周末派对或者烧烤，喝点儿起泡水果白兰地，或者假日露营。

　　南非白人神话的继承者还没有正式重新定义南非白人文化的内涵，也不曾来得及顾及自己的文化。1990年，秘密兄弟会的前负责人彼得·德·兰格曾说，因为新城市的崛起和规划，所以南非白人必须找到对自己的全新定义，并挖掘自己在非洲的新角色。南非白人现在的身份是非洲人，与其欧洲移民先驱——将人民想象成一个个独立的人——大有不同，所以他们不得不采取一种新的"包容性"观点。"南非白人的现状已经完全不同于往昔，因为他们已经城市化了,"他说道,"但是他们并没有意识到自己仍然局限在自己的独家意识的条框中。"意指南非白人对自身所下的概念——作为一种特殊的"选民"。德·兰格认为,城市化更易于对南非白人下定义,这对于他来说很重要。他作的定义如下:"南非白人是一个愿意在非洲创造他的未来的人。"他仍然拥有自己的文化,即使现在作为一个非洲人,也仍会想起他的文化或从前的自己。德·兰格似乎远远领先于南非白人的普遍看法,他们在1990年仍然拼命坚持"独家"概念——他们的欧洲起源和自己的独立身份。

南非白人的城市化呈现了严重的问题,他们在右翼势力政治运动中信奉"volkstaat"——意指单独的南非白人或白人家园。事实上,城市化已经严重破坏了他们的追求——历经"长途跋涉"抵达一个新的旷野。然而,这并没有阻止他们进行一些尝试。毫无疑问,建立一个白人家园的尝试——由温柔的蓄着小胡子的卡雷尔·博肖夫(Carel Boshoff)教授领导,他之前也是传教士,后来成了神学家——终将会失败。他发起了一场小型的文化运动,被称为"Afrikaner Volkswag",即"南非白人大众运动"。博肖夫一直是南非白人智囊团的中心,这贯穿了他大部分的职业生涯。70年代中后期,他担任南非种族事务局局长,同时在南非自由种族关系研究所专门研究南非白人的知识精英。他在秘密兄弟会担任了3年会长,于1983年辞职(民族党保守派分裂一年后)。博肖夫当时从秘密兄弟会中叛逃,与其他20多个志同道合的知识分子建立了他的"南非白人大众运动"。像博肖夫这样的南非白人纯粹主义者认为与非白人人种、有色人种和印度人"分享权力"的后果实在是不堪设想——天平开始倾向黑人多数统治。博肖夫和他的追随者们全力支持划分区域以保持一个独立的南非白人国家。

博肖夫一直是比勒陀利亚神学院的教授，1988年初离休后便专心致力于创造一个专属白人的家园。他并不是第一个梦想家。更早的尝试——转动这座南非白人风车——是由小亨德里克·弗伦奇·维沃尔德（父子重名）开展起来的。20世纪70年代末，小维沃尔德试图建立一种南非白人领航公社，就在德兰士瓦东南方向的莫干松（Morgenzon），约翰内斯堡往东125公里的地方。他的目标是打造一个"Oranjeland"（奥兰治家园），一个全民皆为白人的国家，他的支持者们都被称为奥兰治人或橙色工人。到了20世纪80年代中期，小维沃尔德已经吸引了2000至2500名白人加入他在莫干松的橙色工人社团。但他很快就发现他的计划有一个巨大的缺陷：他的追随者们宁愿选择依靠黑人劳动力干活而不是他们自己。所以奥兰治家园的力量被稀释，随处可见黑人的身影和他们挥汗如雨，且莫干松也形成了它自己的黑人城镇，源源不断地为白人家园的孕育建造输送劳动力。到了1990年，这项尝试已经完全失败，甚至南非白人狂热分子几乎从来闭口不谈这件事。

博肖夫在1991年初提出了一个拥有相同目标的不同策略。他认为南非白人建立起自己国家的唯一方法就是寻找一个人烟稀少的区域，在这片区域中即使白人人口不多，但最终也有希望能发展壮大。20世纪90年代初期，南非白人只占总人口的6.25%，因此维沃尔德首相的想法——将白人区域中生活着的黑人驱赶出去是根本不现实的。"你可以安置上百万人口,但前提是你得花费时间去安置他们,现在是 300 万,以后出生的会越来越多。"他说。小维沃尔德的想法是尝试在工业区成立一个白人国家,但这片区域中绝大多数是黑人,所以这个想法不切实际。

因此,博肖夫在开普省西北部的奥兰治河至卡鲁沙漠盆地之间选定了一块区域,这里生活着 12 万名白人,当然也有相对较少的非白人人种。这里有丰富的耕地、大量的水资源和一个出海口,还有一座宏伟的大坝确保电力的稳定供应。白人可以利用这片区域一展身手,发展新的高新技术产业和农业。最重要的是,他不会重蹈小维沃尔德的覆辙——引入大量黑人来工作。这次将全部由白人完成。"我认为这是可能的,我认为这是合理的,我认为这是公平的。"博肖夫说,他称他提出的家园为奥兰多。在他的设想中,这片区域将最终覆盖整个东部地区,其中大部分是半沙漠土地。但真的准备将南非白人从他们已经扎根的城市和郊区迁出,再经过长途跋涉到达到一个半沙漠的严峻环境中?"这是一个问题,"他承认,"这正在进行测试。"但博肖夫坚持认为,他的分裂主义的解决方案并不比德克勒克当时提出的方案疯狂,后者是一种以种族为基础的联盟,在这种联盟中白人需要承担失去独立身份的危险。

现实生活中的奥兰治村庄是博肖夫的奥兰治的核心,坐落于金伯利西南方 70 公里的地方,位于霍普顿(Hopetown)与彼得勒斯维尔(Petrusville)这两个小村落之间的道路上。它始建于 1968 年,最初是个临时村庄——80 位在勒鲁水坝(P. K. le Roux Dam)附近从事建设工作的工程师和技术人员及其家属的临时居住地,但村庄在1990年结束建设使命之后被遗弃。奥兰治村庄配备的基础设施相当不错,由博肖夫和29位志同道合的分裂分子在1990年9月花费160万兰特(约合567000美元)购置。它有一座大型水库,配有灌溉水源的循环系统、一所学校、一座大型娱乐中心、一座邮局、一个游泳池、几个网球场和沿着绿树成荫的街道搭建的80座不甚结实的房屋。

1991年2月,我第一次去村里,当时恰逢第6个家庭抵达这里。奥兰治村庄似乎更像一座破败的空城。其中68座房子的条件都非常好,可以立即入住,但其他12座房子在入住前则需要修葺。对于新到来的南非白人开拓者来说,一开始最大的问题就是驱逐60个有色人种家庭——他们一直居住在城镇后面,生活在半贫民窟的环境之中。村庄主管泰斯·菲克(Thys Fick)表达了明确态度——这些南非白人决定保持奥兰治村庄全部为白人居民,且他在一开始就拒绝与一位黑人记者握手并避免跟他面对面说话。

1992年3月,村里已经开展了相当多的生活内容,即使它仍然不曾涉及经济交易。这里有360名居民,并有大量白人木匠和泥瓦匠正在修建房屋。这些房子标价35000兰特,相当于当时的12400美元。村庄的骄傲和乐趣是它的"多媒体中心"教育系统,在这里每名学生都能使用电脑按照他或她自己的速度进行学习。根据丹尼·范·伦斯伯格(Danie van Rensberg)——一位退休的公务员同时也是城镇议会的成员——描述,只要是南非白人,并且全力支持"南非白人大众运动"的想法,愿意承担他自己的工作,奥兰治村庄都欢迎他们来这里接受南非荷兰语的基督教教育。但村庄完全不欢迎有色人种,即使他们的母语是南非荷兰语,甚至可能接受"南非白人大众运动"的思想。范·伦斯伯格断言,在这个全新的耶路撒冷白人世界中肯定不会有种族隔离,因为正如他说的那样:"这里将是唯一一属于南非白人人民的国家。"范·伦斯伯格也坚持认为白人必须自力更生,不能依赖于任何一种黑人劳动力。"如果一个民族不履行自己的义务,那它终将会亡。"他说。白人统治的南非必定会倒台,"如果它一直依靠非白色人种,又不给黑人提供平等的权利。你不能永远保持那种状况"。他认为,莫干松居民点的薄弱环节就是使用黑人劳动力:"如果使用黑人或有色人种劳动力,那么你就是在自杀。"

博肖夫仍然面临着一个问题,即物色愿意在类似奥兰治这种环境的地方工作的人们。1992年3月,村委会雇用了12至15名白人工人,每星期只支付他们200兰特(约合70美元)的薪水,并提供住宿。但提供的"住房"是之前有色人种居住的狭小房子,位于奥兰治后面,且年久失修,条件非常恶劣。1992年5月,2名白人工人逃离了奥兰治,并告诉媒体他们再也忍受不下去了。他们抱怨说,他们的待遇"像奴隶"。他们发现那里等待他们的除了艰辛别无他物,屋里只有硬板床——还是由房子上拆除的门板搭成的床。他们完全被社会排斥,镇上的居民像对待麻风病人一样对待他们。奥兰治似乎已经播下了阶级冲突的种子,因为它试图将有色人种替换成白人工人。一个白人很想知道还要持续多久居民才能再次呼吁有色人种来替代他们干活。

范·伦斯伯格不得不承认,他甚至同情奥兰治的南非白人农场主,并质疑其生存能力。村里没有工业,甚至没有轻工业,只有屈指可数的几家商店和一家餐馆。他说,整个城镇的基本生活来源就是养老金、居民存款和建立它的控股公司的补贴。奥兰治的第一笔正式预算(用于场地维护、供水系统、电力和管理)设定为每年46万兰特。居民支付全部开销中的30万兰特,其余由公司或博肖夫的"南非民主大众运动"支付。但是支出费用的增长潜力是巨大的,范·伦斯伯格坚称。"对于白人来说,阿扎尼亚的事业会越来越困难,"他评说道,由于黑人民族主义的名号将代表南非,不久以后会有大批的失业白人投靠这里。该城镇议会忙于为"成千上万"的新移民筹备羊、鸵鸟和鱼类养殖。毗邻奥兰治的第一块农场已经买下了。到2000年,奥兰治预期将有4000至7000居民。"我们有水源、土地和决心。"范·伦斯伯格夸下海口。

一对居住在奥兰治的美国夫妇蒂姆(Tim)和布伦达·沃恩(Brenda Vaughan)称"决心"是关键,他们来自加利福尼亚州的卡拉维拉斯县(Calaveras County)。在他们看来,南非白人拥有足够的资源。1988年,他们在移民至南非前,蒂姆一直推崇"这支在非洲中部的小型(白人)民族"。第一次在东德兰士瓦耕作后,他就被奥兰多的"加尔文主义的精神"吸引,他说。他对奥兰多实现目标的能力深信不疑,因为"南非白人是不屈不挠的。他们要么建立起家园,要么死路一条"。他们将围绕他们的圣经和宗教来布置车阵(圆环阵型)。南非白人就像犹太人,为何这么说呢?他的理由是,既然犹太人可以有他们的以色列,为什么南非白人就不可以拥有他们自己的家园?"犹太人在什么方面比南非白人更好吗?为什么我们不能拥有一小片沙漠并且独占它?"

1990年6月,来自暗中的不祥警告和正面"抵抗"已经开始,爆炸遍布整个比勒陀利亚——分布在垃圾桶、黑人出租车站、博物馆、多个民族党办事处以及一所学校（指定安置点，安置非国大400名刚刚从国外返回的流亡儿童）。1990年4月至7月中旬期间，约翰内斯堡附近发生了十几次爆炸事件，其中2名黑人死亡，48名黑人受伤。军械库和警察局中的武器也频繁被盗。布尔语（南非荷兰语）的自由派周报《自由周刊》在右翼势力极端分子队伍中安插了一个线人，随后在6月中旬公开刊登了一则新闻报道：一项刺杀德克勒克和曼德拉的计划正在进行。举报人简·约翰内斯·史密斯（Jan Johannes Smith）出于恐惧而不敢出席6月22日的记者招待会，但是编辑马克斯·杜·布里兹（Max du Preez）传达了史密斯交给警方的令人毛骨悚然的口供，披露了极端分子计划在曼德拉访美行程结束时用303步枪在简·史莫兹国际机场（Jan Smuts International Airport）暗杀他的细节。

这一切听起来似乎非常严重。警方逮捕了28名白人至上主义者，多年来他们一直利用《国内安全法》（Internal Security Act）无情对付反种族隔离的活跃分子——他们为一切行为都打上了正义的标签。自由主义者弗雷德里克·范·齐尔·史拉伯特（Frederik van Zyl Slabbert）成立了南非民主替代研究所并担任所长，认真对待白人恐怖的致命危险。据史拉伯特称，许多右派在警察和军队或他们的贮备中处于"战略地位"，以便直接获得武器。"在30天之内，你只需要12个人就能把炸弹安置在24个地点，制造出很大的麻烦。"1990年7月，他在一场外国记者的午餐会上警告说。这是一段可怕的时期，因为没有人知道在警察、各位官员内部是否怀有对右翼的同情以及对非国大的强烈反感，这将会打击自己的兄弟。

他们的夸大其词和置放炸弹完全是小丑行径，对于许多右翼势力领导人来说，他们似乎是某幕"自由斗争"舞台剧中的梦幻男主角。以皮特·斯盖特·鲁道夫（Piet "Skiet" Rudolph）为例，1990年，他是右翼势力最早的"自由战士"。他盗取了比勒陀利亚空军司令部的武器并且涉嫌参与梅尔罗斯馆（Melrose House）的复活节爆炸案，那里存放着1902年布尔人向英国投降的条约书。他还在多处地点投放炸弹，其中包括民族党的两个办事处、一栋黑人工会大楼以及布尔语新闻报纸《映像报》（Beeld）所在地。1990年3月，他转入地下活动和管理工作，以逃避抓捕。9月17日，他在潜逃了185天之后终于被捕。在此期间，他打了数通电话洋洋得意地捍卫他的各种行动——代表白人"自由斗争"的全新利益。他还录制了一个视频发给当地的新闻报纸和电视台，宣布对德克勒克政府"开战"。"如果真的有必要遵守军事销毁政策（军队撤退时销毁一切敌军可利用之物），那么就是现在。"他缓慢而庄严地说道。

鲁道夫自封为极端右翼恐怖组织——"布尔人秩序"（布尔人的政治自由运动）的司令，短时间内迅速成为新白人抵抗运动的主要标志。被捕后，他又采取了几次绝食行动以博取同情，要求被视为"政治犯"对待并获得释放，因为许多被囚禁的非国大成员在那个时候获得了释放。鲁道夫和其余5个被拘押的右翼分子绝食30天后，终于在3月30日放弃了他的宣传抗议。鲁道夫的律师曾发誓说，他就"快要死了"，因为越到最后越艰难，所以只得放弃绝食抗议。很显然，他还没有准备好为他的事业献身。

然而,并非所有白人至上主义者都像鲁道夫一样是演戏和虚张声势。曼德拉出狱后,一些白人极端分子对黑人采取了报复行为。例如,当时发生了一个事件,有两名来自纳塔尔北部理查德湾的男子戴维·皮特·博塔(David "Piet" Botha)和阿德里安·史莫兹(Adrian Smuts),他俩同属于"布尔人秩序"和南非新纳粹白人抵抗运动组织,也是"以色列愿景教会"(Israel Vision Church)的成员,坚信黑人是"没有灵魂的野生动物"。1990年10月上旬,一群黑人在德班市中心的街道上到处闹事并捅伤了一些白人,这令他们勃然大怒。10月9日,他们开车到德班以同样疯狂的方式——就像黑人之前的行为那样——对黑人采取了报复行动,并带来了更具毁灭性的后果。他们对着黑人下班回家时搭乘的公车随意开枪,炸死7人,打伤27人。1991年9月,博塔和史莫兹被判处死刑,审判他们的法官将二人的恶行描述为一次"冷血、可怕和残酷"的攻击。

另一个例子是亨利·马丁(Henry Martin)、阿德里安·马里兹(Adrian Maritz)和洛德·范·斯卡尔奎克(Lood van Schalkwyk),他们也是同一个恐怖组织"布尔人秩序"中的成员,1990年8月,他们在一个出租车站台埋下了一颗炸弹,致使15人受伤。所幸的是没有人员死亡。1990年10月,这三个人又发了一个包裹炸弹给尼克·克鲁斯(Nick Cruise)——一位在德班公司为非国大工作的电脑技术员。他太不幸了,打开包裹的瞬间就被炸死,他原以为包裹里装的是送来维修的电脑。

马丁、马里兹和范·斯卡尔奎克在当年11月被抓捕,他们在次年6月上旬采取了绝食行动以博取同情——旨在当局满足他们的要求：将其罪行贴上"政治"标签，这样他们将获得特赦。同鲁道夫一样，他们的律师多次报道他们"几近昏迷"，并随时有可能会饿死。当地媒体天天追踪报道他们病情恶化的状况并进行戏剧性的报道，特别是在马丁禁食超过63天之后。这在理论上意味着他正在敲响死亡之门，因为10个爱尔兰绝食抗议者在1981年死于禁食——就在他们禁食的第59至71天内纷纷死去。8月28日，政府做出了一个决定，那就是宁愿饿死他们也不会释放他们。随后曼德拉前往比勒陀利亚医院探望"在床上等死"的三个人，对他们表示出被误导的同情（曼德拉被他们的假象所蒙蔽），并支持他们坚持享有"政治犯"待遇的要求。绝食最后被证明是一场骗局，三个人曾秘密进食以维持生命。最终，他们在9月的第一周结束了绝食抗议，马丁和马里兹在9月13日获准保释。这两个恐怖分子从未受审。10月，两人使用伪造护照逃离本国，不久之后在伦敦被发现，但他们声称自己是要将安全部队"搞鬼戏码"的相关信息传达给非国大。

像马丁或马里茨这样半疯狂的右派分子不在少数，且其中不乏亡命之徒，他们中的一些人甚至还是保守党成员——身居体面的职位。库斯·博塔（Koos Botha），比勒陀利亚地区议会中的一个保守党副手，1992年5月曾为布尔语周刊《和谐》（*Rapport*）撰写了一篇文章，在文章中他承认1990年时曾在山景高中（Hillview High School）置放炸弹，用于对付从海外归来的非国大流亡儿童。为了炸毁学校，他从白人煤矿工人联盟处获得了15公斤炸药。在文中他还承认，他曾在芬特斯多普（Ventersdorp）和周边地区的邮局以及南非工会联盟的总部放置了炸弹。保守党内部的"气候"促成了他犯下这些恐怖主义罪行,他解释说,但是现在他并不倾向于采取这样的战术,转而青睐于与白人大众谈判。博塔说,党的领导人安德里斯·特立尼赫特在很长一段时期里都对他的活动了如指掌。

比博塔的滑稽行为更疯狂的是库斯·范·德尔·莫维和安德里斯·杜·图特(Andries du Toit)的行为,他们两个是来自约翰内斯堡郊区博克斯堡(Boksburg)的保守党市议员。1992年4月,他们在兰特秀(the Rand Show)上将一个水下爆破弹扔进了垃圾箱。这次年度展览暨博览会是规模最大的一次,参加的基本都是白人,因为兰特秀的入场门票相对昂贵。此次爆炸中共有9人受伤,其中包括3名妇女。投掷炸弹的人留了一张纸条称"白人之狼"(White Wolves)对爆炸负责,这是一个令人闻风丧胆的白人恐怖组织。该纸条称:"黑人恐怖行动是一个令人无比头痛的因素,但是比起白人的恐怖行动,它简直是小巫见大巫。"种族隔离可能最后会消亡,但在消亡之前它会存在很长一段时间,即"种族隔离万岁"时期。为什么他们会针对参加兰特秀的白人,这仍然是个谜,或许他们认为在那里制造事端将会扩大事态的影响。6周之后,9名恐怖分子中有2名成员落网,两人的身份是保守党议员,他们被捕的罪名是涉嫌卷入这桩爆炸事件以及其他爆炸事件,如发生在1991年圣诞节和新年假期的爆炸。

1992年初,右翼势力被分裂成近200个单元和小团体,部分原因是为了躲避警方侦查,还有一个原因是南非白人是出了名的好争吵和分裂。每次炸弹爆炸后都有许多新名称如雨后春笋般冒出来，贝鲁特（Beirut，黎巴嫩首都）和其他地方借用了一项伊斯兰原教旨主义团队曾使用过的策略，但是许多派别实际上是南非白人抵抗运动中的一部分。维姆·博伊斯（Wim Booyce）是南非右翼政治派别最好的分析师之一，他预测在目前的"临危状态"下至少有24或25支团体相当活跃。

南非白人抵抗运动的荣誉徽章是由3个阿拉伯数字"7"——为基督的宗教符号——组成的，看起来很像纳粹所用的十字记号（万字饰）。其成员身穿褐色和黑色制服，这也是从纳粹照搬而来的；他们的领导人尤金·特雷·布兰奇（Eugene Terre' Blanche）与希特勒一样被标榜为"我的领袖"。1990年11月24日，他们在路易·特里哈特实施了新纳粹战术，这给当地造成了极坏的负面影响，当时一群主日学校的孩子正在市政中心的草坪上野餐，15名南非白人抵抗运动的支持者用皮鞭和棍棒袭击了他们。警方没有采取任何措施阻止他们的暴行。直到1992年6月，攻击者们才被提取审讯，15名施暴者中有5人被判定有罪。他们被判处18个月的缓刑，并处罚款3000兰特。

南非白人抵抗运动的成员是纯粹的南非白人，即在其设备、人种和战术上全部启用白人的新纳粹主义者。它希望将土地——曾经构成了19世纪的布尔共和国（奥兰治自由邦、德兰士瓦以及在德兰士瓦北部的其他短暂存在的共和国）——继续控制在白人手中并且一直由白人统治。这不再是一个遥不可及的梦想，只要抵抗运动的成员更加狂热地对德克勒克进行要求和攻击，让他成为人民眼中的"卖国贼"。南非白人抵抗运动在当时似乎的确给德克勒克的统治权威带来了一个不小的威胁。1992

年,它吹嘘组织内部在全国各地至少有5000至10000名成员,主要集中在德兰士瓦和纳塔尔。其中,半军事化势力囊括的人数多达5000名男女,虽然他们公开展示其实力时很少超过500人。特雷·布兰奇喜欢自诩为老派的布尔突击队队长,每次出席公众场合都必定会骑马,且身穿骑马裤、棕色半军事化制服,还戴着一顶先锋队帽子。特雷·布兰奇经常酗酒,并且有一个人尽皆知的嗜好——婚外情,作为该国最大的右翼小丑,他是需要被解散的首要对象。

尽管布兰奇姿态古怪、行为滑稽,然而,他却是迄今为止最好的右翼演说家。他说话时仿佛旧约的先知,声音深沉而洪亮。他还喜欢发表世界末日般的预警——布尔人即将对非国大"共产党政府"揭竿起义。他承诺将在恰当的时机发起一场"革命",并称其为"第三次布尔大战",这是自19世纪两次抗击英国之后的又一次解放战争。"我们所要的就是建立布尔共和国——囊括德兰士瓦、奥兰治自由邦、纳塔尔北部和理查德湾,"他声称,"这全部都是我们的土地。"

此外,特雷·布兰奇并没有回避与德克勒克的警察的对抗。1991年8月9日晚上,南非白人抵抗运动中的新纳粹主义分子决定阻止总统在芬特斯多普的科曼多大厅(Kommondo Hall)进行演讲。特雷·布兰奇在德兰士瓦各地召集了2000名男子,他们全副武装,手持催泪弹、匕首、手枪和步枪以抵御警方的警犬、持枪侍卫以及绑上刺刀的武器。他们要面对1500名全副武装的警察,并且警方已经得到如果事情一发不可收拾就"格杀勿论"的命令。芬特斯多普战役(后来得此名称)从爆发到扩大战事,整个过程完全出人意料,当南非白人抵抗运动突击队行军至开拓者街道时停了下来,因为他们遇到了一条强大的警戒线。30分钟内,这里进行了一场激烈的徒手肉搏战,主干道上一片混乱并遭到严重破坏。当催泪瓦斯和硝烟散尽,有3名南非白人抵抗运动的成员死亡,另有36人受伤,他们成为"第三次布尔战争"的直接受害者。7名警察也被打伤,数人被炮火波及。当时的南非白人抵抗运动"秘书长"斯盖特·鲁道夫——他曾与特雷·布兰奇一起带领了游行——公开宣称"此次战役"标志着白人政治中一个不可逆转的转折点。

右翼分子并未对芬特斯多普的对抗给予过多关注,但对德克勒克的改革却产生了激烈反应,他们认为投票箱才是第一位和最重要的。1992年2月19日,距离南非民主公约大会开幕式只剩下不足6周时间,在波切夫斯特鲁姆大学举行的递补选举中,德克勒克的民族党遭受了沉重打击。选举的结果震惊了德克勒克,因为这意味着他的白人追随者抛弃了他。保守党候选人安德里斯·贝耶斯秘书长获得了56%的选票,这个比分让人大吃一惊。听到这个结果后,德克勒克在当天晚上决定做出一个巨大的政治赌博:他将发起一场有关改革的全民公投,并且与非国大进行谈判。德克勒克不惜一切代价,甚至赌上了自己的政治前途,宣布如果公投失败他将辞职。第二天中午,德克勒克最终在政治大冒险中赢得了全面胜利,他的内阁和民族党党团都将给予其支持。

德克勒克证明了自己在阵营中依然保持着高支持率。他享受着大冒险和高风险的乐趣。此次竞选活动主导了3月17日的全民公投,在对待近300万白人选民时,德克勒克表现出了其高超敏锐的政治才干,颇具王者之风。德克勒克指挥了一场全面的、美国式的、满足人民需要的运动,这场运动的宣传闪电般地出现在了电视和新闻广告中,以及街头海报、大量的贴纸和彩旗上。他得到了白人社会中最流行的歌手、演员、艺术家和运动员的支持,这些人在公共场合都展现出了对他的拥护。他呼吁白人社会热爱体育运动,并警告说如果他输了,那么南非与即将前来访问的澳大利亚和新西兰橄榄球队之间的比赛——十多年来的首次比赛——将会被取消。南非将再次成为世界的弃儿。德克勒克的行程表安排得满满当当,夜以继日地访问各个白人团体。他无数次在公众集会发表演讲,同时也去养老院和退休庄园、购物和文娱中心、商务午餐会、大学校园和小村落。他的访问行程马不停蹄,有时一天涉及十几个站点。最引人注目的一次大概是他骑着一辆装饰成派对色彩的摩托艇现身军事重镇地区的湖畔购物中心时,在简短的讲话之后,德克勒克开始巡视各个商店,簇拥在他身边的是许多金发碧眼的南非当地白人母亲和孩子,他们不停地与他握手。毫无疑问他是一位完美的政治家,只是在公投期间暂时处于休整状态。

民族党还表明它已经从美国战术的负面广告中吸取了教训——通过发起一场对保守党的全力以赴的攻击,将他们刻画成种族仇恨、落后、暴力以及内战的党派。保守党的选择绝对是"不堪设想",作为德克勒克前辈之一的约翰·沃斯特曾经这样说道,当时正在试图推进白人朝着改革前进。民族党人抓住保守党与南非白人抵抗运动的竞选联盟,试图给对手刻上"恐怖主义"促进者的印记。正如在美国的竞选中大多趋向于真实性一样,对现状——德克勒克呼吁白人实现和平与和解的崇高希望以及保守党对活在大多数黑人统治之下的恐惧——根本就不存在任何真正意义上的问题磋商。

公投结果证明德克勒克和他的党派取得了一次壮观的胜利：他的政策在将近280万参与投票的选民中获得了68.6%的支持率，而其中85%为注册登记选民——这将成为最高的得票率，前无古人后无来者。结果表明通过保守党的挑战，民族党可以调动什么样的有效选民。德克勒克欣喜若狂，将本次结果看作对他领导能力的巨大支持。这是"全新南非获得真正新生的日子"，他站在开普敦总统办公室背后的花园阶梯上公开发表了这番言论。"今天，"他宣告，"我们已经停止了种族隔离。这样的事并不时常发生——一个民族中的一代人能得到机会超越自己。"另一方面，非国大的官员被整个公投景象吓坏了。他们第一次看到德克勒克如此善于控制形势以及他的政党能在竞选中发挥得如此出色。突然，他们意识到与民族党展开竞争的时刻到了。

德克勒克的公投胜利迫使保守党从政治舞台上和复议的整个议程中全面撤退。6月27日，在比勒陀利亚召开了一场"特别股东大会"，此次会议标志着民族党在其防御白人霸权的后卫战争中的又一个分水岭。首先，保守党脱去了伪装，即他们不再捍卫所有白人的利益；同时，他们的自我定义选区缩小到了只有南非白人（他们觉得，大部分讲英语的人已经在全民公投中投票给了以黑人为主导的单一制国家）。另一个重大变化是维沃尔德的大种族隔离制度放弃了将整个黑人族群分割为10个小家园的计划——这10个小家园将使得白人保持全国87%的大部分土地。

显然,2/3 的白人选民不再对这样的废话买账。

在其意识形态和地域的尝试中,保守党试图取代旧的种族隔离梦想。于是,保守党领袖们提出了一个高度不切实际的想法——在一个全新的人民国家的基础上设定 39 个区域,而在这个国家中民族党已经在公投中赢得了绝大多数白人选票。然而问题是这些区域都不相邻并且几乎所有区域都为农村,难道要创造一个稀稀落落分布得如同美洲豹花斑一样的白人国家吗?保守党的计划听起来就像黑人家园的翻版(只不过这些家园是零散分布着的),如同博普塔茨瓦纳被划分为 7 块一般,从北部的博茨瓦纳(Botswana)边境延伸到塔巴恩楚(ThabaNchu),布隆方丹往东 60 英里的地方。至于如何将白人家园计划变成经济上可运转的实体,目前还不太清楚。

代表大会结束后,安德里斯·特立尼赫特告诉我,39 个选区应被视为"核心区域"且四周环绕着其他白人领地,而环绕着的这些领地将被计入并扩充为选区的土地范围。他还向一个南非白人记者保证,支持建立这个家园计划的人比 39 个选区的那些支持者要多得多,其中包括德克勒克民族党的许多支持者。他的愿景显然是在白人民族大众和其他以种族为基础的黑人"国家"中建立一个松散的联盟或联邦。这样的国家中不会有中央政府和立法机构,但这些小国会在经济上相互依存。保守党虽然承认"过去的南非"是个失败的例子,但他们仍然执着于南非白人的神话——是神圣的天意创造了人民,因此他们有权独立存在,即使国际社会一致认为"只有部落社区才可被确认为'人民'且有权要求自我决定",这个党宣称。

保守党建立白人家园的新梦想遭到了四面八方的批评，但最严重的批评还是来自自身内部。在大会上，安德里斯·贝耶斯带领着5位高级代表给大家分发了一份文件——建议采取稍微现实一些的白人家园方案。贝耶斯和他的研究小组被称为"新右派"，提出了将国家划分为9至10个区域或者州的方案。南非白人将会得到德兰士瓦北部（保守党在这片区域中赢得了全民公投），而比勒陀利亚或将成为其首府。南非白人和有色人种可能将围绕开普敦组成第二个州，范围从开普省一直往北直至阿平顿（Upington），新右派建议说。其他州可能将会进行类似的种族定义，除了以约翰内斯堡为首都的位于中心位置的"世界主义的州"。

在大会开始之初，贝耶斯被剥夺了其在党内的职位，因为他用种族隔离的陈旧观点顶撞领袖。但贝耶斯早已为他的计划寻求了足够的支持，他找到了平庸却强硬的保守党领袖特立尼赫特——后者决定避免在这场特殊的会议上摊牌并且推迟自身对委员会的提案表决。但是在1992年8月13日，特立尼赫特曾希望避免的内部分裂终于还是发生了。贝耶斯和他的4个追随者从党内分裂出去并成立了自己的"Volksunie Party"（人民联盟党），该党派愿意与非国大和其他黑人政治团体进行谈判，以期在黑人统治下的南非中寻求一块"白人飞地"（被包围的领地）。之前从未有过右翼团体同意与非国大举行会谈。贝耶斯是一个接受现实的保守党成员，他承认以白人为主导的区域或者州也许将会成为更大的黑人统治联盟的一部分；此外，稍后将就其自己的主权问题进行谈判，如果这是曾经的事实。同样令人吃惊的是，

1992年以后,贝耶斯称他的党派已经放弃了对南非白人的种族定义。他说,一个南非白人并不是一个欧洲白人,而是一个"文化团体"(吸收了相当多以英语为母语的人种和有色人种的文化融汇而成)的成员。南非白人定义的标准是在语言、文化和历史的基础之上他或她是否会感受到归属感或一种"欢聚"感。作为从前的保守派,贝耶斯肯定会为白人绘制新的版图领域。虽然他的人民联盟党只是一个小小的分裂集团,但它仍然是一个破裂的保守世界的组成部分,无论德克勒克还是非国大都可以与之对话。11月19日,贝耶斯与曼德拉的会面成了一次象征性会议,标志着保守党开始寻求白人救赎的一个新方向。

1992年中期,右翼对德克勒克威胁的力度和虚弱似乎都很明显。并非所有威胁都只是咆哮,但这些威胁也不足以拉响严重的警报。由南非白人抵抗运动及其志同道合的盟友构成的主要威胁之一是恐怖主义,而不是精力旺盛的反革命。南非白人抵抗运动是爱尔兰共和军的一个苍白无力的翻版,甚至它避免被检测和其炸弹投掷成员被逮捕的能力仍然值得怀疑。其中并没有一个整体的指挥结构,在右翼团体全新的名单中曝光了各个团体极具异国情调的名号,比如"Afrikaner Volkstaat Beweging"(南非语,意为"南非白人民族运动")和"Boere Republikeinse Leer"(南非语,意为"南非共和军")。此外,在1992年3月的全民公投之后,无论南非白人抵抗运动还是保守党都无法假装能获得道德授权来代表多数白人进行言说和采取行动。最终这些结果完全破坏了武装抵抗在道义上的任何合法性——右翼势力原本以为他们在白人群体中享有的权利。那些崇尚白人家园的人、那些叫嚣着抵抗斗争的人似乎严重错估了白人社会的情绪。他们无法逃避现实——69%的白人赞成德克勒克的改革，支持与非国大进行谈判。

公投过去很长一段时间后，南非白人抵抗运动陷入了沉寂。这种沉默部分原因是警方持续有效地渗透着白人右翼恐怖圈。维姆·博伊斯称，据他所知，在西方国家中从来没有警察能干得如此漂亮。根据他的计算，警方在抓捕恐怖主义行动的过程中的成功率为83%。1992年5月29日至30日，在克莱克斯多普（Klerksdorp）举办了一场右翼团体特别代表大会，尤金·特雷·布兰奇试图召集他那些萎靡不振的追随者并统计人数。近90万名白人投票反对公投，他提醒他们，反对票总人数超过了非国大的70万名成员和共产党的2.5万名成员的总和。"我们准备将我们的生活奉献给圣坛，为白人家园而战。"他说道。但他的革命完全是虚张声势，回响极为空洞。特雷·布兰奇的势力可能苟延残喘地活下去，等待某天东山再起、卷土重来，但他重建昔日布尔共和国的梦想只是纯粹的幻想而已。博伊斯得出的结论是，即使黑人恐怖主义在白人近郊浮出水面，右翼恐怖主义也只是一个问题。然后，他说道，一个国家的"贝鲁特场景"——被瓜分成不同的区域并由各种不同的民兵组织进行控制——可能会产生效果。当然，他所指的仅仅是南非的白人城市、城镇和郊区将成为四面楚歌的飞地——被多数黑人居民包围。

1993年4月10日，历史上迎来了白人至上主义者最无法无天的游行示威。这一天，一位波兰移民——同时也是南非白人抵抗运动的成员——雅努兹·瓦鲁斯(Janusz Walus)走到共产党领导人克里斯·哈尼的家门前(位于约翰内斯堡郊区的博克斯堡的主要白人聚集区)并将其击毙。哈尼,"民族之矛"的前任高级指挥官,是一位城镇青年英雄,他的死显然意在引发黑人的愤怒和暴行的动荡,势必打算将谈判淹没在一片血海之中。但这样的意图并没有实现。在哈尼被暗杀几个小时后,瓦鲁斯就被缉拿归案,警方也很快一网打尽了其保守党的重要成员克莱夫·德比－刘易斯(Clive Derby-Lewis)和他的妻子盖伊·德比－刘易斯(Gaye Derby-Lewis)——作为一名著名的右翼活跃分子,她被怀疑为主谋。数万黑人走上街头抗议哈尼被杀害。曼德拉和德克勒克慷慨激昂地再三请求群众保持冷静,非国大与政府即使没有完全在一起但也工作在平行阵线中,设法将最近才恢复的谈判保持在正轨上。哈尼被暗杀是对所有南非人的一个可怕警醒——真正的个人危险,比如瓦鲁斯和德比－刘易斯对如德克勒克和曼德拉这样的国家领导人的人身安全有威胁。他们将秘密刺杀两位领导者,至少要暗杀其中的一个。局势看上去越来越有利于黑人掌权了。毕竟,1960年,维沃尔德首相已经被一个冒充刺客的人一枪射穿颈部,并最终在1966年的议会上被一个真正的刺客砍死。这样的政治悲剧在南非已经有这么可怕的先例了。人们只能希望下一个对象能得以幸免。

第十一章　一步之遥

1992年5月，当南非民主公约大会沉寂了4个月之后再次恢复时，爆发了两起丑闻，严重削弱了德克勒克的影响力。第一桩丑闻涉及发展援助部门的大规模贪污、盗窃、贿赂和浪费，该部门的职责是负责提升黑人在家园中的惨淡处境。这桩反映出政府对待黑人贫困的普遍态度的丑闻通过一项官方调查被揭露，并于5月7日（就在第二届南非民主公约大会即将开幕前一周）在议会上被公开。事实上，自去年9月13日起，该报告就一直秘而不宣，以便有时间提起刑事诉讼——将依据不同罪名把11位官员送上法庭；1992年5月，没有任何人被裁定有罪，其中9人在听证会之后被判无罪释放。

在调查中，审判长得出了一个毁灭性的结论，即其对相关特定部门公务员的态度："官员有足够的理由去相信，如果你在偷盗时被人赃俱获，你只需要归还原物，那么未来将什么事也不会有。但如果你没有被抓住，那就算你走运。"基于几项早期的调查研究，我们有充分的理由怀疑以上所述这种风气也在南非白人主导的公务员中盛行。法官一直无法确定被偷盗和浪费的钱财总额，但认为金额即使没有上亿也至少有千万兰特。该部门是"如此病入膏肓……当时已经到了关门的时候了"。法官下了结论。德克勒克至少曾做到这一点——在10月时（即他收到报告1个月之后）撤销了整个部门。

数百个移动厕所上的电视画面强力曝光了腐败的范围，这些移动厕所位于德兰士瓦东北部勒特斯特勒（Letsitele）小镇附近的一块空地上，且周围没有任何房屋；这是一个骗局，两个发展援助部门的员工自己设计了这些厕所并为该部门创造了1500万兰特的价值。不甘示弱被电视抢了风头，5月10日的《星期日时报》刊登了一则头条图片新闻——一块空地上安置了许多移动厕所，通栏上的大标题赫然写着"厕所小镇：民族党错误统治的著名地标"。

该报道严重损害了政府的形象，因为所有资金贪污和公款挪用都发生在德克勒克手下的两名高级谈判代表身上：宪法事务部部长格里特·维利欧恩，他曾在1985年至1989年间担任部长；以及斯托菲尔·范·德尔·莫维，他于1989年至1991年间担任发展援助部部长，当丑闻爆发时身任民族党秘书长。后来人们发现，维利欧恩拒绝在他的部门进行一次独立的外部贪污调查，他仅仅只是被解雇，根据维利欧恩的助手称，"大约有10名"官员涉嫌资金挪用。5月4日，丑闻爆发前3天，德克勒克宣布将由其助手鲁洛夫·迈耶（Roelof Meyer）接替维利欧恩宪法事务部部长的职务，任期自即日起至6月1日。维利欧恩将遵从医嘱进行为期 1 个月的休息。他的心脏病轻微地发作了，有人说这是因为谈判过度操劳所致。然而，却没有人怀疑这是因为腐败调查结果被解除了职务。相反，维利欧恩还被任命为"国家事务部部长"，当然除了协助德克勒克谈判之外并未被指派任何具体职务。彼得·索尔是议会中的一名民主党成员。5 月 11 日，他在议会辩论期间总结了许多南非民众的共同感受，那就是德克勒克的部长们就"像依附于办公室的藤壶（不事生产），过着高贵的生活"。208 在第二届南非民主公约大会的新闻发布会上，当被问及对政府腐败的感受时，德克勒克耸了耸肩。他说，世界上每个政府都有丑闻，甚至美国政府也不例外。尽管如此，国家总统仍然试图举出一个具有干扰性的先例并致力于开脱其内阁内的部长们的所有罪行。未来有一天，当类似的大规模腐败发生在黑人部长中时，白人又将会说什么呢？

另一桩丑闻涉及不止一具可怕的骷髅（他们死于种族隔离的暗杀）——1985 年 6 月 23 日，4 名著名反种族隔离活跃分子被刺杀。当晚 4 人在返程途中路过伊丽莎白港口附近时，他们的车被警察的路障阻截了下来。自此再也没有见过 4 个大活人，几天后在旁边的道路上发现了他们的尸体。这起暗杀事件引发了全国性的抗议和示威，从而导致全国进入紧急状态。博塔政府从未采取任何抓捕凶手的行动，德克勒克政府也未见行动。1992 年 5 月 8 日，一份亲非国大的周刊《新民族》(New Nation)刊登了一则 1985 年 6 月 7 日的消息复印件——这则消息是由国家安全委员会（相当于美国政府的国家安全委员会，只是增加了警察的权力）从其伊丽莎白港的办公室发往比勒陀利亚总部的。它声称是克里斯托弗尔·范·德尔·维斯特赫伊曾（Christoffel van der Westhuizen，委员会的东部省指挥部领导人）与范·伦斯伯格（van Rensberg，比勒陀利亚秘书处的一名成员）上将的电话讨论内容摘要。该文件当时被称为"信号消息"，其中提到了3名克拉多克（Cradock）活跃分子的姓名——马修·戈尼维（Matthew Goniwe）、马布勒罗·戈尼维（Mbulelo Goniwe）和福特·卡拉塔（Fort Calata）；尽管可以预料到"当地和全国的"普遍反应，但他们仍然建议应该将其从紧急事件中抽离出去。3人中的马修·戈尼维和卡拉塔是两周后被发现的4名遇害者中的两人。

该文件随后被追溯到亲非国大的特兰斯凯家园的领导者班图·霍洛米萨（Bantu Holomisa）准将身上，他公开了他所收到的相关信息的匿名邮件。"信号消息"证实了对黑人社区的最坏猜测——他们的安全服务活动一直以来被怀疑与其余60多位已逝的活跃分子（在1981年至1989年间被相继谋杀）有关。然而，令德克勒克最尴尬的是，当时范·德尔·维斯特赫伊曾还担任着军事情报处（MI）的参谋长。由于军方从未质疑文件的真实性，该启示立即引发了许多问题——那些在国家安全委员会中任职的其他高级官员和部长们，他们从20世纪中期工作到现在到底发挥了什么样的作用，包括总统本人也受到不少质疑。

再一次，德克勒克竭尽全力控制住了强加于他的政府的最新政治破坏。在《新民族》披露内幕的同一天——霍洛米萨给他发送了一条信息之后，德克勒克要求对这项指控进行司法调查。他还发表声明说："政府能识别并掌控任何被指控的行为，但是经过内阁和国家安全委员会讨论后认为，这一情况或类似的事件却并不存在。"任何暗示这几名死者是"按计划或被批准谋杀"的言论都是缺乏事实依据的,他说。

但是这些言论对德克勒克的改革派形象已经造成了损害,这两桩丑闻给非国大及其盟友搭建了最佳跳板,两者可以借此机会发起一项旨在诋毁、削弱德克勒克的运动。5月13日,第二届南非民主公约开幕前两天,由非国大、共产党和南非工会联盟组成的"三方联盟"举行了一场会议,他们在会议中发表了一份声明,宣称突然涌现的轻率丑闻构成了"政权最终落入道德沦丧的症状"。德克勒克不再适宜担任最高领导人。非国大在另一份声明中坚称,唯一的解决办法就是让整个德克勒克政府辞职并让位于统一的国家临时政府机构。

在这场宣传大战中,政府与非国大的谈判人员争前恐后地拼凑出一揽子解决协议,期待它们能在第二届南非民主公约大会中得到批准。尽管德克勒克与曼德拉在第一届南非民主公约大会中存在冲突,但在1992年2月初,他们的助手和工作委员会的大部分主要成员都回到了工作岗位上。去年9月的几条政府宪法提议达成了妥协的基础。但奇怪的是,相对于非国大急于达成协议的态度,德克勒克反而不慌不忙。这堆协议涉及一组环环相扣的协议——建议在国内通过两个阶段的过渡期并最终建立一个新的政治秩序。在第一阶段,将从南非民主公约的代表团中指定任命19名成员组成一个多方的"过渡时期执行委员会",使所有政党都能"公平竞争"。委员会将被赋予"必要的权力"为选举做准备,同时替4个敏感板块制定政策,这4个板块分别是地区和当地政府、财政、法律秩序和防御措施。只要有可能，决策将采用协商一致的方式决定，万一进入投票定局——委员会80%的成员都同意一项给定的决定——那也足够了。他们还决定成立一个独立选举委员会负责监督"自由和公正的选举"，同时邀请国营的南非广播公司出任特殊的媒体委员会，确保所有党派都处在公平状态中。在第二阶段，将会举行一次普选并选出一个临时议会。在这次普选中，所有参选政党都将赢得选票，最低的得票率大概在3%至5%之间。该议会将有权撰写一部新宪法并通过正常立法。参与选举的一半成员是国家议员，另一半来自地方，这样就能确保地方性小党派也参与其中。所有这一切的先决条件是制定一部在过渡时期治理国家的"临时宪法"，要么通过修改现行宪法，要么通过撰写一部全新的宪法来达成这个先决条件。

最终证明这项宪改方案太复杂，以至于它的编撰者们很难向记者解释清楚它将有什么作用，更遑论普罗大众。非国大的首席谈判代表之一博塔·姆贝基称在第二届南非民主公约大会召开前夕，将可能会出现两个临时宪法，两者分别对应过渡时期的两个阶段，但他也不能完全确定。或许没有人能完全确定。显然，这样的安排很混乱，将他们绑在一起意味着以后可能会产生很大的麻烦。事实证明，政府与非国大双方将继续在第一时间通过公约在他们的谈判立场上做出相应的改变。这样，也就难怪第二届南非民主公约大会代表了一个绝佳机会，即以"打破僵局"收尾。《星报》的政治作家肖恩·约翰逊（Shaun Johnson）发表了一份声明，描述了上周谈判过程中不断变化的状态——他们在"突破"和"僵局"两者之间摇摆不定。第二届南非民主公约大会召开前夜,姆贝基称笼罩在公约上方的"天气"是"温和与公平中潜伏着暴风雨的威胁"。他的预测最后被证实是再正确不过的了。

果然,5月15日,当228名代表再次聚集在世贸中心时,整个会议被笼罩在一片危机气息之中。在其他悬而未决的问题里,政府与非国大一直无法就"特别的大多数"的规模这个问题达成一致。因为这个问题需要制宪会议批准某些基本问题,例如宪法的变化或者未来区域结构的权力。非国大一直坚持达到66%的比例即为多数,政府则认为要达到75%,而其他所有党派坚持的比例与后者是一致的。与此同时,包括非国大在内的所有党派都同意通过一个《权利法案》(*Bill of Rights*)。自由的民主党做出了明显的妥协——只要达到70%就能将所有重大制宪问题的批准一刀切。谈判还涉及新政府的提议——在第二届南非民主公约大会召开前两天才提出这个建议,提议成立一个第二机构或参议院作为临时议会以批准该国的最终宪法。政府谈判代表坦言,他们使用参议院作为筹码强制非国大做出了另一个让步,即"特别的大多数"必须达到75%的比例才能通过宪法的所有重要部分。

在第二届南非民主公约大会召开之前,各政党一直在尝试从僵局转入突破。前一周经过长时间的磋商,谈判代表们的脾气磨损得很厉害,四处弥漫着巨大的紧张氛围。1992年中期,曾一度担任维利欧恩副手的特尔蒂乌斯·德尔波(Tertius Delport)也跟随维利欧恩一道领导了德克勒克的谈判小组,在谈判期间他一直经受着流感和咽喉炎的侵袭,情绪低落,整整一个星期都睡眠不足。非国大的官员指责说他变得不可理喻且性格暴躁,已经不能再胜任谈判工作。民族党的谈判代表斯托菲尔·范·德尔·莫维则力求在上午的新闻发布会上展现出最好的一面,他指出这些天来每个人都生活在各种戏剧场景中,这样的剧情是由谈判中的各种状况衍生出来的。范·德尔·莫维披露了德克勒克政府的要求:首先,该公约必须同意制定一部完全成熟的临时宪法;其次,"特别的大多数"的比例需要达到75%才能批准有关地方政府的所有问题;最后,由第二院组成临时议会并赋予其授权以批准最终的宪法。此外,他认为这将有可能要花费"数月相当长的时间"进行谈判才能出台一部临时宪法。"我可以向你保证,我们在7月时肯定还不能达成一部临时宪法。"他说。7月份非国大自行宣布了截止日期——通过把提议的"过渡执行委员会"投入使用,开启了权力移交的整个过程。

范·德尔·莫维提供了一份声称是让步的声明:在非国大提出的截止到7月的最后期限内,政府愿意让议会通过立法修改现行宪法以允许过渡执行委员会开始投入运作。但是非国大看出范·德尔·莫维的"让步"其实是个陷阱,除非立法是这一揽子协议的一部分,否则一旦有黑人入席比勒陀利亚,政府就会拖延整个过渡进程。非国大和其盟友进入了预备会议,而其他南非民主公约的代表们则不耐烦地在自己的座位上等待程序的开始。德尔波显然在某一刻被激怒了,他冲进新闻发布厅宣布:他没有看到"在那个阶段"会有进一步的谈判。"我要回去向非国大寻求一个答案,"他语带戏谑地说,"如果回答是否定的,那么我明确声明,他们不想南非民主公约获得成功。"几个小时后,西里尔·拉马福萨从党团房间出来发表了一份非国大的最终提案:非国大同意"特别的大多数"比例为75%,但前提是如果在6个月之内未达成任何有关宪法的协议,那么政府就必须同意就所有未决问题举行全民公投。此外,公投必须得到 2/3 的多数人批准,反过来,德克勒克认为这是一个陷阱。他认为非国大必须做的所有事情就是等待 6 个月,然后再举行一次一定会赢的公投并批准自己的宪法。双方再次陷入了僵局。

第二届南非民主公约大会最终推迟了 5 个小时召开,所有代表们都直面着冷冰冰的失败前景。大家集体凝神屏息,想看看曼德拉与德克勒克在第一届南非民主公约大会猛烈交火后将如何在此次会议上打破僵局。两名主持会议的法官曾巧妙地设计了一个计划以防止出现一个令人厌恶的僵持:他们故意将两位领导人的演讲推迟到了隔天早晨,并要求他们当晚凑在一起为绝境寻找出路。所以,在听完民主党领导人科林·埃格林(Colin Eglin)的恳请之后,两位领导人开始在一起集思广益,对于会议延期一事,无论德克勒克还是曼德拉都没有提出异议。"我不相信差异会如此之大以至于德克勒克和曼德拉在这里不能解决它们。"埃格林恳求着。德克勒克取消了原定的新闻发布会,那天下午曼德拉对德克勒克的调停相当意外。

那天晚上发生的事情展示了两个人的智慧,以及他们能力的极限——代表各自的组织达成一个决定性的协议。相对于随心所欲的个人风格和处理工作的方式,这次会谈利害攸关的问题太复杂,利益和当事人也过于多样化。双方都意识到,所有他们能做的就是阻止谈判脱轨。与各自的代表团协商后,曼德拉与德克勒克在那天晚上相约喝咖啡并讨论前进的方向。从第一届南非民主公约大会召开到现在,这是两人第一次私下面对面谈话,在他们沟通了大约1小时后,德尔波、迈耶和拉马福萨加入了他们的谈话并聆听了他们的探讨内容。双方一直无法找到解决宪政僵局的折中办法,但是一致认为有必要撑起门面以避免公开对抗。曼德拉与德克勒克没有互相进行人身攻击,但是各自都清楚地陈述了其代表的立场。他们同意按照第一届南非民主公约大会演讲的相反顺序来进行第二天早上的演讲,这意味曼德拉这次将作为压轴人物发言。

德克勒克似乎急于反击这些反复的指控——他的政府正在寻求一切手段在过渡期间乃至以后维持一种少数否决的状态。"这是不正确的。当我们说废止种族隔离制度的时候,这意味着我们说一不二。"他坚持强调道,重申了他在3月公投之后的简洁陈述。但是德克勒克继续用南非荷兰语解释说,南非白人人民想要"放心,即能确保他们的生活空间将是安全和受保护的,这种形式的统治永远不会被另一种形式的统治取代"。政府、民族党和"许多其他代表团"将坚持"适当的制衡",就如同美国开国元勋们做的那样,确保"多数派将永远不会滥用权力去主导或损害少数派的利益"。德克勒克的底线是,南非白人不会允许南非的多数黑人建立一种"简单的多数主义"(即赢家通吃)的选举制度。即使临时宪法也马虎不得,必须办得牢靠,否则这可能导致错误并花费我们很多人力物力财力,显然这里的"我们"主要是指白人。

曼德拉的演讲是慎重的,并且更加富有政治家风度。通过强调所有问题都已经达成协议,他试图驱散笼罩在会议上空的阴霾。他采用辩论家的战术,一个接一个提出那些问题然后反问:

"在场有谁反对这样做吗？"但随之而来的沉默造成了错误假象——达成的协议比人们实际知道的数量要多。曼德拉以一句对德克勒克的警告结束了演讲："现在到了你应该真正跨越卢比孔河的时候了，你必须清楚地知道少数白人统治的时代已经一去不复返了。"第二届南非民主公约大会就这样草草收场了，自那以后宪法和政治就一直笼罩在阴霾之中，没有人知道接下来会发生什么。

迅速谈判解决的幻想已经破灭，双方已经意识到这一点的人不在少数。目前还不清楚有多少零碎问题有待统一寻求解决办法，德克勒克评论称局面看起来"像一个拼图"。当记者问及德克勒克是否准备跨过卢比孔河时，他开玩笑说："如果回头看，我肯定早已看不到卢比孔河了。"但是相信他的人寥寥无几，而且信任他的人肯定不会在非国大的阵营之中，当然也不会是喜欢评论的《星期日时报》编辑肯·欧文（Ken Owen）。第二天，欧文在他的每周专栏中发问："如果他们不接受公投中的多数派（得到超过 2/3 的票数）代表高于一切的人民意愿，那他们还能接受什么？答案很明显，是一种阻塞机制。如果白人（或南非白人）察觉到了一个致命的威胁，他们必然会采取手段阻止它。到最后，白人不会服从他们将受制于多数黑人统治的命运。"欧文警告政府说，"令人震惊的政治"正在示威，如果政府继续坚持一票否决，那将"肯定会引发战争"。

当然，德克勒克对僵局的本质看法有些不同。现在各党派降低了对问题的底线，例如，同意联邦制和必要的制衡以确保真正的民主政治，他说道。德克勒克认为，在南非民主公约大会上有

"一个相当显著的分歧",即联邦制是否应该优先成为新南非的基础结构。德克勒克还谈到谈判所面临的另一个"基本问题"是缺乏信任。"在众多党派之间,肯定相互间仍然普遍缺乏信任感。民族党与非国大之间并没有建立起完全的信任机制。同样,我认为领导人之间也不会有完全的信任。"他意有所指地补充说道。"你们通过合作建立信任,"德克勒克建议,"当我们成功了,信任就会增长。归根结底,互相信任是最终完全成功的先决条件。"

现在回想起来,我们在一个错误的时间召开了第二届南非民主公约大会。这是一次为时过早的尝试——试图达成宪法解决,所以流产是必然结果。大会提出了一个有关早期突破的错误预期,随后却并未能履行其诺言。德克勒克曾事先警告过他的助手,他觉得非国大对于达成协议太急于求成。政府仅仅只是想利用第二届南非民主公约大会发表一份关于各种正在讨论的问题的"渐进报告"。德克勒克对非国大的高压战术的反应是提出了更多的条件,比如他在最后一分钟的提议——设立一个参议院作为临时议会,目的是阻碍非国大的猛攻。南非白人政府已经围绕其权力基础成立了一个方阵,并再次发起了对南非多数派的进攻。在这个过程中,政府向非国大示威——即他们可以在南非民主公约内部聚合一片相当大的反对阵营。因为在南非民主公约大会的9个代表团中有7个选择站在政府这一边,足以确保因为非国大对其的厌恶将不会达成"足够的共识"。的确,虽然大多数盟友是轻量级的家园领导人或者衰落的有色人种和印度人政党,但他们代表着其他少数族裔——强烈质疑黑人的统治是否能为他们带来比种族隔离更好的制度。因卡塔自由党和博普塔茨瓦纳——对于非国大来说是更为严重的制衡力量——是站在德克勒克阵营中的成员，要求建立一个强大的联邦政府系统。分歧允许德克勒克争辩说，南非内部由于联邦制问题产生了尖锐的分歧，在临时议会召开之前，必须就这项宪法的基本构建模块达成协议。德克勒克利用他的优势慢慢扭转了谈判局面：他首先想要解决的是位于议程首位的联邦制和其他制衡问题——非国大想要推迟谈判直到制宪议会当选。他甚至赢得了他的辩论，即临时宪法在过渡阶段应该到位以确保不破坏宪政。

但是非国大也迫使德克勒克做出了巨大让步，最值得注意的是德克勒克同意通过选举产生制宪议会和临时议会。在与德克勒克进行的有关过渡阶段的权力交接方法的拉锯战中，非国大占了上风，即迫使德克勒克接受了让"过渡时期执行委员会"来准备选举，以确保选举的公正性。非国大的最大错误在于在第二届南非民主公约大会召开之前一直试图通过抹黑德克勒克政府来打压南非白人阵线。曼德拉似乎在致闭幕词时意识到了这个错误。在致辞中，他谈到了需要消散会谈周围的"紧张气氛"并创造更加宽松的环境，这将有利于达成和解。曼德拉意识到，非国大需要经历一场漫长的艰难跋涉才能看到真正的权力转移，尤其是他们还想就整体一揽子的协议进行谈判。另一种方法是一步一个脚印地往前走，站在政府的立足点上通过建议的过渡议会，然后再谈判临时宪法、议会和政府的细节。

在第二届南非民主公约签署过程中，四处流传着一种谣言：德克勒克与曼德拉在他们的夜间会晤中已经一致决定采取一种渐进的方法。德克勒克在他的最后一次记者招待会上宣布,这里将"同时"继续进行过渡议会的布局,也将持续有关临时宪法的争论。曼德拉立即开始打抱不平。德克勒克说的话与事实完全相悖,他与德克勒克在之前以片面的方式得出的报告完全不像他说的是那么回事儿。"联动构成了我们战略的核心部分。"他说。双方直到所有相关过渡进程的部件和机制达成一致之后,才会开始进行权力移交。

在第二届南非民主公约的会议进程中,非国大的官员宣称有必要重新思考他们的整个谈判策略和目标。他们越发清晰地认识到,政府正在操纵一个陷阱——因为他们无法确定这项所谓的临时宪法是否会成为永久宪法,或者说,至少他们不确定临时宪法是否会持续很多年。非国大的宪法专家之一阿比尔·萨克斯（Albie Sachs）在第二届南非民主公约大会的最后一天称,如果不是在谈判进程的原点,非国大需要重新绘制版图。即便如此,第二届南非民主公约仍然将大家的关注点聚焦到了所有与和解状态相关的悬而未决的分歧之上,这是很重要的。非国大不得不重新思考其内部对任何形式的联邦制和权力分享的反抗。甚至连非洲统一组织的代表——尼日利亚外长艾克·恩瓦舒库也站在德克勒克这一边。5月18日,他在动身离开南非之前指出,他的国家被划分成30个州,每个州都"隶属于联邦政府但同时拥有自主权"。他在离开时向非国大传达了他的意见:"我相信像南非这样一个拥有不同民族的国家必须有一个能发挥其多元优势的系统机制。我建议采用联邦制,并给予南非境内每个人机会,让他们自己决定什么形式最适合自己的团体。"

＊　　＊　　＊

但是曼德拉在能重组非国大和在谈判桌上制定新方案之前，发现南非共产党早已占领了下一阶段斗争的主动指挥权。这主要是共产党在1992年一整年的时间中率先制定了一个有效的策略来推动非国大尽快上台执政，通过谈判或者起义造反来实现其目标。党内正在进行的辩论是激进分子与现实派关于"上台的正确路线"的争辩，他们各自的影响力随着谈判的大潮不断地上升和消退。激进派的领导人是罗尼·卡斯里尔斯（Ronnie Kasrils），一个白人共产主义者和浪漫主义革命者，他似乎真诚地相信这个联盟可以通过"推动群众运动"产生足够多的动力，像多米诺骨牌一样推翻德克勒克的黑人家园盟友，然后强制民族党交出权力。辩论的另一方是由党主席乔·斯洛沃领导的现实主义者。他们相信白人权力堡垒的高度必须通过谈判、妥协和权力分享等步骤一步一步跨越之后才能达到。两派对于轮流执政的辩论给非国大联盟带去了不同的影响。

第二届南非民主公约大会结束后，宪法谈判进入了僵局，激进分子在未来4个月内攫取了支配权。既是党中央的成员又是全国执行委员会一分子的卡斯里尔斯负责组织非国大的"推动群众运动"的运动。运动开始于6月16日，恰逢当天是1976年索韦托学生起义的纪念日。伴随着他那孩子气的热情与革命演说家的天分，卡斯里尔斯戏称此次运动为"运转出口"（Operation Exit），意味着德克勒克政府的退场。共产党是运动中的实力战将。总书记克里斯·哈尼走访全国各地以号召大家支持运动，运动的形式包括游行、占领大厦和城市中心，并最终在8月3日和4

日上演了一场为期两天的全国大罢工。非国大成立了"行动委员会",旨在动员当地公民、教会、劳工和政治团体。

7月,街道上一直处于混乱状态,因为各种公众场所——从超市到邮局——的所有角落都被占领。全国罢工或多或少造成了经济停滞,8月4日的游行穿过比勒陀利亚前往象征着白人权力堡垒的联合大楼——在总统管辖之下的综合设施大楼,当时在街道上游行示威的群众多达6万人甚至更多,此般大规模游行在这座城市里实属首次。但整体结果令人失望,游行产生的压力远远不足以使政府望而却步,更不用说放弃权力了。显然,它需要采取更多的"群众运动"来打破南非白人权力的铜墙铁壁。

当时的争议集中在非国大是否应该在行动上以及精神上采取"解放运动",激进的共产党人试图进行真正的起义反抗白人政府,以完成他们30年前未曾实现的梦想。他们建议采用"莱比锡选项"（Leipzig Option）,参考前东德城市开始于1989年初秋的大规模示威——旨在加速该国共产党政权的垮台。他们认为,非国大可以通过蚕食其在黑人家园中的盟友以间接削弱德克勒克政府的势力,这些盟友包括西斯凯的欧帕·葛克佐准将,博普塔茨瓦纳的路易斯·曼霍佩主席,以及夸祖鲁的布特莱奇酋长。共产党的自由主义者与非国大中同样激进的非共产主义分子进行联盟,身体力行了在三大白人家园的省会比绍（Bisho）、姆马巴索（Mmabatho）和乌伦迪占领权力席位的理念。

第一尝试在比绍进行游行是在8月4日,与比勒陀利亚游行在同一天。8月,克里斯·哈尼领导了一场游行,最终结局是西斯凯部队在威廉国王镇（King William's Town）外朝近2万名聚集在家园边境的非国大激进成员开火。真是"明知山有虎,偏向虎山行",非国大的武装分子不顾危险信号,又策划了9月7日的第二次游行。这一次,他们得到了其他非国大领导者(包括拉马福萨在内)的领首支持,这些领导者派出了许多全国执行委员会的成员前去帮忙组织游行。全国执行委员会甚至赞同这样的提议——由他们的共产主义激进分子通过游行直接进入比绍的中心并占领政府大楼。

已经可以预测到这次游行将是一场灾难。7万名游行者抵达西斯凯边境的比绍独立体育场旁就被全副武装的西斯凯部队和警察从多条路线包抄。罗尼·卡斯里尔斯在昏头转脑之际试图带领数百名活跃分子从体育场围栏突围,力求打破一个出口抵达比绍市中心。有人曾听到他这样说:"这完全不在话下,小事一桩。"但西斯凯部队却在等着他们,他们就像故意自投罗网一样。西斯凯部队首先朝卡斯里尔斯的队伍开火,随后又朝着聚集在铁丝网旁边的群众(由西里尔·拉马福萨领导)开枪扫射。几分钟之内,至少有29名游行者中枪身亡,超过200名群众受伤。趴在地上15分钟之后,拉马福萨、其他非国大和南非共产党高级官员却奇迹般地毫发无伤。但是在距离拉马福萨几百英尺之外至少有4名死者,因为有几名同事趴在他身上起了掩护作用使他躲过了子弹。后来经确认,西斯凯部队一共朝人群开枪扫射了425发子弹。

对于拉马福萨和卡斯里尔斯甚至整个非国大和共产党的领导层来说,比绍游行都是一场痛苦的经历。对于激进派来说,这次大屠杀是场政治灾难;他们认为游行变成了滑铁卢,而并未达成先前设想的效果——成为另一个"莱比锡选项"。他们的整体战略甚至理智都遭到了质疑,因为他们带领着成千上万的人民群众以身试行,而且这种危险是显而易见的。德克勒克甚至给曼德拉写了3封信警告这样的血腥对抗,并恳求他取消游行。

考虑到非国大在8月上旬与葛克佐准将打过交道,就非国大的全国领导力而言,9月7日的游行是个不可思议的不负责任的误判。葛克佐是个不得人心的软弱领导者,只有依靠南非政府的军事力量才能保全其势力,是种族隔离的典型傀儡代表。他深受困扰且极度不安,总是担心军方有一天将不再给予他支持,届时,他那已经萎缩的权威就将直面非国大的挑战。曼德拉没有参加游行,也没有证据表明他曾支持对葛克佐采取这种对抗方式。但是他也没有积极反对它,即使他清楚地看到了8月游行夭折后所面临的危险。面对一波又一波的战斗定期席卷非国大,曼德拉的选择是放任自流而不是奋起反抗。在边界区域要求推翻葛克佐的大规模行动的呼声震天入云,这种呼声甚至出现在了全国执行委员会中,因为他反对运动。

1992年中期,比绍大屠杀成了接踵而至的大问题的前兆,就像在非国大和南非共产党中安置了定时炸弹。换句话说,改革分子无法再控制他们的追随者,因为激进分子的革命理论和战略正在逐步尝试落地实践。这个现象的另一个实例是城镇"自卫队",且很多自卫队在城镇暴力造成的动乱中胡作非为。再一次,共产党走在了改进革命策略的前沿,而原本的策略导致了不良后果。在这种情况下,南非共产党中不仅产生了像卡斯里尔斯这样的激进分子,甚至连哈尼都成了强大的倡导者,倡导"人民权力"机构,比如"社区公民协会"、"人民法庭"和上文所说的"自卫队"。在1990年12月的协商会议之后,非国大开始支持建设社区公民协会——如其名字那样,它们于1991年初开始出现在城镇。但起初非国大的支持者们组织协会的速度非常缓慢,因为缺乏武器、组织委员和"民族之矛"(军队),同时还缺乏来自非国大高层的明确指示,即协会在一开始并未获得高层的支持。

社区公民协会被认为是"人民武装"的典型例子,旨在保护他们自己和他们在城镇中的"解放区"免受警察搜捕和因卡塔攻击。从理论上讲,是从社区邻里中挑选成员组成队伍,由"民族之矛"提供教官、准军事训练和武器。分配给社区公民协会的任务就是巡逻非国大控制的城镇和寮屋营地,尤其是在夜间。一定要提高警觉以防有突然袭击,有了协会的巡逻可以对危险情况迅速做出防守。前"民族之矛"的情报头子卡斯里尔斯在1990年开始鼓吹建立社区公民协会,然而那时他还是警方正在抓捕的逃犯。与此同时,非国大的领导层遭到了严厉批评——在与因卡塔的血腥冲突中不曾捍卫自己的支持者,所以这样的想法简直就是为他们量身打造。激进的共产党人,比如卡斯里尔斯,甚至像杰里米·克罗宁(Jeremy Cronin)这样相对温和的派别都对社区公民协会趋之若鹜,将其作为对抗因卡塔挑战的恰当革命响应。如果因卡塔成员有权持有"传统武器",且白人右翼势力能恣意妄为地组成准军事部队,那么非国大的社区也理所当然有权组织他们自己的自卫队。1991年4月,克罗宁,一位党中央委员会的委员,在威特沃特斯兰德大学研讨会上第一次提出了该项目,这表明了社区公民协会可以同"民族之矛"合并然后成为"在自由的、民族的和非种族歧视的南非建立人民军队和警察部队的基础,而我们正在努力建设这样的新南非"。在1991年7月的全国会议上,非国大再次呼吁建立社区公民协会。

然而,结果往往不可预测,因为许多社区公民协会突然转变立场,完全脱离了非国大的控制,并由罪犯、军阀和流氓接管。1992年6月,警方估计共有85个社区公民协会在运转,谴责它们在破坏了自身权威的同时也破坏了城镇的法律和秩序。起初,非国大和共产党自然而然地拒绝这些指控。但1992年中期,哈尼公开承认许多社区公民协会已经成为一个现实问题,它们经常在社区中开枪,而它们原本的作用是保护社区安全。在党的出版刊物7月号的《工作》(*Umsebenzi*)中,哈尼呼吁对协会的性能和用途重新进行评估。党对社区公民协会采取的政治控制远远不够,而且也未曾给它下达明确的指令,其存在导致了"私设法庭和不公平的惊人复苏",他说。更糟糕的是,有些协会成员悄悄渗入了警察和军队情报人员的队伍,他们故意挑起事端以抹黑整体思路,而其他一些协会的牺牲品则是私自返回"民族之矛"游击队,发现他们没有工作之后转而投身于乡镇军阀或流氓来谋取生计。

颇拉公园寮屋营地的社区公民协会提供了一个偏离轨道的最恶劣的例子,公园位于约翰内斯堡南部的托克扎城镇边缘。颇拉公园最初是非国大用来向外国客人展示城镇贫困和日常反抗的地方。社区公民协会在公园中成立了一个"解放区",警察乃至军队都未能将其粉碎。然而,1992年3月,营地中的社区公民协会成功上演了一场反对当选的居民协会的政变。随后的5月里，警方开展了一项大规模清理行动，企图消灭社区公民协会，并逮捕了12人——警方称这12人为"持有不同政见的""民族之矛"成员，并且这12人利用社区公民协会在约翰内斯堡附近进行抢劫和谋杀，共犯下了338起暴力罪行。非国大地区主席托寇·塞克斯瓦莱（Tokyo Sexwale）在6月私下证实了这一事实：歹徒确实接管了颇拉公园的社区公民协会，但他坚称这些人早已不再是"民族之矛"的成员。然而，警方未能实现其镇压目标，因为歹徒继续运作协会并最终对普林斯·马哈拉姆（Prince Mhlambi）采取了报复，普林斯·马哈拉姆是居民协会的领导人，歹徒怀疑其曾给予警方协助；10月11日，马哈拉姆在托克扎被枪杀，这是第三位被暗杀的居民协会成员。

由社区公民协会引发的最严重的混乱发生在瓦尔三角区。瓦尔三角区是全国的工业中心地带，距离约翰内斯堡以南大约25英里的地方。1992年9月14日，一名社区公民协会的成员在色勃肯城镇朝布鲁梅尔·维利卡兹（Bavumile Vilikazi）开枪，几乎一枪毙命。当时，维利卡兹正担任约翰内斯堡地区的非国大副主席。后来，社区公民协会的成员自首，说他以为维利卡兹是一名警察。11月初，另一名协会成员在色勃肯附近枪杀了6名埃弗雷姆·兹瓦尼（Ephraim Zwane）家族的成员。可能最臭名昭著的例子要数恩斯特·索特苏（Ernst Sotsu），他曾是"民族之矛"的成员，1992年底，索特苏的"20强"团伙（"Top 20" gang）至少涉嫌谋杀8名亲非国大的工会官员，以挑战非国大的权威。

1992年底，共产党和非国大领导的各种起义和革命策略尝试的日益幻灭成了引发战术调整的主要因素之一。这个时候,妥协的声音绝对不比德克勒克政府反对乔·斯洛沃这枚眼中钉的呼声低。如果有人手握削减非国大的势头的政治凭据,那么这个人一定是斯洛沃。如同尼克松访华一般,共产党在季度报告中写道,非洲共产党员斯洛沃大力辩护非国大需要在其谈判地位上做出一些大的妥协。他提醒读者,该运动还没有赢得与种族隔离政府之间斗争的胜利,并且它不是仅仅凭借任何想象就能进入"停战谈判"从而战胜敌人的。斯洛沃竟然提出了一个有关新宪法的建议,非国大讨价还价的内容包括"日落条款"(sunset clause)①,为德克勒克的民族党提供一段"强制性权力分享"的过渡时期。站在非国大的立场上去思考,这样的建议构成了对白人的重大让步,因为权力分享一直被等同于白人对少数否决权的需求。

斯洛沃的想法立即被在他们称为"战略视角"的政策文件中发现,从而导致非国大的全国执行委员会要求在1992年10月最后一周进行辩论。该文件再次提醒非国大这并非出于要求德克勒克政府"强制执行投降",并称"客观现实"呼吁与民族党合作从而推动和平进程向前发展。非国大不得不调整自己以适应这个事实——在两者追求某些共同目标时,甚至在追求其他不同目标时,非国大必须与民族党合作。即使是在采用了新宪法后,南非也将需要一个全国统一的政府,且这个政府将由非国大和民族党共同领导。一个可行的解决方案就是制定一套具有约束力的

---

① "日落条款"是一种形象的说法,寓意为法律有一定的制度周期,就像太阳有起有落一样。

双边协议,协议的作用是在可预见的未来正式确立一种合作——例如为防御部队、警察和公务员提供"就业保障、养老金和一种常规特赦",以避免其破坏将权力移交给多数黑人的计划的危险。该文件在非国大联盟内掀起了最广泛的讨论并导致了最大的分歧,讨论的主题围绕着谈判的最终目的,斯洛沃成了争论的主角。

1992年底,共产党似乎在重新思考战略和战术,并重新审视过去的错误。例如,同一个问题作为深度批评向非洲共产党提了出来,联盟企图实行"莱比锡选项","这个选择有多现实?"季度报告的编辑杰里米·克罗宁问道。"我们必须小心,不能盲目崇拜大规模暴动或者把它看作唯一可行的革命道路。"这个问题也包括了对3月比绍游行的一次彻底批判。雷蒙德·苏特纳(Raymond Suttner)——另一位党中央委员,也是组织者之一——在报告中称这是在错误的时间举行了一场目的不明确的游行,犯了战术上的错误,特别是他们错误估计了西斯凯政府可能做出的反应。综合看来,这两篇文章组成了一个强大的呼应,呼吁共产党和非国大制定一种新的现实主义。

戈尔巴乔夫曾在很多方面给了斯洛沃深刻影响,包括对南非共产党的整体领导。斯洛沃钦佩苏联领导人的政治勇气,将其看作某种"真相"的解放者和神医。斯洛沃在南非共产党内部也发挥了同样的作用,他宣布的危机分析震撼了整个共产主义世界,内容出自一份名为"社会主义失败了吗?"(Has Socialism Failed?)的文件(发表于1990年1月)。当时正值非国大和南非共产党被解除禁令前夕,这样的内容在共产党内部引起了轩然大波。斯洛沃的主要结论是,东方共产主义政权走向垮台是因为他们完全脱离了他们统治的人民,只照搬了一个社会主义的外壳而忽略了实质。斯大林和斯大林主义的僵化现象给斯洛沃留下了深刻印象,在苏联独裁者去世之后其精神和主义仍然被沿用了很久。居然有如此之多的共产党人允许自己被斯大林主义的罪恶蒙蔽了这么久,他写道,因为当时执政的共产党完全缺乏真正的民主或思辨。他们未曾掌握罗莎·卢森堡(Rosa Luxemburg)在1917年的理解——她在同列宁的辩论中说:"只有政府的支持者享有的自由……不是真正的自由。""妄图在一党制中实现真正的民主,"斯洛沃总结说,"不仅是困难的,而且从长远看也是不现实的。"他坦诚,自己应该为过去的失误负责,即在南非共产党内传播了斯大林主义。他曾忙于"机械照搬苏联的国内和国际政策"并且毫不怀疑地推崇"斯大林崇拜"。斯洛沃称,解救共产党的途径在于接纳他们过去所嘲笑的"资产阶级民主",即多党民主制。不过,斯洛沃更愿意称它为民主社会主义。

斯洛沃的改良主义并没有燃起他的同志们的热情。虽然斯洛沃得到了克里斯·哈尼和许多其他党内高级领导人的支持,但是到1991年12月,他的思想被彻底击败,当时党内会议提出了一项建议,试图用民主社会主义取代传统的马克思列宁主义,但这样的建议遭到了反对。率先反对改革的是哈利·夸拉之类的斯大林主义者,他让曼德拉在1990年试图与布特莱奇进行会谈时威风扫地。夸拉自豪地在衣服翻领上别上了一枚斯大林徽章,沾沾自喜地冒充斯大林主义的头号公设辩护人。他也从不掩饰自己对纳塔尔因卡塔党的厌恶。夸拉想在乌伦迪组织一次大规模游行,非国大的全国领导人第一时间的念头就是强烈反对步比绍大屠杀的后尘。"这是站在白人的立场上反对游行，"他说，"白人问：'你为什么要斗争？'仅仅因为有人死了。"夸拉对他所谓的斯洛沃"资产阶级改革"完全不屑一顾。他断言出现问题的原因是"我们中的一些领导人厌倦了战斗，他们想要走一条简单的社会主义道路……随着他们年纪的增长，与身体一同日渐衰老的还有他们的思想"。

现在，斯洛沃发现自己被夸拉这样的斯大林主义者视为叛徒，认为他背叛了非国大的长期目标——将权力有效转移到多数黑人手中。夸拉险些指责斯洛沃有种族偏见。他在1992年11月发往非洲共产党的立场文件中写道，如果西欧的正宗民主意味着获胜党派组建政府，那么为什么同样的原则不能适用于南非？他说："答案就是因为这个国家一大半都是非洲人，他们将在解放运动的领导下赢得选举。因此，权杖必须从白人手中脱落。"这种情绪普遍存在于非国大中的一些非共产主义者心中，比如情报部门领导人帕洛·乔丹（Pallo Jordan），他也在同一份刊物上发表了自己的意见，旨在攻击斯洛沃"对20世纪历史的无知"，并且鼓吹向白人政府全面"投降"。乔丹说，斯洛沃的方案只有一个意图，那就是只要启用"解放运动和政体就将走向圆满大结局"。

反观此现象的另一面，斯洛沃的权力分享建议并未得到来自克里斯·哈尼的公开支持，即使哈尼认同其对非国大联盟所面临的困境的分析。哈尼经常被描述为一位"黑人平民主义者"，因为他发表过一些超级好战声明，比如呼吁组建自我防卫部队和对抗安全部队。但是，他从拉丁美洲学到了经典的一课，并在黎明公园（Dawn Park）组建了自己的家园，该公园属于博克斯堡郊区

（曾经只允许白人居住）的一部分，在约翰内斯堡之外。1991年，他搬到了那里，企图打破种族隔离的旧体制，很多黑人政治和工会官员追随着他。哈尼在整个非国大运动中广受欢迎，因为他具有诚实的品质、斗争的精神和卓越的战绩，有人曾亲眼看见身为游击队司令的他在现场参与作战。1991年7月，在拉马福萨当选为新一届非国大秘书长之前，哈尼和姆贝基都被看作是继曼德拉之后下一届主席的热门候选人。

哈尼意识到他的声明已经让别人对他留下了"煽动者"和"思想肤浅"的印象，但他告诉记者，当选为南非共产党总书记之后，他想要"表达出群众的愿望"。虽然他是一位坚定的马克思主义者，但在演讲中也会小心翼翼地避免使用马列主义术语或分析。在1992年11月的采访中哈尼告诉我，他既不是斯大林主义者（斯大林在社会主义和民主道路上"走偏了"）也不是列宁主义者（列宁完全错估了资本主义的复原力，并且他的理论已经过时）。"我很想说我是一个社会主义者……社会主义者必须借助苏联和东欧的社会主义在主观和客观方面发生的变化来塑造自我的观点。"他说。这是什么意思？他是"一个社会主义者，也意识到社会主义离不开民主"，换句话说就是，他是像斯洛沃那样的"民主社会主义者"，但由于深陷群众阶级的局限性，他不得不拒绝这个词，他不能正式使用它。

虽然问题依然没有得到解决，但斯洛沃和他的共产党盟友已经展开了一项重要讨论——关于联盟势力的局限性和现实选择。在1992年11月的采访中斯洛沃解释了联盟面临的核心难题："非国大将会赢得选举，到底是55%还是65%，我并不清楚。非国大在当选之后将会开始'办公',但暂时不会执政,这并不是我们目前理解的那样。"共产党已经意识到,如果要采取有效措施控制政府,可能要花费数年时间才能实现这个目标,而且只能分阶段实现。正如杰里米·克罗宁说的那样:"我们需要开始将自己置身于国家权力之中,无论国家议会、镇压机器还是官僚机构。但这将是个长期且艰苦卓绝的战斗。官僚机构是为他们服务的,而不是为我们。在现实的局面中,占据上风的是他们,也不是我们。"

这似乎有些不协调,因为该政党在之前提出了一项如此有魄力的起义战略,现在却突然转变立场与敌人分享权力。这样的转变自然再次引发了疑问——有关组织的真实性格和未来意向,毕竟这对整个非国大联盟有相当大的影响力。到底南非共产党是经历了真正认真严肃的改革还是这仅仅是个战术撤退?然而没有人能够否认,公开辩论正在日益增多,各方都自由地对政策表达了各自的意见且看法大相径庭。共产党已经接受了多党民主不是一个"资产阶级"的奢侈品,并且强烈赞成工会的独立地位。

斯洛沃最终在非国大领导层内部赢得了有关权力分享的辩论,为曼德拉在1993年4月率领他的组织重回南非民主公约大会谈判桌创造了前提。比绍大屠杀后,非国大和共产党的雅各宾派提出了未来的革命战略,但这个战略肯定会遭到抹黑。1992年末发生了攻击德克勒克及其政府的新闻丑闻,这使得德克勒克名誉扫地,势力也被削弱。总之,这是一个发人深省的秋季,因为各方的态度趋于成熟——在南非陷入无政府状态之前迫切需要达成妥协与和解。

第十二章 无处藏匿

1993年4月,南非民主公约大会将重新召开。纵观1992年,9月的比绍大屠杀将政治暴力推到了新的高度,这种暴力已经慢慢摧毁了一切:正常的城镇生活、政府机关的运转、宪法谈判,以及曼德拉、德克勒克与布特莱奇相互之间的最后一点儿信任和相互尊重。然而,没有人愿意为这样的局面负责;每位领导人都指责对方并试图撇清与其追随者的过激行为的干系——葬礼和大屠杀、对火车上的乘客采取恐怖袭击、给人套上"火项圈",甚至连妇女也不放过。7月,曼德拉接受了一次采访,他表示拒绝相信南非政府的领导者。因为所有旧的国家专制权力都听任政府指挥,他们根本不能更好地遏止暴力。曼德拉认为只有两种导致暴力的可能性:要么是安全部队失去了控制,要么是他曾多次暗示的那样,德克勒克纵容了暴力。当然,德克勒克的国家情报部门肯定知道暴力的幕后操纵者,肯定也能获悉那些设置在青年旅社中的机构传递的信息——有关因卡塔下一次罢工的时间和地点的计划。警方可以并且应该介入并阻止这些攻击。"在我看来，他不可能对每次攻击都了如指掌。但一般来说，事实就是警察和安全部门也参与了其中，他才肯定会非常清楚地知道，"他说，"一位国家元首如果不知道正在发生的事情，那么他显然是不称职的。"

曼德拉酝酿了一下情绪，继续说道，如果德克勒克真的不知情，当那些警察和军官的行为——涉嫌将国家秘密资金转移给因卡塔党——被曝光时，他肯定会训诫这些人。德克勒克应该撤销克里斯托弗·范·德尔·维斯特赫伊曾的情报局局长职务，因为新闻媒体披露了其曾留下的书面证据——有关他在暗杀4名克拉多克活跃分子的事件中起到的核心作用。德克勒克也绝不会允许因卡塔党在卡尔顿酒店外面（当时酒店里正在进行《民族和平协议》的签署仪式）举行示威游行。在第二届南非民主公约大会召开期间，非国大领袖已经提前告诉他因卡塔成员正在世贸中心外面攻击和平教堂示威者，他理应向曼德拉提供另外一种答复。但非国大领袖发现国家总统做出的回答"非常令人作呕"，"曼德拉先生，如果你加入我，你将会发现我并没有你想象中应该拥有的权力"。曼德拉忽视了一种状况——或许在安全部队中的确存在超越了德克勒克控制的因素。"你可以那么说，"曼德拉回答，"但是当这些武器被禁止使用时，为何（纳塔尔祖鲁人的）法律就变了呢？他该如何解释这一切？"他指出德克勒克曾授权允许祖鲁人以祖鲁"文化"和"传统"的名义携带危险武器，且自那之后国内已有6000人死亡。"这些武器被用来杀人，"曼德拉说。"你到底是要给予你所谓的'习俗'更多尊重，还是想要保护人民的生活？哪个更重要？这就是我跟他说的。但他没有给出任何解释。"

曼德拉就德克勒克对待暴力和其安全部队的态度产生了极大的困惑，这种困惑引发了大家深深的共鸣。当时警察的行为太令人费解，在这些事件中官员们支持因卡塔对抗非国大。例如，1992年3月的亚历山大德拉事件，当时正值因卡塔接管马达拉青年旅社一周年之际，他们通过这种扩张方式以攫取更多的领土。马达拉旅社的聚居者们恐吓城镇居民们匆忙逃离了他们的家园，制造了一片被称为"贝鲁特"的全新城区——整个区域满目疮痍，尽是被烧毁、弃置或破坏的房屋。相较于黎巴嫩的首都也许是有点儿夸张，但区域内的受破坏程度是显而易见的，已经有超过3000名亚历山德拉常住居民、685个家庭被迫逃亡并四处寻找避难的教堂、镇议会所在地和附近的其他场所。围绕着马达拉旅社的整个区域依然冷清，没有一辆车或一个人——在装甲车中的警察和巡逻部队除外——敢从旅社的窗户下面经过，生怕被狙击手射击。事实上，已经有很多路人中枪，其中不乏被一枪毙命的。3月7日至28日之间，亚历山德拉的诊所治疗了341名伤患，登记在册的死于纪念日战斗的居民共有11人。

安全部队应对冲突的态度一直都令居民和记者们费解。警方对马达拉旅馆采取了定期搜查枪支的措施，但是他们从来没有采取足够强硬的镇压手段来结束旅馆中的随机狙击。南非警察（SAP）对祖鲁旅馆居住者的害怕并不比驻当地上尉尤金·奥普曼（Eugene Opperman）的少，奥普曼的言论代表了南非警察的立场,他解释了为什么警察不曾采取更加坚决的行动来结束随机狙击。"你见过那个地方吗？它就像一座堡垒。我们必须考虑属下的人身安全。"对于奥普曼来说,马达拉旅社的问题应该由政治家来解决,而不是他的手下,他大致向我解释了缘由。令人难以置信的是,南非警察只为亚历山德拉的居民提供了一种形式的保护使得他们免于承受因卡塔的愤怒:当他们决定逃离家园时,警察可以为其提供抵达其他临时难民中心的安全通道。"警方没有思考该采取何种有效措施来阻止整个事情,而只是护送难民离开他们的家园。"马库斯·派勒(Marcus Paile)痛苦地说,身为委员会的官员,他接待了数百名涌入亚历山德拉镇议会办公室的难民。"他们没有为被杀害、被抢劫和被强奸的人们做任何事情。"

除了居民和记者,当发言人们一次又一次地坚称他们正在采取"公正"行动时,南非警察还怎能被相信？他们从未做出任何行动阻止因卡塔对马达拉旅社进行大"清洗"——清除其中的全部非因卡塔党居民;其次,它睁一只眼闭一只眼地试图阻止旅馆窗口的狙击手进行射击;同时,它也不曾为居住在旅馆附近街道上的居民们提供任何保障。警方对居民收回自己的家园也未曾起到任何帮助作用,甚至默许因卡塔占据原居住者的房屋。7月,在亚历山德拉宣扬法治的任务完全变成了空洞的假象,随后出现的景象令人难忘:装甲警车在垃圾遍地的街道上巡逻,街道两旁是被遗弃的"贝鲁特"和被烧毁的房屋,展示着他们为城镇居民提供"法律和秩序"的承诺。经过15个月的混乱治理,南非警察最终在6月派来了一支由800名成员组成的特别专案组,辅以军队巡逻,试图重新建立正常的秩序。虽然联合警察部队的运作很成功，降低了暴政的高温，减少了人员伤亡，但警方仍然没有为难民提供任何帮助，帮他们收回被因卡塔霸占的家园。警方发言人戴维·布鲁斯（David Bruce）上校解释说："警方无法挨家挨户地查看以判断谁是房屋的合法拥有者。"他还补充说，警方完全没有办法为"贝鲁特居民"提供24小时保护（保护他们免遭旅社狙击手的火力袭击），也无法保证"他们的孩子能在花园里安全玩耍"，而曼德拉曾在许多场合公开质问过："如果受害者是白人，请问警方还会采取同样的方式吗？"

使问题复杂化的事实是，德克勒克在探访某个黑人城镇时经常表现出惊人的缺乏敏感性。6月17日大屠杀之后，紧随而至的是波帕屯大屠杀，因卡塔突击队在其旅社附近杀死了46人，德克勒克希望做出一些能表现出他的悲伤的姿态。所以3天之后，他向遇难者家属表达了自己的慰问。但局势仍然非常紧张，因为居民们坚持认为警察向因卡塔袭击者们提供了帮助。那个周六的清晨，居民们对德克勒克的来访充满了敌意。没有人希望德克勒克靠近城镇的任何地方。当地居民莫萨克·德克里迪（Meshak Dekelidi）告诉我："我们不希望看到德克勒克在这里，是他的政府杀死了大多数的黑人。"

当城镇中的青年发现德克勒克的汽车护送队和装甲警车时，他们立刻炸开了锅。当时德克勒克就像迷迷糊糊地闯进了一个蜂箱，一群愤怒的蜜蜂向他发起了进攻。他的车队暂停在乔·斯洛沃的寮屋营地附近，那里曾发生过多起杀戮。就在几秒钟之前，他的豪华轿车被愤怒的居民团团围住，人们齐声高喊"走开，走开"，甚至有人大喊"射击，射击"。我看到现场没有一个人手持武器，但他们中有的人手里握着石头。德克勒克的保镖们慌忙在他的车前围成一个保护圈，并将手枪和步枪上膛，随时待命。现场气氛僵硬到了极点，我连忙跑进保护圈，感觉他的保镖随时都可能开枪。德克勒克距离我仅仅两步远，他坐在汽车后座上，透过后车窗的防弹玻璃愁眉苦脸地盯着围绕在他汽车外面惊声尖叫的"黑人暴徒"。他始终不曾走下汽车。一两分钟后，车队迅速绝尘而去，青年们沿着尘土飞扬的城镇道路追逐着汽车的远影。这次到访和离开都非常丢脸，因为德克勒克过于乐观地估计了他与黑人社区的关系状况，至少他们的关系没有黑人社区与非国大的关系那么好。德克勒克大发雷霆，指责非国大蓄意破坏他的探访。他访问的目的并不在于同情大屠杀中的受害者，所以此行成了他不受城镇欢迎的标志。

波帕屯大屠杀带来的后果不仅仅是损害了德克勒克的个人威望；同时，非国大也完全被警方的表现激怒，立即疏远了它与政府的所有联系，雪上加霜的是，冻结了今年余下时间里南非民主公约的进程（原本会议就已经进入僵局）。

然而，德克勒克身边远远不止这个简单的政治困境。他改变了在积极措施中没有改革者和发起者的状态，以此唤醒了南非警察和南非国防军（SADF）。但他并未成为前总统博塔的白人军警官当权派中的一分子，所以无论在南非警察内部还是南非国防军的高级指挥官阵营中，德克勒克都没有亲密的盟友。众所周知这是他权力基础的一大软肋，他似乎极其不愿意清除任何老牌白人政府官员。1992年中期，在有关反对种族隔离运动的镇压斗争中，昔日的高级官员小圈子仍然指挥着特种部队和其神秘的特种部队网络、突击组和情报机构。德克勒克甚至升迁了一些声名狼藉的人（他们过去曾参与消灭非国大革命成员的行动），其中包括A.J.凯特·利本伯格（A.J."Kat" Liebenberg）上将，他出任了南非国防军的总司令；以及克里斯托弗尔·范·德尔·维斯特赫伊曾，他接管了军事情报局。德克勒克在整体安全机构中做出的唯一调整就是提升了国家情报局（由尼尔·巴纳德领导至1992年）的地位，让众多互相竞争的情报团体唯其马首是瞻。国家情报局直接对德克勒克负责，并成了他个人监管其余安全机构的耳目喉舌。

但随后却衍生了一个更广泛、更令人不安的委任模式，因为德克勒克表示不愿撤换所有过去的政治家、官僚以及博塔时代的权力代理人。德克勒克办公室的秘书长一直到1992年中期都是由约翰内斯·珍妮·鲁（Johannes "Jannie" Roux）担任，她曾经也是博塔的得力助手（自1984年上任以来）。鲁作为博塔最残酷的心腹之一，在反种族隔离活跃分子中有一个可怕的声誉。德克勒克上台之后并没有解除两名最令人讨厌的部长的职务——他们被视为种族隔离专制机器的象征，分别是司法与治安部长阿德里安·沃克和国防部长马格努斯·马兰。即使后来总统由于因卡塔门丑闻而背负了非常大的政治压力，他也只是对马兰和沃克进行降职处理而不是解雇他们。直到1992年8月下旬，德克勒克才开始在警察部队中开展象征性的清理行动，迫使13位将军和1/4的最高司令官告老还乡。

1990年11月，路易斯·哈姆斯（Louis Harms）法官对所谓的死亡小组（神秘的刺客组织，涉嫌在1990年前谋杀了70多位反种族隔离活跃分子）进行了深入调查。这项调查结束之后，德克勒克的态度似乎被浓缩在了他简短的评论里。尽管缺乏证据，但是这些暗杀被普遍认为是由政府的秘密警察和军队机构执行的。"过去的就让它过去吧。"德克勒克说。但是这对他并无任何影响，哈姆斯法官在对神秘的民间合作局（可能是在军队中负责执行敢死队任务的安全部门）进行调查时受到了阻力，关键的文件被破坏或失踪。但是他并没有下令调查谁应该为这起事件负责，也没有追查丢失文件的去向。显然，德克勒克并不急于冒着引发丑闻的风险，因为这样做可能会曝光那些警察和军队官员的作用，即他们甚至可能为旧种族隔离专制机构的高级部长服务。

因此，德克勒克对安全机构的改革在很大程度上仍然局限于寻找更好的战斗方式——旨在对抗不断升级的犯罪浪潮，以及受限于在南非警察中启动的对黑人的整合。1991 年 3 月，警察队伍扩充到了 10000 人，沃克宣布他打算通过一项新的训练计划创造"一支善良、温和的军事力量"。1992 年，警察院校开始整顿，但白人得到保证将不会被"强制整合"。在命令级别上，这个保证一点儿也不假，白人仍然掌握着 95% 的职位——在拥有 115000 名成员的部队中，非白人人种的成员占据了基层人数的 60%。1992 年中期，当时部队中只有 4 名非白人准将，而且没有非白人将军。

毫无意外，丑陋的种族隔离在南非警察中逐渐复苏。许多部队——比如那些在彼得马里茨堡和卡尔顿维尔（Carletonville）的武装警察——继续沿用他们从前的方式和方法。1992 年 4 月，一位勇气可嘉的法官对一名白人警察判处死刑。被判处死刑的白人警察是布莱恩·米切尔（Brian Mitchell）队长，他曾在1988年12月策划了在塔斯特·费德（Trust Feed，附近的一个小山村）残杀11人的事件。他命令4名受过短期训练的警察在他的指挥下歼灭了一个临时营房中的所有人员，原本他怀疑里面是非国大的拥护者，结果证明是因卡塔支持者。在开庭审判米切尔的同时，共有13名警察在法院的不同审讯室中接受调查。有关米切尔的审判，最终证明的事实是：南非警察几乎操控了对米切尔的控告。安德鲁·威尔逊（Andrew Wilson）法官说他确信几位南非警察官员的证词，从高级官员一直到位于比勒陀利亚的南非警察总部都在进行广泛的尝试——试图掩盖米切尔的罪行并破坏针对他的审判。

还有很多警察行为不当的例子。在卡尔顿维尔，约翰内斯堡西部的一个小镇，其警察部门中的所有人员都横行霸道：1992年初，威佛典动荡防卫部队（Welverdiend Unrest Unit）中共计19名成员被停职——他们被控涉嫌杀害17名城镇积极分子。黑人进步周刊《新民族》获得了相关证据或磁带——证明部队中的成员曾试图雇用城镇杀手去刺杀一名当地非国大活跃分子。在纳塔尔的美丽河（Mooi River）镇，1992年9月，警察局的另一名指挥官乔治·尼克豪斯（George Nichaus）中尉出庭受审，因为涉嫌两起谋杀案和另外两起谋杀非国大示威者未遂案。

直到1992年初理查德·戈德斯通大法官登场，人们才开始在南非听到一个中立的、理智的声音。戈德斯通对待记者非常坦率，我在与南非其他法官的接触中从来不曾遇到他这种特质。或许是因为他经常在美国媒体上曝光的缘故。他曾花了一年时间（1989—1990学年度）担任哈佛大学的客座教授；在任何情况下，这位法官都不畏惧说出自己的想法，也表现得像一位精明的政治家。他完全清楚自己正在处理该国最具爆炸性的政治问题，但一点也儿不感到害怕。

在1991年9月的民族和平会议中，德克勒克在与曼德拉和布特莱奇达成协议条款后，曾授权戈德斯通对被指控参与暴力的安全部队举行听证会。1992年2月，戈德斯通开始了他的调查，监督各个小组委员会（附属于正式的调查委员会）关于预防公共暴力和恐吓的工作，为全国各地最严重的暴力事件召开听证会。戈德斯通被普遍认为是个自由主义者，是第一个可靠的独立权威——曾公开表示非国大是导致暴力问题的部分原因。5月28日，戈德斯通向议会发布了有关初步成果的中期报告，起初这完全激怒了非国大。基于委员会进行的暴力调查（调查范围涉及纳塔尔的3个区域以及约翰内斯堡附近的3个城镇）称"该委员会没有疑问，这些地区暴力事件的主要原因是非国大支持者与因卡塔自由党之间的政治斗争。双方都诉诸暴力和威胁企图控制更多的地区"。暴力将不会减少，除非两个派系的领导人和支持者"同意解除武装"并"放弃将暴力和恐吓作为政治武器"。戈德斯通还说，在那时他的委员会还没有收到任何"第三势力"在暴力中发挥作用的可信证据，虽然它仍然在调查这项指控以及对安全部队直接参与暴力的指控。戈德斯通说，即使这些指控属实，这种干预除了持续非国大与因卡塔之间的斗争之外不可能起到任何实际效果。曼德拉起初对戈德斯通法官的评估——非国大对暴力负有不可推卸的责任——非常生气,但最终整个非国大领导层开始逐渐敬重这位法官,因为他在揭示南非安全部队不端行为的过程中发挥了重大作用。

非国大并没有等待太久,戈德斯通大法官就要求外部评估南非警察的程序和方法;7月10日,由哈佛大学法学院教授菲利普·海曼(Philip Heymann)领导的第一陪审委员会发表了他们的调查结果。委员会尖锐批评警方采取实弹对付骚乱人群的速度太快,并没有给予足够的温和解决的缓冲时间。海曼认为是警察局局长助长了这样的结果,因为其未能提供防暴设备保护警察免受石头和其他物件的袭击。他们没有携带盾牌,没有头盔,也没有配备水枪或催泪喷嚏装置。"如果能提供适当的非致命的替代装备,就没有理由使用致命武器。"海曼在报告中称,并补充说,南非警察应该"在其现在的思维和训练中减少准军事化的特质",并采用在欧洲、美国和澳大利亚被广泛运用的方法。报告还批评了南非警察中特殊受训的内部稳定部门——一个成立于1992年初并拥有5600名成员的防暴队——太过于半军事化并且与社区相距甚远。"对于警察来说,再也没有什么资源比与当地的社区关系更重要的了。失去这种资源,南非将会遭到更多质疑。"海曼明确指出了这一点。

海曼的报告中没有包含警方在可怕的波帕屯大屠杀中采取的不当行径。但发表于7月22日的第二份报告就完全致力于这件事。6月17日发生大屠杀后,戈德斯通大法官带来了英国刑法教授P. A. J. 沃丁顿(P. A. J. Waddington)和两名英国警察共同研究警方对大屠杀的反应。他们的报告是一份严厉的控诉,谴责了南非警方在违纪情况下的整体做法,并且发现其治理能力和应急计划有严重缺陷——指挥和控制系统严重不足且完全缺乏任何公共关系计划。"严重无能"这类词汇不断出现在沃丁顿报告中。警方在大屠杀前夜陷入了一种"奇怪"的举止中。整个南非警察的回应是"受各级领导的失败所困扰"。南非警察似乎是"不负责任的警察部队",在决定谁应该在什么时间做什么事的时候完全没有章法。唯一值得欣慰的是,当南非警察遭到非国大和许多波帕屯居民指控时,沃丁顿发现其并没有与因卡塔袭击者直接勾结。

沃丁顿特别批评了南非警察严重依赖严刑逼供。他观察到,南非警察的调查方式似乎是为了解决案件而去折磨一名嫌疑犯,从而让他指控别的嫌疑人。任何针对这一指控的真实性的质疑都得到了乔纳森·格鲁克曼(Jonathan Gluckman)的"忏悔招供"的确认,他是该国顶尖的病理学家之一,其招供内容被发表在7月26日的《星期日时报》上。格鲁克曼对报纸称,他曾给200多名死于监狱的在押人员做了尸检。"我相信,这份文件中提到的人90%是被警察打死的。"他告诉记者,这是"明显的谋杀,是被警察杀死的"。他还补充说,监狱的死亡人数仍然在增长,大概以每周一例的速率递增,尽管他曾致信德克勒克(以及各位部长和警察指挥官)关注他信中提到的内容,但从未收到任何回复。既沮丧又很厌烦——格鲁克曼告诉记者——"我再也无法忍受了"。最新的证据来自一名色勃肯的 19 岁男孩,在警方逮捕他仅仅 12 小时后,其尸体被发现于旷野,已经遍体鳞伤。南非警察的行径似乎充分支持了格鲁克曼的指控——警察普遍犯罪。1990 年,

238

共有1871名警察被判定有罪,其中11名涉嫌谋杀,35名涉嫌刑事杀人。

南非警察在应对指控的困难局面中对所有这些该死的起诉书提供了一些情有可原的状况。毫无疑问,非国大与因卡塔彼此的交战相当严重。1990年9月的和平协议没有带来一丁点儿改观;这一年布特莱奇声称自协议签署以来已经有503名因卡塔成员死亡。事实上在那期间共有3000人死于政治暴力,其中大部分可能是非国大成员,他们在与因卡塔的冲突中不停地发起进攻,同时也不断地遭到攻击。

德克勒克总统采取了忽视和拖延措施,尝试消除日益增多的能够证明安全部队在1992年11月之前参与了暴力的证据。在众目睽睽之下,当月被披露的尴尬事件(臭名昭著的秘密军事服务确实仍然活跃在各种项目中,旨在诋毁非国大和"民族之矛")如排山倒海般袭来。这一次,一切都发生在德克勒克的眼皮之下,他再也不能说"过去的就让它过去吧"之类的话,因为他的信誉已经变得岌岌可危。

最早的披露来自一位满腹牢骚的比勒陀利亚商人阿贝尔·拉德曼(Abel Rudman),他给《每周邮报》传送了文件,证实了他的说法——他一直负责运行一个代号为"克里斯特项目"(Crist Project)的军事情报项目。他花费了1200万兰特(约合420万美元)创办了一份报纸《新闻链接》(*Newslink*),地点设在博茨瓦纳的首府哈博罗内(Gabarone)。这份报纸的使命是对非洲的非国大和"民族之矛"造谣,并尽可能将他们描述为一盏不吉利的灯塔。然而在因卡塔门的丑闻之后,军事情报局关闭了《新闻链接》,这份报纸于1990年8月30日正式停刊,此时距德克勒克上台已经过了很久。拉德曼声称军事情报局还花费了500万兰特预算在华盛顿设立了一家幌子公司,名称定为"国际网络信息"(International Network Information),同样以宣传反非国大思想作为目的。拉德曼说当局一直都"说的比唱的好听",因为他未能追回军事情报局许诺的600万兰特——他声称已经花在了"克里斯特项目"中。南非国防军证实了几乎所有关于他的指控。

还有其他一些事件也与拉德曼披露的内容吻合,那就是当月相关的另一项军事情报工作"回声计划"(Project Echoes),其目的是传播虚假信息——"民族之矛"与爱尔兰共和军有牵连。1992年4月,英国反恐警察截获了两名前往伦敦执行任务的南非特工,他们中的一人自作主张计划暗杀一位持不同政见的南非警察官员——当时住在伦敦的德克·库切(Dirk Coetzee)。11月,在调查两名反种族隔离活跃分子[黑人律师戈德弗雷·马兰戈尼(Godfrey Mlangeni)和白人教授戴维·韦伯斯特(David Webster)]被暗杀的事件期间,"回声计划"被曝光。

这是戈德斯通大法官令德克勒克政府最难堪的时刻。11月16日,他召开了记者发布会,宣布他的委员会刚刚对一个位于比勒陀利亚的秘密军事情报中心展开了一场大规模的突袭调查,并获取了一些揭示真相的文件——军方雇用了一名犯有双重罪名的凶手费尔迪·巴纳德(Ferdi Barnard)从事反对非国大的卧底行动。巴纳德是为军事情报局工作的48位秘密特工之一,他受雇于5月份,合约期限截止到1991年12月。另一名特务是威廉·弗洛雷斯(William Flores),他由于卷入了谋杀库切的阴谋而在伦敦被捕。文件还披露了一个秘密情报搜集指挥部（DCC）的存在，这是一个神秘的军事情报机构，之前从未被人曝光，该机构负责全部军事情报机构的运转并针对非国大进行情报工作。

戈德斯通曾揭露了军队的"肮脏伎俩"部门运营中心。对于总统的政府来说尤其具有毁灭效应的是它坚决否认所涉及的全部暴力行为，引领戈德斯通委员会抵达比勒陀利亚的秘密情报搜集指挥部所在大楼的信息来自一位前莫桑比克陆军士兵若昂·库纳（Joao Cuna）；他告诉委员会，他受雇于秘密情报搜集指挥部去暗杀纳塔尔的非国大活跃分子。基于这些调查结果，该委员会表示"毫无疑问，南非的政治暴力和恐吓将不能得到有效的遏制，除非彻底调查所有的公共和私人安全部队"，同时，戈德斯通大胆地向德克勒克寻求额外权限去调查他的安全部队的所有活动。

戈德斯通在安全部队中的突袭调查是个非凡的事件，在南非历史上没有先例。这相当于一位美国特别检察官指挥了一次对五角大楼秘密行动中心的突击检查。突袭调查在军队中引起了恐慌，并且直接触怒了德克勒克，因为戈德斯通在没有通知他们的情况下公开了他的调查结果。甚至德克勒克当时的首席宪法谈判代表鲁洛夫·迈耶也被牵连其中，因为缴获的文件称他在担任国防部长时曾于1992年12月下令枪杀巴纳德。迈耶强烈否认他知道任何有关巴纳德的事情或军事情报局的相关运作。恰恰就是这份文件，还牵连了军事情报局的前任办公室主任——陆军中将鲁道夫·巴登霍斯特（Rudolph Badenhorst），以及整个军事情报司令部。

德克勒克在因卡塔门风波平息之后承诺要结束所有"肮脏伎

俩"的政治行动,不能再放任这些各式各样的反非国大项目,不能将这些行动仅仅看作"几个流氓"不成气候的寻衅滋事。最令他尴尬的是最直言不讳的宣传者(戈德斯通)说陆军准将格奥尔格·迈林(Georg Meiring)——自1992年以来一直任职军队首领——几乎就是一个"流氓"。需要注意的是,就在戈德斯通揭露真相前几小时,总统正在伦敦访问,他向英国广播公司保证"没有第三方力量,安全部队中也没有邪恶阴谋会对政府造成不利影响"。他坚持说他"牢牢掌控"着这些势力。在效果上,戈德斯通曾透露这是皇帝的新衣,这令德克勒克勃然大怒。此外,戈德斯通要求获得额外权力去调查安全部队,这对德克勒克的整个政府构成了一个真正的威胁。总统意识到他必须采取主动出击才能避免被审判,至少要表现出意愿,即愿意清理这一个月来无休止被披露的信息和丑闻——有关他自己的安全机构。

戈德斯通的新闻发布会结束两天后,德克勒克宣布他打算展开自己的调查,他委任陆军中将皮埃尔·斯泰恩(Pierre Steyn,南非国防军参谋长)和警察部队陆军中将沃伟恩·康拉迪(Alwyn Conradie)进行这项调查。斯泰恩还全权负责诸多独立的军事情报服务并被要求为它们的重组草拟建议。此外,德克勒克命令他仔细检查戈德斯通在秘密情报搜集中心缴获的所有文件,"以确定是否发生了可能与法律或政府政策相违背的任何活动"。实际上,德克勒克曾下令以另一项私下的内部调查来抵制戈德斯通想要公开调查的建议,因为这可能会导致更多令人尴尬的事件被揭露。再一次,他不得不对有损他政治地位的行为做出反应。

1个月之后,德克勒克宣布23位官员将被提前停职或退休,但并未透露他们的姓名,其中包括2位将军和4位准将,并提出了将对他们中的一些人进行刑事诉讼的可能性。他宣称,斯泰恩的初步调查发现了活动证据,将可能导致这样的推论:政治谋杀案确实发生过。他赦免了所有的内阁部长,声称军事官员的人数"有限",这些涉嫌参与活动的人员都曾系统地误导了他们的文职上司。"我非常震惊和失望,但我的态度一直很坚决。"他在一场新闻发布会上说。12月29日,德克勒克公布了相关的9名成员的名字,所有人都是高级军事情报官员,包括控制着秘密情报搜集指挥部的全部高级官员。虽然一些高级军官的名字不在名单上,但却早已出现在公众视线之中:陆军中将范·德尔·维斯特赫伊曾,现任军事情报局局长;陆军参谋长迈林中将;以及南非国防军领导人利本伯格中将,他也曾担任过军事情报局局长。

戈德斯通的调查也暴露了在南非军队、警察与因卡塔之间存在的一张巨大的关系网和交织其中的错综复杂的关系。在白人城市埃尔默洛(Ermelo)之外的威塞尔顿(Wesselton)城镇对黑人猫党(Black Cat gang)的活动进行取证的过程中,戈德斯通可以在很大程度上证实,有关南非警察与夸祖鲁警方之间多种多样的合作形式的报告(首先刊登在《每周邮报》上)完全属实。黑人猫党是因卡塔党的一个分支,它的一些成员在夸祖鲁接受军事和政治训练。埃尔默洛警方允许他们的夸祖鲁同行在威塞尔顿自由活动,甚至给黑人猫党提供武器,一些黑人猫党成员使用几杆枪杀死了一名被扣押的威塞尔顿非国大活跃分子,事后南非警察悄悄将枪支送回了夸祖鲁警局。

戈德斯通调查的另一个焦点集中在190名从夸祖鲁中精挑

细选出来的祖鲁人活跃分子的行踪,他们曾在 1986 年通过南非军队接受了为期 6 个月的密训。这些祖鲁青年们在纳米比亚独立之前得到军事指令,以南非辅助警察的身份或是因卡塔保镖的身份卷入暴力活动。其中一些人涉嫌谋杀已经证据确凿,另一些人也被怀疑曾参与谋杀非国大活跃分子。许多成员曾作为速成警察服务于南非警察,并被送往彼得马里茨堡周围以加强警备,在这个地方非国大与因卡塔战斗得很激烈。后来他们被合并到了夸祖鲁警察部队。

有充分的证据表明,南非警察与夸祖鲁的合作始于 1990 年之前,此后他们在共同反对亲非国大的联合民主阵线的斗争中一直保持秘密合作。陆军准将雅克·毕希纳(Jacques Buchner)在 1978—1988 年间曾担任彼得马里茨堡地区的南非警察头子,当时正处于激烈镇压联合民主阵线的时期,后来,他成了夸祖鲁警察部队的指挥官,听从布特莱奇的指挥,后者还是全体家园的警察局长。毕希纳在 1992 年末仍然在职,虽然他一直在等着退休。

戈德斯通启示录的影响之一就是它们破坏了曼德拉与布特莱奇的未来关系。曼德拉越来越疏远布特莱奇,跟非国大的其他领导人一样,都把他看作一个傀儡政府的代理人。对布特莱奇的最后一击出自曼德拉之手。在出席联合国安理会召开的特别会议之前,曼德拉于 7 月 16 日至 17 日在南非召集了一次特别会议,两位领导人都出席了会议。在这次会议上,曼德拉痛斥布特莱奇,说"事实的真相是他成了比勒陀利亚的延伸部分,成了其工具和代理"。在从联合国会议返程的途中,布特莱奇大发雷霆。"够了,事情应该适可而止。"7 月 18 日,他在乌伦迪召开的因卡塔年度会议上发声表明。曼德拉在联合国"摧毁"了他,企图将他从合法的谈判伙伴中除名。他再也别想"坐在曼德拉先生身边协商和平与合作"。

不能确定曼德拉与布特莱奇之间的公开不和是否导致了政治暴力甚至更坏的结果。布特莱奇个人应对暴力负有多少责任,我们不得而知,随着冲突中呈现出来的专业敢死队才具有的作战计划特点,他的天真和自负让他在应该承担的责任中显得那么不诚实和虚伪。毕竟,布特莱奇也是夸祖鲁警察的领导者,并且为自己的追随者的权利——在集会和游行中携带"传统武器"——进行了强有力的辩护。

至少有强有力的证据表明他完全同意——除非他不知道自己可以下命令——他的高级助手通过因卡塔遍布在约翰内斯堡附近城镇中的军备进行的扩张活动。布特莱奇的前任私人秘书麦基泽德·Z. 库马洛被戈德斯通的委员会传唤,证实了 190 名因卡塔青年积极分子接受了南非军队的秘密训练。库马洛与时任夸祖鲁警察局副局长的陆军准将西弗·摩西·姆巴沙(Sipho Moses Mbatha)共同为他们的活动负有直接责任。1992 年 3 月,在为委员会作证之前,库马洛透露,他和布特莱奇最初都为学员签发了薪水。显然,布特莱奇知道所有的培训计划。但是库马洛坚称只有他自己知道两个公司提供了训练并为这些人支付了 3 年的薪水,这些人确实是南非国防力量的前锋,大法官戈德斯通提到传唤库马洛的证词时称布特莱奇"缺乏有关想象力的好奇心"。

陆军准将姆巴沙也被传唤作证,但却表现得粗俗卑劣,戈德斯通指责他撒谎。委员会还曝光了多条线索——夸祖鲁警察部队和因卡塔青年部队正在威塞尔顿运作,黑人猫党中的因卡塔成员从夸祖鲁警察那里获得枪支,并且得到了夸祖鲁的培训支持。他们曾与非国大的支持者们进行过各种战斗,其中有几个人因此而丧生。

布特莱奇从来没有被直接牵连到威塞尔顿调查或其他支持"活动"中——有关他的因卡塔警察部队与非国大的战斗。不过,相关想法——他的私人秘书和副局长在未经他知晓和同意的情况下就参与这些活动——是不可信的,尤其是考虑到他的独裁统治方式。尽管如此,布特莱奇仍然摆着一副对所有政治丑闻一无所知并且坚决谴责一切暴力活动的领导人形象。

1992年秋,在遭遇(或即将遭遇的)每一次尴尬之后,德克勒克和曼德拉都会产生更加清楚的认知:即使南非可能面临成为希腊悲剧的现代脚本的危险,他们也别无其他选择,只能寻求妥协和解并重新开启他们的宪法谈判。西方外交官一直在公共场合宣扬"镇上没有其他节目"。他们被迫进行谈判,不得不就某些协议和规则达成共识性妥协。但这一次,他们意识到,在可能的多方会谈举行之前,政府与非国大将不得不在它们之间提前达成双边理解。

所以两位领导人在9月26日举行了会面并试图恢复和平进程。他们的峰会至少达成了这个目标——在几天之后的一次会议上,非国大全国执行委员会正式批准了恢复与政府的会谈。但是布特莱奇的自许姿态却与在峰会上达成的正式协议格格不入。

他试图规定条件——他无须跟他的追随者磋商或获得他们的批准。布特莱奇似乎是个偏执狂,曼德拉和德克勒克决定联手让他永久地从政治舞台上消失。

峰会最后出台了一份名为"理解纪要"(Record of Understanding)的总结性文件,锁定德克勒克接受通过选举产生的制宪会议起草和通过新宪法,起到一个过渡议会的作用。布特莱奇完全反对这样的架构,因为完全可以确定因卡塔只会成为选举中的一个小党派。对于布特莱奇来说倍感羞辱的事件就是眼睁睁看着曼德拉和德克勒克自行决定禁止他的追随者在公共场合携带"传统武器",以及约翰内斯堡附近由因卡塔主导的青年旅社应该在外面围上栅栏并接受警察的监督,却无能为力。

可以预见,布特莱奇陷入了狂暴之中。如果他不能成为事件过程的主角,他就必须毁掉它。布特莱奇警告德克勒克和曼德拉,称他的追随者将会"赤手空拳地"拆掉栅栏。对于德克勒克和曼德拉宣布"危险武器"今后将在公共场合被完全禁止,他的反应同样是挑衅的:"我将永远不会在任何情况下获得任何人的允许才携带祖鲁的文化武器。"他宣称,要是一个祖鲁人没有他的武器就"像一个人没有他的影子"。他立即组织了穿越约翰内斯堡和德班的游行,在这场游行中他的追随者们故意携带了武器,却未被警察干预或强制解除。德克勒克对游行视而不见。

那么9月峰会到底取得了什么样的成果呢?《理解纪要》立刻成了另一个"误解纪要"和不严密、相互矛盾的解释,这次众人的立场是强烈反对布特莱奇。否则会怎么样呢?《理解纪要》确信夸祖鲁领导人是个格格不入的人,是坚决的搅局者。协议除了与因卡塔相关之外，政府也一致同意在 11 月 15 日释放 300 多名仍然在押的政治犯（德克勒克对那部分内容一直讨价还价）。净化政治的必要性促使两位和平的主要缔造者签署了这份协议；德克勒克想要再次展开谈判，曼德拉则必须至少满足非国大武装分子的一些要求——采取反对因卡塔最恶劣行径的措施。

会议恢复了谈判。12 月上旬，政府与非国大召开了第一次双边会谈，这是一次为期 5 天的前所未有的户外战略会议。1993 年初，4 场私人双边会谈产生了一项可行协议的粗略轮廓。2 月 12 日，双方宣布，他们已经达成一个 5 年过渡时间内的原则协议——在此期间，多党内阁、政府和议会将在 1994 年初举行大选结果的基础上分享权力，每个党派都将根据其所赢得的投票百分比代表第一个民主团结的政府。在选举中，每个党派都将获得至少 5% 的得票率，以确保他们有权被囊括在过渡政府中。一个临时过渡理事会（最初在第二届南非民主公约大会之前被提出）将代表各党派监督选举的筹备工作，确保为所有参与竞选者营造一个"公平竞争的环境"。

基本上，德克勒克已经放弃了许多最初的谈判目标。他将在第一个由黑人占主导地位的 5 年统治中分享权力，但在 5 年之后他将接受"简单多数主义"——他曾断言在一个严重分裂的社会中（比如南非）这是完全不切实际的并严加谴责。他还将对其异想天开的方案——建议一个集体总统（由 3—5 名各派政党领导人轮流担任主席）——做出让步，并且对"所有决策都要基于共识"的要求做出相应让步；这些都是为了保证少数白人的否决机制。他似乎是在慢慢进行各种妥协，因为非国大的态度——坚持一切权力驻留中央政府——有所软化。德克勒克在如下要求上的态度也开始变得温和起来——国家新地区(省或州)的权力和边界将在制宪会议(或讨论这个问题的会谈)之前作出规定。

1993年3月6日,在10个月的僵持中断后,南非民主公约进程正式恢复,与之相伴的是举行各种筹备会议以组织新一届的会议。参会的代表团数量在增加——由19个增加到了26个,他们一直在努力获得更加广泛的共识,虽然现在存在着各种各样的观点,很难迅速达成共识。参会的保守党和泛非议会之前都曾强烈反对南非民主公约。南非民主公约在4月初正式恢复启动,甚至连4月10日的哈尼遇刺事件也不曾阻止它的步伐。

经过多轮空谈和激烈争论后,确定了6月3日为第一次全国大选的日期,本次大选将允许黑人参加,这标志着持续了342年的白人统治最终在1994年4月27日走向了独裁政治的尽头。选民们将选出400名代表组成一个立宪会议,它既是新宪法的制定机构,同时也是议会。还有很多细节需要敲定,不仅仅是权力的构成和新总统及其任期,还包括联邦政府的一些性质。同时,公约还强烈反对极端白人右派和黑人左派有关在黑人和白人之间整个权力分享的概念。经过3年多的谈判,人们终于商定了结束少数白人统治的日期。这个国家在历史上已经铺设好了最大的垫脚石。它使得德克勒克和所有白人做出了一个不可逆转的跳跃,最终进入新南非的全新时代。

结　语

　　经历了 3 年令人厌恶的暴力和谈判僵局后，仿佛一轮长期的雌雄较量终于走到了尽头，德克勒克和曼德拉如同两个筋疲力尽的重量级拳击手，双双都头破血流并遍体鳞伤。这两位英雄领导人的愿景——共同致力于带领他们长期分裂的社会走向种族合作的应许之地——已经变得模糊，这种局面是由他们自己痛苦的私人争吵和相互公开指责的悲剧导致的。他们互相削弱对方的地位，通过证明无法控制的事件和德克勒克改革所导致的离心力，将对方的力量削弱到最低程度；这些事件一步一步稳妥地碾碎了他们的权威和领导。

　　曼德拉在非国大党内的角色经历了一个引人注目的转变，如同蝴蝶破茧而出。在日常行政问题和国家执行委员会的内部争吵中，他被提升到一个新的、崇高的地位。曼德拉现在是运动中的杰出政治家，他率领代表团在正式场合会见了外国国家元首和重要来访者，他的非国大同事们都亲切地称呼他为"老爸"或他部族的名字马迪巴。有迹象表明他的身体正在逐渐衰老,大家都把更多注意力投向了自1992年底他开始频繁发作的疲惫问题。曼德拉在非国大领导层中仍然保持着一种适度的强有力的声音。1994年9月上旬,非国大和共产党激进分子曾怀疑他们的"莱比锡选项"和在比绍路障中的"循环大规模行动",此时曼德拉突然再次重申他的权威,旨在恢复谈判策略和非国大温和派的名誉。他结束了自己对德克勒克的个人攻击,并成功地缓和了整个非国大诋毁德克勒克的运动。9月26日,当非国大最终会晤德克勒克时,曼德拉作为代表团团长宣称对其代表团的行为信心满满;然而,几个参与者报告说,当一整天的讨论即将结束时,曼德拉的体力明显衰退。尽管曼德拉的权威和力量有所下降,但他通过努力在和平进程中再次占了上风,最好的证明就是根据2月12日宣布的协议将恢复谈判。

假如曼德拉对非国大的日常领导较从前已黯然失色,但他作为运动"元老"的国内和国际地位仍然毫无任何瑕疵。而另一方面,德克勒克最初的名誉——世界上最伟大的改革者之一——却遭到了巨大损害。曼德拉被释放前3年,很明显德克勒克未曾吸取前车之鉴并重蹈了前辈的覆辙——罗的西亚前首相伊恩·史密斯和倒台的苏联领导人戈尔巴乔夫在德克勒克之前曾犯了同样的错误。德克勒克同饱受唾骂的史密斯相比特别具有讽刺意味,因为回看德克勒克在1990年执行改革方案之初,他曾明确批评史密斯目光短浅——史密斯未能抓住最佳的历史时机与他的黑人民族主义敌人进行可行的最佳解决交易。德克勒克曾表示,他不打算让情势将他逼迫到角落里或自己被抓住政治和军事弱点时才被迫交出权力。这就是为什么他抓住了主动权——解除对非国大的禁令并与其进行谈判，假装白人权力仍然完好无损——的原因。然而，德克勒克的做法却与史密斯类似，他们都曾拖延了3年多的谈判时间（这远远超过了必要时间），因为在这期间他的战略家们忙着制定宪法建议以保全白人权力，他的安全部队也试图削弱非国大。事实证明，德克勒克像史密斯一样并不情愿将权力移交给黑人，并同样相信总有一天权力会重新回到白人手中。

另一方面，随着时间的推移，人们很容易就发现德克勒克与戈尔巴乔夫之间的比照发生了变化。首先，这意味着赞美德克勒克大胆的举措、奔放的管理风格和纯粹的政治勇气。然而1991年末，在戈尔巴乔夫的混乱政治消亡后，两人之间的对比呈现出了一个不讨人喜欢的内涵：优柔寡断的领导人不堪重负，最终被改革的巨变——他蓄谋已久并已经开始的改革——横扫至一边。1992年8月，德克勒克在一次采访中坚持说，从这层意义上来说，他不想成为"另一个戈尔巴乔夫"。他说，戈尔巴乔夫的主要错误是试图改革一个不可接受和不切实际的思想，即共产主义，而不是从整体上完全打破它。显然他已经思考过了戈尔巴乔夫陨落的原因，并清楚地认为自己在与旧秩序一刀两断的过程中避免了苏联领导人的犹豫不决："我最终已经在各方面完全分离了种族隔离政策，或是独立发展，你会叫它什么……我自始至终一直在准备着。我已经整整走了一英里。"

他是这样说的。然而，经过3年的改良主义，德克勒克比以往任何时候都不情愿如同戈尔巴乔夫一般前行"整整一英里"，他与史密斯一样对移交权力产生了犹豫。在最初两年里,德克勒克曾经也有壮举——抓住并把握住了政治主动权和道德高地,赢得了国际社会和大多数南非人的掌声。在1990年2月2日的演讲中,他做出了几项主要承诺:解除紧急状态,启动与非国大的谈判,并废除种族隔离的所有基本立法支柱。然后,突然之间,德克勒克对改革的兴趣逐渐消失,因为黑人获得权力的现实越来越迫近;他对形势的反应很被动,并不像最初那样去积极塑造情势或引导事件走向。德克勒克发起的改革也没有任何后续行动,他常常让他的部长们充分发挥削弱改革的精神,甚至他们的书信也自始至终贯穿着对抗措施。例如,虽然医院正式废除了种族隔离制度,但病房往往保持隔离状态,尤其是在大城市之外。"在医院中,为什么人们被安排住在一起或被单独分开也是各有原因的,可能是受限于医疗原因、宗教或文化的理由。"卫生部长里纳·文特尔(Rina Venter)虚伪地评论道,当时她试图阐明政府1990年的宣告——有关对白人医院的隔离。

德克勒克改革的重中之重似乎是需要获得美国和欧洲的制裁,除此之外别无良方。最令人讨厌的种族隔离立法确实被废除了,但德克勒克从未呼吁议会通过法律给予赔偿、整合或处罚持续的种族隔离。"肯定性行动"永远不会成为德克勒克改良主义思想的一部分;事实上,他公开抨击这些步骤,不管这是否适用于自己的政府或白人社会的其他方面。

德克勒克呼吁的改良主义并没有改变,最后的结果可能如预期那样——各种形式的种族隔离在现实中有增无减。正如德克勒克曾推进"私有化"的经济,所以他往往允许其数量不亚于"种族隔离的私有化"。至少在德克勒克的第一个3年任期内,绝大多数白人和黑人的变化真的都非常小。昔日的各个种族隔离社区继续在它们各自的世界里维持原状,官方并没有鼓励它们整合。少数富裕黑人搬到了约翰内斯堡北部的白人郊区,高级非国大黑人官员、工会领导人和企业家、知识分子如涓涓细流般慢慢渗入了中产阶级白人社区,比如嬉皮士希布罗地区(hippie Hillbrow)和雅皮士梅尔罗斯城(yuppie Melrose)。但是,绝大多数黑人一如从前,继续住在肮脏、破败和服务糟糕的全黑人城镇中;白人郊区每周继续由一大批身穿橙色制服的黑人街头工人进行环卫清扫作业。甚至威弗利(Waverley)北部郊区人行道上丛生的杂草也被喷洒了杀虫剂,只为使用人行道的少数白人能畅行无阻。第一次微弱的尝试——让下层黑人接近白人郊区——遭到了猛烈的抵制。德兰士瓦政府在约翰内斯堡制定了建设新城镇的规划,甚至开始动工修建了几个,但这些建筑离市中心越来越远,当然,它们也远离了白人郊区。旧种族隔离城市似乎继续运作良好,而其建筑师似乎也仍然活得很好。

因此,这些都是白人的偏见。自由主义者和保守派提出设置路障以阻止下层黑人接近他们的社区。这些白人抵抗者被称为"宁闲"(或"邻避"),是 NIMBY 的缩写,意即"别建在我家后院"(指反对有害建筑设施的人)。最著名的"宁闲叛乱"发生在1992年初,当时省政府试图搬迁几千名住在喷泉农场(the Zevenfontein farm,位于约翰内斯堡北部边缘)的寮屋居民,让他们迁居到另外一个地点,这个地方与白人社区的郊区相邻(起初是一个,后来变成了两个)。在布鲁巴士兰特(Bloubosrand)为阻止他们设置路障以及暴力威胁之后，迪普斯鲁特镇（Diepsloot）和奈特葛达奇镇（Nietgedacht）的白人向法庭求助颁布禁令——停止修建任何新的定居点。

白人社会似乎决意显示其对大多数黑人正在遭受住房、教育和福利方面的社会危机的不屑。现实中大规模的批发买卖令人印象深刻。大公司手握过量资本，但对存有风险的社会投资不感兴趣，于是将手中的盈余全数投入修建无穷无尽的新型美式购物中心和办公大楼，并在约翰内斯堡的白人郊区或其他地区不断开发海滨度假胜地和游乐小屋。这些项目中最有名的是位于开普敦的海滨开发方案，该项目耗资数百万美元，模仿巴尔的摩和旧金山的港口建设，配套设施应有尽有——其中有一座水族馆、一家酒店、码头餐厅、爵士俱乐部、啤酒馆、快餐店和在水中嬉戏的海豹。该项目似乎证实了开普敦获得的极乐世界的称号。这个地方后来居上，超过了德班的海滩，似乎更为白人偏爱，来到这里的白人也越来越多。

随着黑人获得权力的日子越来越近，许多富裕的白人开始忙于为自己修建梦幻王国的缩影。这个梦幻王国的典型无疑是失落城市乐园度假村以及位于其中心的宏伟的王府酒店。根据宣传册介绍，这是一座价值2.85亿美元的具有异国情调和"娱乐"功能的中世纪宫殿。宫殿原型仿佛从来都不曾真实存在过，或不可能曾存在于非洲南部，那是由古代人建造的（阿拉伯人比非洲人多），但这些古代的建造者们从来都不曾生活在这田园诗般的山谷中。重建宫殿的出资者称，这座传说中拥有350个房间的宫殿在几个世纪前毁于地震。他们决定复原整个宫殿——重建所有的350个房间，选址位于比勒陀利亚西北部一个废弃的角落，这个地方曾是真实存在却又短命的路易斯·霍曼佩"王国"的遗址，他是真实存在的博普塔茨瓦纳家园的主席。这位超级梦想家——准备打造一个如嘉年华般令人难以置信的迪斯尼乐园——是南非亿万富翁梭尔·科斯纳（Sol Kerzner），他是一位白手起家的南非赌王。他决定投资数以亿计的南非兰特，宁愿输掉这盘赌局也要博得最后对他个人成功的赞扬和看似垂死的古老南非的荣耀；在这座宫殿中，国王套房价格为每晚3500美元，"双床标准间"是270美元（相当于一个不需要特殊技能的黑人工人的优渥月薪），白人客户在这里没有必要担心会与黑人擦肩而过。科斯纳的梦想计划在1992年12月启动，他将其称为"世界上最非凡的酒店"。当然，在改革引发了巨大的政治和社会动荡并朝向新南非蜕变之时，这里确实是一块世外桃源。

在旧南非的最后日子里，德克勒克的政府沉浸在另一种幻想中。政府没有花费大量投资为黑人解决住房、教育和福利的巨大危机，却反而不断在科研领域注入数十亿兰特以开展各种先进的军事和科技项目——用导弹为欧洲或亚洲客户发射低轨道卫星；一座超现代的、基于激光技术的铀浓缩工厂；拥有60架瑞士飞机的空军。令人惊讶的是，德克勒克政府对黑人针对其在发展军事和航天工业方面大手大脚花钱的批评充耳不闻。这种讨论并不仅仅只存在于非国大或其他任何黑人政治团体，但德克勒克似乎完全没有意识到或漠视政府在这些项目中的大规模投资。1990年至1993年初，政府大笔一挥就向"特殊防御账户"转入了超过100亿兰特的资金，然而当时国家正处在水深火热之中。如果政府选择转换军事与民用项目的优先权,那么这笔钱既可以建造数以千计的学校、房屋和诊所,又可以在住房和城镇修复方案中提供成千上万个工作岗位。

由南非白人大规模占据主导地位的管理部门在特征或目标方面都没有太大的变化。高级公务员职位仍然只对南非白人敞开大门,或至少是白人。中央政府和省政府2885个最高排名的职位中,在1992年初只有14名黑人在职。德克勒克似乎对构建一套黑人与白人合作的新时代公务员制度完全不感兴趣。在公务员中没有实质性改革可言,甚至没有清除最无情的武夫以及博塔时代的种族隔离从业人员。当政治热度变得过于强烈以至于再也无法忍受时,德克勒克在内阁中也只是将臭名昭著的部长们进行降职处分,比如马格努斯·马兰部长和阿德里安·沃克部长。那些离职的部长们——巴伦德·杜·普莱西斯、格里特·维利欧恩、斯托菲尔·范·德尔·莫维,他们这么做纯粹是出于精力衰竭、健康不佳或个人选择。南非国防军和南非警方的最高统帅部的人员架构基本上保持不变,直到1992年11月的丑闻爆发终于迫使德克勒克清除了23名军官,其中大多数是从事情报工作的人员。

普遍规则是明确的:德克勒克试图通过不作为以保留尽可能多的白人权力当权派并维持南非白人对权力的支配。然而,在他最初启动的大规模彻底改革中,正是这个未经改革的当权派被认为最应该执行改革。不过,由德克勒克在南非主导的改革不同于戈尔巴乔夫在苏联指挥的去斯大林化的粉碎过程。最后事实证明,德克勒克并没有像他宣称的那样已经准备好打破"最后的和完整的"种族隔离制度,也并未采取措施以削弱南非白人对政府权力的垄断以及安全机构。经过3年的改良主义,在接受自己的改革启示之前,他仍然有很长的路要走,这样的情况类似于他当初指责戈尔巴乔夫不曾做到一样。

德克勒克有关改革的矛盾心理完全体现在了他对土地问题的处理上。遵守往昔的承诺,他取消了1913年和1936年的《土地法案》(Lands Acts)——该法案将87%的土地预留给了白人族群,但他没有返还任何之前从非洲持有者手中没收的财产。在这个问题上,德克勒克本可以采取一些积极措施以显示他正致力于社会公正,或至少做出一种象征性的姿态以启动部分国有土地的再分配。相反,政府设立了一个没有实际意义的咨询委员会——旨在解决土地分配审理纠纷,但只针对总统许可的黑人要求理赔前部落或祖先土地的案件。同样,德克勒克也没有对10个家园采取行动,尽管他早在1990年2月2日的演讲中就着重强调了他们需要融入一个单一的南非国家之中。更糟糕的是,他的政府实际上是在巩固家园基础,1992年将超过100万公顷的土地移交给了4个这种人为划分的基于种族的"小国"。不足为奇的是,鉴于与政府的政治联盟,布特莱奇酋长拥有66万公顷土地。有时,这显得像是种族隔离的做法也同样适用于已经被"私有化"的土地,由于秘密的业务往来,白人官僚和他们的农民朋友们继续维持原状。类似的事情发生在1991年和1992年,中央和省级的各种机构继续向白人农民购买和出售土地,罔顾数百万有迫切需要的黑人——他们失去了土地,无家可归。

1991年至1992年间,德克勒克对撼动其政府的多重丑闻显得不安,这也解释了他对改革持特别谨慎的态度的原因。比起他的前任,德克勒克显然对设立净化政府的更高标准更缺乏兴趣,尽管在非国大接管政府之前他曾做足了表面功夫。1992年11月期间,政府深受丑闻震撼,不仅戈德斯通的委员会严重泄露了军方继续赞助诋毁非国大的各种秘密行动,有关腐败和暴政的丑闻还在莱博瓦(Lebowa)、夸恩德贝勒(KwaNdebele)和西斯凯家园广泛传播。三项家园报告中的两项都涉及大量的浪费、家园管理不善,或80年代中后期在莱博瓦和夸恩德贝勒挪用数十亿兰特的政府资金。格里特·维利欧恩和斯托菲尔·范·德尔·莫维(在谈判的第一个3年周期中,他俩是德克勒克的主要战略家)被牵连,可德克勒克却不曾采取行动处置他们。两人都做出了一样的行动,那就是退出政坛。

随着11月的泄密,公众已经很难再相信德克勒克"不知情"——不知道他的高级官员们的作为,尤其是一些事情已经变得跟他自己与非国大谈判一样敏感。德克勒克的内阁幕僚戴维·斯图尔德(David Steward)试图通过将德克勒克描述为一个微妙的角色——在政治中铤而走险的领导者——从而达到转移当地和国际批评的目的。在彻底的净化和改革中,他不能解除自己的安全服务,也不能破坏南非的防御力量(他最主要的权力基础)。德克勒克无意重蹈戈尔巴乔夫的覆辙——让他的军队变得不满从而策划了针对他的政变。然而,斯图尔德欣然承认德克勒克必须培养一种更强硬的领导能力,否则将会面临不公平的对待——公众都认为他就是在自己军队中发起令人厌恶的行动的罪魁祸首。

更多的证据(来自民族党前秘书长范·德尔·莫维)表明德克勒克对非国大采取了双轨策略。1992年11月9日,莫维宣布将退出政坛。一周后,德克勒克在接受采访时承认该党刻意追求这样的策略,一方面是因为要实现谈判和解就必须与非国大合作,另一方面是因为即将到来的制宪会议和议会选举会使民族党与非国大成为激烈的竞争对手。他打了一个比方:这就像橄榄球队、足球队、板球队和棒球队聚在一起决定他们要玩什么游戏并商定他们必须遵守的游戏规则。首先,他们之间必须通力合作,确定玩什么及其规则。一旦这些事项确定,每支"球队"就会拼尽全力去赢得这场比赛。范·德尔·莫维说,民族党不仅商定了玩什么"游戏",还准备赢得比赛。

尽管所有的民意测试都显示非国大的支持率遥遥领先,但范·德尔·莫维的语气却很坚决,认为民族党赢得选举并非像期待天上掉馅饼一样困难。他的计算如下:民族党会得到65%的有色人种投票,75%的印度人种投票,可能获得85%的白人人种投票。最后,最重要的问题就是黑人选票。范·德尔·莫维计算出民族党可能至少会获得10%的黑人选票,并认为选票可能会增加到40%。他说,他的政党已经在黑人社区进行了大量"深入的科学研究",显示民族党有潜力获得如此大量的黑人少数派的选票。这完全取决于民族党在竞选活动中的表现,但说归说,也要知道如何去做才能最终赢得竞选。

范·德尔·莫维的计算和乐观预测主要源自加利福尼亚大学一位教授的研究,安德鲁·S.雷诺兹(Andrew S. Reynolds)在1992年花了一学年的时间在开普敦大学详审了白人人种、黑人人种、有色人种和印度人的选举票数并考虑了可能的投票模式。他发表了题为"震惊：在南非举行的普选中，民族党（和他们的盟友）可能赢得大选"的文章，雷诺兹的结论是："设计并执行种族隔离的民族党"很可能最终形成第一个民选政府——在南非境内，在与布特莱奇酋长的因卡塔自由党的联盟之中。

尤需注意的是，他据以预测的数据是建立在假设的基础之上的，事实上这个国家里1440万已满投票年龄的黑人中只有1080万可能成为合格选民，因为许多人无法证明其年龄或国籍，因此会被剥夺投票权利，这会使得选举名单上的黑人比重从68.5%下降至62%，而白人的比例会从18.8%提高到23%。如果民族党能获得有色人种票数的80%、白人票数的65%以及黑人票数的10%，那么南非第一次自由的、全民参与的选举将会产生以下结果：非国大得票率为40.6%，民族党得票率为30.2%，因卡塔党得票率为11.4%，白人右翼势力得票率为6.5%。换句话说，如果这些选票在议会选区中的分布是得到认同许可的，那么民族党、因卡塔党和白人右翼政党就可以组成一个多数联合政府。所以，不必担心没完没了的民意调查显示出的非国大会赢得绝对多数的选票（在55%—65%之间）。因此，另一位美国大学教授——阿伦·利普哈特——和他的权力共享计划拔得头筹，成了南非白人幻想留住权力的救命稻草。在黑人投票之后，白人权力终究还是有希望的。

几乎是自曼德拉走出监狱的当天，德克勒克和他的民族党就开始了争夺胜利的比赛。他们想建立一个中立的拥有适度多元种族力量的"基督教民主联盟"，意在从生活在家园、农村地区和白人农场中的黑人那里获得支持,民族党在内心深处确信这些地区的多数派都是保守的,并且高度怀疑非国大。他们的首要目标是传统的首领和宗教领袖,确信这两者仍然控制着大量选区并且会让他们的整个地区都支持民族党。

1991年5月上旬,德克勒克发出了他的首次个人呼吁,呼唤"沉默的大多数"(一如民族党认为的那样)黑人为一座巨大的新教堂奉献,这座属于国际五旬宗教会的教堂位于索韦托以外的祖贝肯。他对着在场的2万名信徒进行了政治说教,敦促他们不要被试图紧紧抓住"权力欲望"的组织所动摇,他说,这些组织导致了所有的暴力。1992年4月,德克勒克来到莫伊拉(Moira,位于德兰士瓦北部的彼得马里茨堡附近),出席锡安基督教会(the Zion Christian Church)一年一度的复活节弥撒,当时参与这次活动的人数超过了50万。他的发言依然不变:当心那些"觊觎权力并且不顾一切想要得到它的人们"。

在另一个选区,一个自称基督教民主联盟的组织拥有300万有色人种,他们的母语是南非荷兰语,是南非白人种族的"继子继女"——由300多年的异族通婚所致。跟南非白人一样,有色人种也是非常保守的人群,其成员大多属于荷兰改革教会。他们中的许多人认为非国大是黑人党、无神论者和共产主义者,在期待着其上台的同时也带着些许跟白人保守派一样的恐惧和不安。印度人中的绝大多数(近100万人口)也持有相似的观点。所以民族党(如范·德尔·莫维)认定,将这些不同的种族——传统首领和家园首领、教会领袖、有色人种和印度人种——召集到一起,就能提供足够的选票使得雷诺兹的预言成真。"我们相信这是可能的,但我并没有说这是可信的——民族党会获得绝对多数的支持。"范·德尔·莫维说。

范·德尔·莫维的思维有助于澄清德克勒克对非国大的态度,他认为非国大既是盟友又是敌人,既是和平的伙伴也是选举的竞争对手。如果民族党确实怀揣幻想——它能赢得绝对多数选票,无论以单独还是联合的方式——那么抹黑非国大的运动将明显有助于促进这种选举策略。一般的反对"民族之矛"的"迈林运动"以及军事情报局的秘密项目"回声计划"和《新闻链接》中反对非国大的宣传似乎是一个总体政治战略中的各枚棋子。正如我们已经看到的,还有其他证据表明,民族党即将赢得选举胜利。例如,为了讨好各个家园的领导人,政府决定移交超过100万公顷的土地,因为他们可能是潜在的盟友,这也是德克勒克对"沉默的大多数"的示好。

范·德尔·莫维也阐述了民族党选举思维的另一个基本方面,那就是他们控制着局势。他说,在黑人看来,虽然政治暴力玷污了政府的形象,但瘦死的骆驼比马大,即使形象受损也比非国大的形象更胜一筹。在非国大不温不火的支持者中,特别是白人自由主义者的圈子中,很多人对非国大持有的幻想破灭了。这些人半途转向或是因为政治暴力、非国大与共产党的强力联盟,或是因为对他们的普遍破坏和漠视。因此根据民意测试,非国大不可能赢得那面覆盖着荣耀并包裹着胜利征服的旗帜,即使它的榜样罗伯特·穆加贝的津巴布韦非洲民族联盟(执政党)在1980年的独立选举中已经有能力获胜。"从这个角度来看,时机不在非国大这一边。"他说。事实上,它已经慢慢削弱了非国大的战斗力并导致其内部对激进派不满。这符合范·德尔·莫维看到的总体趋势，非国大的政策经历了一场持续的单向调整，它是"从更极端到更温和"。

1992年底出现了两份重要文件，民族党的战略家们在其中发现了一些能支撑他们论点的内容——非国大的态度正日渐温和。第一份文件是非国大的"战略视角"政策声明，乔·斯洛沃在9月和10月还帮忙将其推荐给了全国执行委员会。该文件在11月18日正式出台，强烈反对自由主义者和革命者，为非国大的领导者扫清了道路——通过拒绝"革命夺取政权"并青睐与德克勒克的民族党分享权力，使谈判出现了一个转机。早先，这样的声明会被视为失败主义和反革命宣传。曼德拉也曾强烈谴责权力分享，称其是个让大多数黑人不能掌握权力的狡猾阴谋，但是现在他已经逐渐认同。"如果这个过程持续足够长的时间，"范·德尔·莫维半开玩笑地说道，"也许可以期待一个合理的政府。"

另一份文件为非国大带来了希望——有关非国大的新"现实主义"，他们喜欢这么称呼它——即为了新南非未来经济发展的"蒙特弗雷方案"（Mont Fleur Scenarios）。虽然它并不代表非国大的正式立场，但得到了经济部门和许多其他高级领导人的支持，他们于1991年9月相会于斯泰伦博斯（Stellenbosch）附近的蒙特弗雷。蒙特弗雷小组研究并假设了四种政治经济情况——其中三种起自鸟的名字，还有一个被称为伊卡洛斯（Icarus，希腊神话人物）——每种假设都有一个不同的政治谈判结局，并预测了截然不同的后果。

我认为"鸵鸟"方案是假设谈判破裂，德克勒克政府将单方面与其黑人盟友联盟。可能的结果将是超级不稳定的政治、"黎巴嫩化"的南非和政体经济灾难。"跛脚鸭"方案是假设谈判将导致一个联合政府,这个政府作为过渡阶段将一直到持续2000年。显然这样的政府将无法对国家的问题做出持久的计划安排或协议,并且也因此无法令投资者产生信心。在"伊卡洛斯"方案("现在腾飞,之后撞毁")中,一个真正的民选民主政府将上台,并将借助"社会消费热潮"来战胜种族隔离的遗毒。短期内这将导致一个拉丁美洲式的经济衰退,出现巨额债务、通货膨胀和经济崩溃,这样的事情已经发生在了由桑地诺民族解放阵线政府(Sandinista government)领导的尼加拉瓜。最后的"火烈鸟"方案是通过政治协议举行一次真正的民主选举并产生政府,它将导致缓慢但持续的经济增长,就像一只起飞的火烈鸟。

非国大的经济学家向国际货币基金组织和世界银行保证,他们打算避开"伊卡洛斯"方案的陷阱并选择"火烈鸟"方案。虽然不清楚是否有足够的现实主义者在非国大内部领导层中会采取这样的策略,但毫无疑问的是,非国大的领导人如果采用"伊卡洛斯"方案将会面临巨大的政治压力。真正具有讽刺意味的事情发生在谈判过程中——政府与非国大达成一致协议,决定采取"最完美"的方案——一个5年过渡政府和权力分享,根据"蒙特弗雷方案",这是一个"跛脚鸭"政府。

难道南非白人正沉浸在有关他们会赢得选举并且非国大会保持温和的态度的政治美梦中吗?难道德克勒克没有重蹈史密斯在罗的西亚的覆辙,在徒劳的希望中不断推迟解决方案,试图让激进的黑人民族主义者的反对之音在拖延中自行粉碎、褪色或削弱？或者扎克·德·比尔（Zach de Beer）——民主党最具洞察力的领袖——校正了他的"融合"理论，即非国大和民族党最终会以温和的方式共同统治，这是因为他认为最终"除此之外南非没有别的统治方式"？

当德克勒克和曼德拉即将结束他们的痛苦追求——让南非白人与黑人实现伟大的历史性妥协时，这两位伤痕累累的和平缔造者面临了可怕的困境：他们的政党都不可能单独统治国家，共同统治的前景也同样令人沮丧。权力分享的协议似乎成了一个摆设，打着"民主团结政府"的幌子并不能掩盖冲突的事实。这两个敌对合作伙伴如何才能就共同纲领达成一致协定，以便解决如下问题：平权平行、重组和肃清安全部队、白人土地的再分配、银行和矿山的国有化、与外国联盟？然而，如果非国大或民族党中任何一方被排除在政府之外，毫无疑问都将会发生巨大的政治动荡。每一方（当缺席统治时）都拥有足够的力量致使南非难以统治。双方似乎注定要被绑在一起，直到完成漫长而痛苦的新南非建设过程。曼德拉与德克勒克的关系可谓苦乐参半，这种状况同样适用于对整个非国大与民族党关系的描述。

如果非国大成为民族党在执政府中的合作伙伴，那么非国大与共产党联盟将会发生什么状况，这也是个问题。南非共产党会愿意成为这个妥协同盟中的一部分吗？或者打破这个联盟并上街反对它？共产党领导人欣然承认，他们有一个区别于非国大的社会主义议程，但非国大对这一议程似乎有些犹豫不决。这是不是意味着两个老盟友最终会分道扬镳？斯洛沃、哈尼和党的其他领导人都回避这个问题,说这一切都取决于非国大掌权之后是否会采取社会主义政策。这是不太可能发生的,只要非国大与民族党继续保持合作伙伴关系。然而,南非共产党认识到它还不如保持与非国大的关系,因为它会对其政策和思维方式产生更大的影响;它也可能有机会最终掌权。杰里米·克罗宁曾经写道,南非共产党最适合采用的模式就是卡斯特罗的古巴革命;古巴共产党与卡斯特罗的非共产主义在7月26日的运动中进行了融合,最终转化成了一个共产党团体。克罗宁说:"需要特别注意的是同样的事情可能会发生在这里,非国大将领导民族民主革命,而我们会领导第二阶段,即社会主义革命。"但如果共产党继续保留这项策略,这将意味着南非将由三方联盟统治,而此联盟将由民族党、非国大和南非共产党组成。这种三方鼎立的格局将会导致南非政局无法稳定。

毫不奇怪,很少有人看好新南非的顺利过渡。布特莱奇是名泛非主义者,他和顽固的白人至上主义者都在准备各自的消耗战以反对即将到来的妥协和解。共产党、非国大和工会中的武装分子都躁动不安,生怕非国大牺牲他们的社会主义目标来品尝权力的果实。尤金·那亚提——南非屈指可数的几位思想独立的黑人风险分析家之一——曾预测1994年达成的协议持续时间将不会超过3到4年。"公众幻灭以及生活质量缺乏改善会激起反抗。民事和劳动市场的动荡将致使国家再次无法治理。"他认为,在无情的压力之下,非国大将不可避免地转变为左派并采取泛非议会的黑人权力哲学。那亚提称,曼德拉面临的最大危险就是成为另一位阿贝尔·穆佐雷瓦(Abel Muzorewa),后者是由卫理公会主教转变而成的黑人政治家,1979年当选为过渡时期的由白人主导的"津巴布韦—罗的西亚"短命政府的首相。

约翰内斯堡大学的德隆·戈登海斯(Deon Geldenhays)教授也提出了同样悲观的预测。他化名汤姆·巴纳德(Tom Barnard)撰写了一本据说是南非正在形成的"大众历史",书名《南非:1994—2004》(South Africa: 1994 - 2004)。在1991年假日季节中,它引发了白人北部郊区的愤怒,紧张的市民在考虑是否要逃离这个国家。戈登海斯与那亚提一样,认为任何与非国大联盟的政府都会快速分崩离析。他在182页的篇幅中描述了一个新的"南非联邦共和国"将如何在短期内引发内战并导致国家解体,以及白人将如何创造他们自己独立的民族国家的情形。

甚至总统的哥哥威廉·德克勒克也预见到了这个国家未来的"多云"天气,因为它的民主传统太脆弱,并且暴力和革命仍然"太靠近皮毛"(意指暴力毫无遮掩)。同时,共产党担心南非将会成为另一个智利,而曼德拉将会成为另一个阿连德(Allende)——被受白人军队和安全部队支持的白人右翼领导的暴力革命推翻。

当两位主力"球员"越来越靠近决定他们的政治"游戏"规则的时刻,布特莱奇变得越来越偏执、对立和恶意。德克勒克与曼德拉之间的关系每前进一步,都会导致两者与布特莱奇的关系后退一步。夸祖鲁酋长在签字前一天拒绝了9月的协议,切断了与德克勒克的双边会谈,并警告说他将反对非国大与政府之间达成的任何协议。如果他缺席,那么唯一的后果就是内战。布特莱奇发布了因卡塔自身的计划,即在一种微弱的联盟中建立一个很大程度上自治的夸祖鲁—纳塔尔国家。酋长在假惺惺地向人们保证他不会建议分裂的时候甚至用上了威胁的字眼。德克勒克和曼德拉拒绝了酋长的政治勒索,并避免了让他们的双边会谈受制于布特莱奇从乌伦迪敲响的战鼓。双方都为酋长提供了单独的双边机会,希望借此吸引布特莱奇回到和平进程之中。

尽管有不可预知的"布特莱奇因素",但非国大与德克勒克政府仍然努力填埋了横亘在他们之间的宪法壕沟。他们的高级官员正日渐"亲密",当共同绘制了一个双边蓝图之后,就迫不及待地希望能"卖"给其余党派(被排除在两人的私人谈判之外的党派)。他们似乎已下定决心,不论有没有古板的成员以及极端的民族主义者、泛非议会者和阿扎尼亚人民组织,都要锐意进取;同样,德克勒克也不会因为白人右翼的反对就改变航线。最终在1993年4月上旬,泛非议会和保守党在第一次参加南非民主公约时,给了非国大和政府一个希望——白人右翼势力和黑人激进分子的威胁可能最终会得到管制,或至少得到控制。

他们携手共进的原因很简单:在第一次选举中,他们的联合可能会赢得70%—80%的选票,从而为过渡政府赢得一个牢固的基础,只要他们的双边关系能够保持正常工作。但是他们是否能成功建设一个足够强大的政治系统以容纳各种边缘政党尚不可知,因为不能确定其他政党是否正排着长队反对即将达成的协议。只有一件事似乎能够确定,那就是两个关键政党面前正横亘着一片激流,在联合政府中处理彼此的关系显得困难重重。

德克勒克与曼德拉在未来会是什么样子仍然是个有趣的话题。如果曼德拉足够长寿的话,那么他注定要在1994年4月的选举中成为第一位黑人总统。虽然他经常说他永远不会就职于一个临时过渡政府,除非是民选他才会接受总统的位置,5年过渡政府计划让这变成了一个冒险议题。毕竟曼德拉在1993年7月18日将满75岁,若是他以民族和解的象征的身份主持第一届临时政府,越来越多的压力将会袭向他。

德克勒克的未来会怎样?1993年初产生了很多猜测,比如他是否愿意任职曼德拉的部长或甚至是首相?旧南非白人统治精英的领袖可能使自己屈尊于新黑人权力精英的领袖吗?德克勒克最初可能会以民族和解和政治稳定的名义同意这样做,但这只可能是短期的。这两个男人之间已经建立了太多的仇恨,经过3年的共同觉醒,他们在一起近距离高效率工作了很长一段时间。当代南非史上最悲惨的事实就是,世界上最著名的两位和平缔造者已经分手了,在他们追求和平解决的进程中变得不再密切。正如革命往往会吃掉自己的孩子一样,南非的和平进程也摧毁了其领导人之间的融洽关系。

或许是曼德拉再也无法忍受与德克勒克相处,也或许是他身体状况不允许,他逐渐将最关键的位置——他最初在非国大与白人政府的谈判中所扮演的角色——让给了西里尔·拉马福萨。自在1991年12月第一届南非民主公约中闹翻之后,曼德拉就很少私下会见德克勒克,当然也就无从讨论如何克服谈判的最新障碍或解决暴力的最新危机。(1993年3月22日,他们在约翰内斯堡附近悄悄会面,这是6个月来的第一次,他们还举行了其他几个后续会议以打破有关选举日期的僵局。)两位领导人之间的电话通话同样是罕见的。相反,拉马福萨发展了自己与政府的私人专线，并且他与一个以他为核心的小团体接受了制定非国大的谈判策略的责任。拉马福萨建立了他与鲁洛夫·迈耶——德克勒克内阁中最优秀最聪明但被丑闻缠身的成员——的特殊关系，这个男人在1992年中期从格里特·维利欧恩手中接任了宪政事务部部长的职务。

迈耶与拉马福萨这对伙伴似乎在许多方面都实现了德克勒克与曼德拉曾无疑希望建立在他们之间的关系。这种新的政治友谊是破坏了德克勒克与曼德拉关系的政治动荡的产物，随着时间的推移似乎正变得越来越巩固。也许是因为迈耶和拉马福萨保持了他们的低调关系以及无污点的政治姿态，德克勒克和曼德拉都觉得必须成为各自的政治理由和选民的代言人。

甚至有传言说拉马福萨与迈耶曾在1992年9月进行过秘密会晤，两人促膝长谈，还在德兰士瓦东部旷野中的一个私人庄园中进行过一次面对面的"钓鱼"探险；德克勒克和曼德拉从未成功享受过这种非正式的奇妙关系。早些时候，两位年轻人领导了由于1992年6月的波帕屯大屠杀而被中断的政府与非国大的谈判的重建工作。8月21日，他们开始了一系列的秘密会议，在会议中他们探讨了恢复双边谈判的途径。甚至比绍大屠杀也没能打断这些会议；事实上，这次事件反而为他们的使命提供了新的紧迫感，而他们的使命就是找到一种返回和平谈判桌的方式。拉马福萨和迈耶都深深清楚他们的使命，并且扛起了在各自政党和社群之间搭建桥梁的重担。

一个记者在离开一个国家很长时间之后，各种奇怪的印象经常会萦绕在其脑海中,这些印象不一定能描绘出整个事实,然而却留下了一个强大的拥有象征意义的深刻印记。对于我来说,其中一个印记就是南非的三位主要领导人各自处在天南地北的地方(实地距离),仿佛同时攀爬着属于同一山系的不同山峰。尽管这些山峰各有不同,但都属于同一雄伟的山脉——南非。在这个过程中他们不仅生发出彼此的联系,但同时又可悲地与各自的人民越来越远,那些人们在这几位领导者自己的山谷中不断地进行着战斗。

联邦议会大厦是德克勒克领地的主要标志,这是一片大规模的统辖内的综合设施,周围被精心照料的花园环绕着,地处比勒陀利亚中心的东部,仿佛山顶上绵延蔓生的孤独光辉。两堵壁垒般的墙壁围绕在它前面,其目的是维护安全并防止街头愤怒的暴徒前往中央圆形剧场,更别说政府管理办公室里。这片城市区域几乎听不到一点儿声音,它无法抵达综合设施,当然更不可能传入德克勒克的办公室——位于西翼正面的厚墙之后。获许进入参观的游客寥寥无几,令此地有一种奥林匹斯山巅之感。外国游客和到访的南非白人可以欣赏这尽收眼底的壮丽景色并在广场上四处走动,但我没有看到任何黑人,除非家园的官方代表团前去拜访国家总统或他的某位内阁大臣。在任何情况下任何人都不欢迎入内,除非公务原因或者收到特别邀请;甚至有时候记者也不得不在外面等候,在刻着浮雕的廊柱之下,围绕着空空如也的圆形剧场,只有得到允许方能入内准备新闻发布会。

从德克勒克的办公室放眼望去是被蓝花楹覆盖着的城市街道,这些蓝花楹密密匝匝,已经蔓延到它们原来的领地。方形的花岗岩则来自城市的另一个山头——西南嵴。这里矗立着开拓者的纪念堂、气势雄伟的纪念碑,以纪念荷裔南非人的顽强、他们从开普敦进入内陆的大迁徙,以及他们的使命——把"白人文明"带给"异教徒非洲人"。德克勒克肯定经常问自己,子孙后代会对他在南非布尔人徒步穿越历史的过程中扮演的孤独角色作何种判断。

而曼德拉,被隔离监禁了27年之后,发现自己重获自由时被再次切断了与人民的联系并且他们再次违背了他的意愿。出狱后,他生活在奥兰多西区索韦托的维拉卡兹街,这是一座有4个房间的老房子,位于一片生气勃勃的社区,混合了低产和中产阶级邻里街坊,四周都是相同的小房子,这些居民还常常来看望他。他家门前只有一道铁丝栅栏与邻居家隔开。然而,还没住上几个月,温妮就劝说他搬家,当地媒体称温妮的这个决定非常愚蠢。温妮说的新家是一座价值70万兰特的红砖大楼,其中有15间客房和一个游泳池,并有一堵12英尺高的围墙。她建造这所房子的开销来自她的著作《我的灵魂与他同在》(*My Soul Went with Him*)和国外——主要是美国——的捐赠。新房子伫立在绰号贝弗利山(Beverly Hills)的山坡上,这座山与其所在区域同名。房子建成于1987年,但在曼德拉获释之前温妮从未真正入住,甚至在1989年末还遭到过严重破坏,因为它一直空荡荡的。经过修复和翻新,曼德拉在温妮的愚蠢决定下大约在这里生活了两年,将自己从索韦托的街道生活中抽身而出。以他为核心的家庭在不断扩大,我们经常看到他在新闻发布会上把一个或另一个孙子放在大腿上。

然后，由于安全和婚姻的原因，他在1992年初搬进了位于霍顿（Houghton）的白人上层阶级社区，这里是北部最豪华的白人郊区之一。在这里他独自生活在12英尺的高墙之内，但这一次周围环绕着他的是富有的白人。他能在街上看见或交谈的黑人全都是白人的仆人；他唯一可能听到的声音是那些看门狗的吠声——驱赶黑人陌生者离开白人邻里的豪宅。曼德拉家族当时已经分居在约翰内斯堡内三处不同的公寓。温妮住在索韦托继续她的"愚蠢行径"；爱女辛济选择了逃离刚愎自用的父母并搬进了自己位于伯泽伊登霍特谷地（Bezeidenhout Valley）的房子，位于约翰内斯堡东部的白人郊区。1992年7月下旬，当我在霍顿的家中采访曼德拉时，他给我的印象是非常孤独，茕茕孑立。他的孩子和16个孙子孙女都没有跟他住在一起。温妮一直在收集文物，以至于把他们位于索韦托的房子变成了一座博物馆。相反，他在霍顿的住所被装修布置得有点儿接近欧式风格。这里只能听到房子周围仆人们熙熙攘攘的声音，要么四周回荡的就是沉默以及压低声音的电话交谈。

自从1992年5月的一个星期日访问了颇拉公园的寮屋营地之后，我意识到他是多么想念他的人民，以及生活在霍顿令他多么心怀愧疚。他直接在那里向媒体发表了演讲，就在非国大的政策会议即将结束之时；他为营地的肮脏和苦难深深动容，起初这些就是他想说的全部内容。他甚至指责白人媒体忽视了居民的困境。当然，大多数聆听他演讲的记者们都曾访问过颇拉公园并且知道营地的条件是如何可怕。但是曼德拉的反应凸显了他到底距离他的人民和他们的日常痛苦有多么远。

布特莱奇可能是三位领导人中距离南非日常现实最远的一位。他住在乌伦迪,位于雄壮而孤立的夸祖鲁东北部山脉的深处。从这个小城镇开车到德班大约需要两到三小时,它坐落在一个四周被群山环绕的巨大碗状地形中。这里是19世纪祖鲁首都的遗址,正是在这里祖鲁先民于1879年的最后一次大战役中击败了英国军队,它标志着布特莱奇祖先的荣耀。乌伦迪虽然充满了历史遗迹,但仍然是个小得不能再小的城镇,只有一个十字路口和几家商店、一个加油站和一个假日酒店,以及杂乱无章的酋长们的宫殿,宫殿前面经常能见到夸祖鲁议会所属的奶牛正在外面的草坪上吃草,好像它们在这里是为了凸显夸祖鲁首都的田园牧歌风光。

乌伦迪始终是平静的,因为只有夸祖鲁的官僚和因卡塔的官员以及一些下属住在那里。住在这里意味着布特莱奇将永远无法产生日常斗争和痛苦的意识,更别说在遥远的约翰内斯堡争权夺利了,而他的追随者们却在纳塔尔感受着这种意识——试图在他们与非国大的斗争中给布特莱奇个人带来更伟大的政治荣耀。然而,正是从这一超然的高度,这位酋长对非国大扔下了他的口头炸弹,并且传达了对所有敌人尖酸刻薄的长篇大论。如果偏远的乌伦迪能提供给他全然的保护以远离非国大急于杀死他的人群,那么它也将保证让其远离自己人民的真实世界——非国大早已开始蚕食他们对他的忠诚。

在这相互孤立的背景设置中,三位领导人因为我的提醒而勾起了痛苦的回忆——去回想发生在南非的所有事情。他们并没有走到一起,甚至没有向彼此伸出友谊之手,种族和政治"社区"

转向内部，只为了自我保护以及寻求与南非同胞们的分离。这里到处都是褊狭的围墙、恐惧的壁垒以及绝望的高墙。白人围绕着他们的家园修筑了更高的围墙，或者在他们的郊区筑起了新的围墙以阻止住在寮屋中的黑人和四处流窜的罪犯。因卡塔把青年旅社转移到了堡垒背后，这样其成员就能自行设置路障以阻止非国大的成员进入。非国大的支持者们也忙着构建无形的围墙，即与他们的竞争对手争夺城镇地盘并驱逐任何被怀疑为反对他们的人。似乎南非最迫切的需要是社会和政治的桥梁搭建者；但事与愿违，在新时代的曙光中产生的只有围墙修筑者。

我不禁感慨，德克勒克和曼德拉不知何故在最后关头失去了他们的历史性机会，即成为新南非中第一个伟大的桥梁搭建者。他们并没有通过建立一种模范的合作关系来展现民族和解的方式，相反，他们建立了一个令人失望的范例——黑人与白人互不信任且相互指责。最后，似乎唯一能把他们联系在一起的纽带就是他们对现实政治的敏锐直觉以及共同致力于通过妥协和平解决南非问题的倾向。事实上，他们像两个被铁链锁在一起的在逃囚犯，仇恨彼此但又清楚地知道需要另一个人的力量才能更好地奔向自由。人们只能寄希望于拉马福萨和迈耶，这两人更年轻也更灵活，希望他们能够成功接管他们的导师已经开始的事业：民族和解与种族合作。现在是时候把接力棒交给新一代的和平缔造者和桥梁搭建者了。

年　表

　　这份年表列出了所有有关谈判的重大事件(谈判的目的是为了建设一个新南非),并囊括了这本书中提到的所有时期发生的重大事件。

　　1989年2月2日,国家总统博塔从两个星期前的中风中恢复过来,决定辞去民族党领导人职务,不过他仍然担任国家总统。当天稍晚时候举行了一次党内会议,当时任职内政部长和国家事务与国民教育部长的德克勒克当选为民族党领袖。

　　1989年7月5日,博塔会见了被囚禁的非国大领袖曼德拉,这是自1962年以来南非总统与曼德拉的第一次会面。

　　1989年8月14日,由于内阁的反对,博塔被迫辞去国家总统的职务。德克勒克成为代理总统。

　　1989年9月14日,德克勒克当选为下一个五年任期的总统。

　　1989年12月13日,德克勒克第一次与曼德拉会面。

　　1990年2月2日,德克勒克在议会发表演说,宣布了他的两大意图：其一为实施重大改革，其二为释放纳尔逊·曼德拉。

1990年2月11日，曼德拉获释。他自1962年8月5日被逮捕和判刑后一直被监禁，连同1964年6月12日"利沃尼亚审判"上的其他罪名，他被判处无期徒刑。

1990年3月26日，约翰内斯堡附近的色勃肯城镇发生了大屠杀（警察开火造成11人死亡，超过400人受伤），导致非国大与政府间第一次"有关谈判的会谈"被推迟。

1990年3月28日，因卡塔袭击了非国大位于彼得马里茨堡附近的据点（纳塔尔中部地区）；这是自1987年开战以来最糟糕的一天（在接下来的一周内有80人死亡，数百人受伤）。布特莱奇酋长否认煽动暴力。非国大的一位地区领导人哈利·夸拉在几天后破坏了曼德拉曾希望与布特莱奇就暴力问题举行的会议。

1990年5月2日至4日，非国大与政府间第一次正式谈判在开普敦的格鲁特·索尔举行。会议产生了一份名为"格鲁特·索尔备忘录"的协议。

1990年6月2日，非国大组织了一次为期一天的全国大罢工，旨在反对布特莱奇和他的夸祖鲁政权，但收效甚微。

1990年7月22日，在色勃肯的一次因卡塔集会上，约翰内斯堡地区的非国大与因卡塔成员发生了自曼德拉出狱以来的第一次大规模冲突（超过30人丧生）；警察并没有在意非国大发出的潜在暴力的警告；7月24日，德克勒克和曼德拉对警方的失败行动表达了各自的愤怒。

1990年8月6日，非国大与政府代表们在比勒陀利亚举行会谈，会后产生了一份名为"比勒陀利亚会议记录"的协议（其中非国大同意"暂停"武装斗争)。

1990年8月31日,政府修改了《祖鲁法典》,允许他们携带"危险武器"参加政治集会——如果这些人对传统的祖鲁武器拥有"善意的意图"的话(因卡塔是这次修改的主要受益者);该法令于9月30日生效。

1990年11月15日至19日,因卡塔党大规模袭击了非国大位于约翰内斯堡外的寮屋营地据点,并且获胜;在这年的最后几个月里,非国大与因卡塔的暴力不断升级。

1990年12月14日至16日,非国大协商会议召开,此次会议讨论了谈判和其他问题(这次协商会议被用于替代全国会议,直到1991年7月)。

1991年1月29日,曼德拉与布特莱奇召开了领袖峰会,会上签署的和平协议很快就被鲜血染红。

1991年2月4日,对温妮·曼德拉的审判在约翰内斯堡的兰德最高法院开庭;她被指控绑架,并且涉嫌参与一起袭击案,案件涉及1988年最后几天中谋杀莫克蒂西·斯托比尔·塞佩的案件(尸体在1989年1月6日被发现)。审判持续了14周。

1991年2月12日,非国大与政府在开普敦机场签署了《达尼埃尔·弗朗索瓦·马兰协议》(以第二次世界大战后首相的名字命名)。

1991年3月8日至10日,因卡塔迁入约翰内斯堡外的亚历山德拉城镇;3天的战斗共造成了45人死亡;因卡塔控制了马达拉青年旅社,这里居住着2000至3000名农民工。

1991年3月17日,因卡塔在亚历山德拉举行集会,庆祝它在这里建立据点。附近进行了一场非国大与因卡塔支持者的激战，当天有6人丧生。

1991年3月24日，警察向非国大示威者开火，地点在约翰内斯堡东部的戴维顿，至少造成12人死亡。

1991年4月3日，在一次由阿斯彭研究所举办的研讨会上，曼德拉对美国议员和他们的助手们发表了演讲，研讨会的地点在开普敦的纳尔逊山峰酒店；他发表了对德克勒克持续不断的暴力事件的长篇大论（然而，这次会议没有邀请媒体，所以细节未曾公开）；第二天德克勒克做出回应，对同一群人发表了演讲，似乎根本没有意识到曼德拉对他有多么愤怒（他们闹翻的事件直到1991年11月才对外公开）。

1991年4月4日，曼德拉在非国大全国执行委员会中宣称，他曾经称德克勒克是一位"正直的人"是错误的。

1991年4月5日，非国大以一封公开信的方式对德克勒克发出了"最后通牒"（其中包含7项要求），称除非德克勒克采取遏制暴力的行动，否则谈判将会取消。非国大要求政府在5月9日之前满足他们的要求。

1991年5月13日，迈克尔·J.施特格曼裁决了温妮·曼德拉的案件，第二天她因绑架被判处5年有期徒刑，因参与协助袭击被判处1年有期徒刑。（1993年6月2日判决被大事化小，小事化了；温妮最终没有蹲监狱。）

1991年7月2日至7日，在中断了30年之后，召开了第一届非国大全国会议。纳尔逊·曼德拉当选为主席，西里尔·拉马福萨当选为秘书长；66位全国执行委员会的成员也在当月随后当选。在本月晚些时候,从全国执行委员会中挑选出了26位成员组成全国工作委员会以开展非国大的日常事务。

1991年7月19日,"因卡塔门"丑闻爆发(政府帮助因卡塔筹措资金,包括1989年11月和1990年3月举行集会的资金)。

1991年9月4日,民族党在布隆方丹召开了联邦会议,随后在开普敦召开了另一次会议,会上商讨了政府架构事宜。

1991年9月14日,在约翰内斯堡的卡尔顿酒店举行了民族和平会议(其中包括50个商业、教会、公民和政治团体);这是曼德拉、德克勒克和布特莱奇的第一次三方会议;会议基本上是一场灾难。会后签署了《民族和平协议》,但收效甚微。

1991年9月至10月,尽管曼德拉与德克勒克存有分歧,但仍然进行了几次私人会面,试图克服他们之间的分歧。

1991年11月28日至29日,来自20个党派的60名代表举行了预备会谈,地点在约翰内斯堡的简·史莫兹国际机场附近的假日酒店。他们都同意多方会谈的基本规则,虽然第二天泛非议会退出了会议。各个政党同意南非民主公约大会将于12月20日在世界贸易中心举行,该地也位于简·史莫兹机场附近(这是经过了22个月的预备谈判和会谈才达成的结果)。

1991年12月5日至8日,南非共产党举行了第八次全国代表大会并选举克里斯·哈尼替换乔·斯洛沃出任总书记,后者出任"民族主席"。

1991年12月20日至21日,南非民主公约大会如期举行,政府与其他18个代表团参加了会议(布特莱奇酋长拒绝出席,但派遣了因卡塔代表团前来参会;泛非议会已经退出了谈判过程);在会议即将结束时,德克勒克猛烈抨击非国大,导致了曼德拉的公开反击。第一届南非民主公约大会以失败而告终,没有人知道接下来会是什么样子。

1992年2月19日,民族党在波切夫斯特鲁姆举行的选举中惨遭失败。第二天,德克勒克计划于3月17日在全国范围内发起有关他政策的全民公投,称如果失败他将辞去总统职务。

1992年3月7日至28日,因卡塔通过抢占更多的领地来庆祝接管亚历山德拉一周年,并创建了一个戏称"贝鲁特"的区域;战斗共造成11人死亡,341人受伤。

1992年3月17日,德克勒克的表决通过;它获得了68.6%的支持率(全部为白人)。

1992年4月13日,曼德拉宣布与温妮离婚,他们于1958年6月走进婚姻殿堂。

1992年5月7日,皮卡德法官的调查报告正式发布后,政府在发展援助部门的腐败丑闻被公之于众。

1992年5月8日,政府丑闻再次爆发,涉嫌于1985年在克拉多克杀死4名非国大活跃分子。

1992年5月15日至16日,在经过了4个多月的中断(非国大和政府官员一直在幕后工作)后,南非民主公约举行了第二届全体会议,地点再次选在世界贸易中心;此前一天,曼德拉与德克勒克进行了他们自第一届南非民主公约大会前夕之后的第一次面谈;在解决方案上,非国大与政府仍然相距甚远;第二届南非民主公约大会结束时会谈笼罩在一片宪法和政治疑云中。

1992年6月17日,波帕屯大屠杀爆发;46人被因卡塔突击队杀死；非国大对警察的表现非常愤怒，让本来就僵持不下的谈判陷入了更严重的僵局。

1992年6月至8月，南非共产党组织了"循环大规模行动"，最终在8月3日至4日发起了全国罢工。

1992年9月7日，非国大和南非共产党在西斯凯家园的首府比绍进行了示威游行，引发了西斯凯军队和警察对游行队伍的大屠杀，造成29人死亡，200人受伤；这是由于非国大领导层的错误决定导致的。

1992年9月26日，曼德拉与德克勒克的峰会达成协议——恢复和平进程；此次会议整理出的文件名为"理解纪要"；非国大全国执行委员会在几天之后批准重启谈判，布特莱奇被双边协议激怒了。

1992年10月的最后一周，非国大全国工作委员会讨论了一份内部政策文件，名为"战略视角"，在非国大联盟中引起了激烈辩论，辩论的主题是谈判最终将获得什么结果。1992年末，南非共产党似乎重新考虑了其战略、战术和过去的错误判断。乔·斯洛沃是改良主义的主要倡导者。

1992年11月16日，自2月起就在调查安全部队的不当行为的大法官理查德·戈德斯通宣布，他的委员会刚刚对一个秘密的军事情报活动中心（提供"肮脏伎俩"的部门所在地）进行了突击检查。两天后，德克勒克宣布他将展开自己的调查研究；一个月后，他宣布23名官员将被停职或提前退休，但并未涉及那些最臭名昭著的官员。

1992年11月18日，非国大全国工作委员会采纳了《战略视角》的观点,为它接受与民族党分享权力的妥协方式扫清了道路。

1992年12月上旬,非国大与政府开始了一系列双边会谈,在会谈期间产生了可行的解决方案雏形。

1993年2月12日,非国大与政府宣布达成了一个5年过渡原则的协议,在这期间成立多党内阁、政府和议会,并在大选结果的基础上分享权力,而大选将可能在1994年初举行。

1993年3月5日至6日,南非民主公约在经过10个月的中断后再次恢复,并召开筹备会议以组织新一届的南非民主公约大会。

1993年3月22日,德克勒克与曼德拉秘密会面以试图打破谈判僵局;随后又举行了一些后续会议。

1993年4月1日至2日,南非民主公约举行了第三届全体会议,共有25个党派(加上南非政府)参与。这是白人保守党代表和黑人激进组织泛非议会代表首次参会。

1993年4月10日,克里斯·哈尼被暗杀。

1993年4月23日,曾在1967年至1991年间担任非国大主席的奥利弗·坦博死于中风,享年75岁。

1993年6月3日,1994年4月27日被确定为全国大选的既定日期;谈判继续。

索引

A

Adams, Erica, 艾丽卡·亚当斯 57

Advisory Commission on Land Allocation, 土地分配的顾问委员会 256

African Communist, 南非共产党 223, 224, 226

African National Congress (ANC), 南非非洲人国民大会(ANC)

    anti-apartheid movement influenced by, 反种族隔离运动的影响 120-21

    armed struggle by, 武装斗争 20, 28, 29, 30-31, 36-39, 94, 95, 103, 106, 108-10, 112, 121, 123, 124-34, 178-81

    ban lifted on, 解除禁令 13, 20, 25, 75, 79, 80, 81, 88, 101, 123, 225

    banning of, 禁止 39

    in CODESA talks, 在南非民主公约的会谈中 210-12, 215, 216-17, 223-28, 233, 245-46

    consultative conference held by (1990), 举行协商会议(1990) 110-11

    decision-making in, 做出决策 156-58, 160-61

de Klerk's Parliament speech and,德克勒克的议会讲话和 79, 80

dual leadership and membership in,双重领导和成员资格 91, 95–96

economic policy of,经济政策 121, 160, 263

electoral victory for,选举胜利 257–62

exiled leaders of,流亡领导人 27, 108, 110, 123

factions in,派系 22, 85–97

founding of,成立 35

Freedom Charter,《自由宪章》 42–43, 85, 86

grassroots level of,基层 36, 41, 112

headquarters of,总部 70

Inkatha vs.,因卡塔与 90–91, 96–97, 116, 117–22, 123, 124–34, 164, 165, 168, 221, 225–26, 230, 236–39, 243–44, 271

leadership of,领导 29, 39–41, 87, 88–89, 90, 91, 112, 156–58, 160, 163

Mandela's influence in,曼德拉的影响 9, 21–22, 35–41, 48–49, 85–86, 89, 90, 95–96, 97, 111–12, 156–61, 249–50

Mandela's loyalty to,曼德拉的忠诚 20, 160–61

membership of,成员 111–12, 204

militancy of,战斗 217–23, 249

moderates in,温和派 249–50, 260–62

national conference of (1949),国民会议(1949) 35–36

national conference of (1991),国民大会(1991) 133–34, 155, 156–57, 162

National Executive Committee (NEC) of,全国执行委员会(NEC) 39–40, 41, 88–89, 90, 91, 92, 95, 100, 107, 110, 111, 133, 138, 147, 153, 157, 158, 179, 219, 220, 245, 249 nationalism advocated by, 倡导的民族主义 83, 85-86

National Reception Committee of, 国家接待委员会 14-15, 17

National Working Committee (NWC) of, 全国工作委员会(NWC) 158

negotiations with, 谈判 9, 26, 28, 30-31, 101, 102, 104-13, 133-34, 157-58, 210-12, 216-17, 223-28, 245-46

NP alliance with, 民族党联盟 126, 163, 171-72, 262, 63, 264

NP compared with, 与民族党相比较 98, 99, 100, 120, 200, 257-62

as political party, 作为政党 88, 108, 119-20, 180

realists in, 现实主义者 261-62

regional leaders of, 区域领导人 41, 90-91, 96-97, 129, 155, 161

reorganization of, 重组 156-58

Revolutionary Council of, 革命委员会 94

SACP alliance with, 南非共产党联盟 28, 29, 39, 45, 77, 90, 91-96, 103, 109, 111, 124, 154, 158, 209, 217-28, 249, 263-64

Social Welfare Department of, 社会福利部 136, 153-54, 158, 159

Soviet support for, 苏联的支持 95, 103

Women's League of, 妇女联盟 138, 147, 153, 154, 155-56

as Xhosa organization, 科萨组织 124-25, 156

Youth League of, 共青团 35, 36, 41, 49, 120, 154

Afrikaanse Studentebond, 南非荷兰语学生会 64

Afrikaners, 南非白人, 或称布尔人(祖籍欧洲, 尤其是荷兰的南非人)

definition of, 定义 188, 202-3

nationalism of, 民族主义 82-83

political power of, 政治权力 64, 201-3, 257-62

right-wing organizations of, 右翼组织 182-205

terrorist groups of, 恐怖组织 193-99, 200, 203-4

  violence as perceived by,感知的暴力 124-25

  volkstaat(homeland)for,家园(volkstaat 为荷兰语) 189-93,197,198,
   201-2,204

  as white "tribe",作为白人"部落" 12,183-84

Afrikaner Volkstaat Bedweging,南非白人家园运动 203

Afrikaner Volkswag,南非白人大众 189,192

Afrikaner Weerstandsbeweging(AWB),南非白人抵抗运动(AWB) 173,181,
 195,197-99,200,203-4

Albasini,Joao,若昂·阿尔巴西尼 182

Albasini ruins,阿尔瓦西尼遗址 182

Alexandra attack,亚历山德拉的攻击 130-31

Algeria,阿尔及利亚 37,38

Angola,安哥拉 8,30,46,118,176

anti-apartheid movement,反种族隔离运动

  amnesty for,特赦 110

  ANC's influence in,非国大的影响 120-21

  ban lifted on organizations in,取消组织的禁令 13,20,25,75,77-78,
   80-81,122-23

  banning of organizations in,禁止组织在 39,80-81

  centrally directed,中央指示 32,39-40

  counterinsurgency operations against,反对的评判行动 233,234

  Decentralized,分散 40-41,89,96

  Mandela's role in,曼德拉的作用 3,11,32,96-97

  see also individual organizations 参见各个组织

apartheid,种族隔离:

  apologies for,为……道歉 62,63,177

capitalism and,资本主义和 91-92

de facto,实际上 251-55,256

de Klerk's dismantling of,德克勒克的拆除 73,75-76,78,82,183,213,251-52,255

de Klerk's support of,德克勒克的支持 55,58,61,62-63,186

ethnic diversity and,种族的多样性和 7,32

Grand,巨大的 41,61,66-67,76,201

legislative basis of,立法依据

segregation in,隔离 73,226,251,252-53

"separate but equal" policy in,"隔离但平等"的政策 65

as "sin",作为"罪恶" 62-63,185-86

violence as result of,暴力的结果 124

Arafat,Yasir,阿拉法特·亚希尔 45

arap Moi,Daniel,丹尼尔·阿拉普·莫伊 118

Argus,《阿古斯报》 15

assegai,南非土人所用的长矛 128

Ayoub,Ismail,司马义·阿尤布 144

Azanian People's Organization,阿扎尼亚人民组织 119,173,264,265

B

Babangida,Ibrahim,易卜拉欣·巴班吉达 183

Badenhorst,Rudolph,鲁道夫·巴登霍斯特 241

Banda,Hastings,黑斯廷斯·班达 118

Barnard,Ferdi,费尔迪·巴纳德 240

Barnard,Niel,尼尔·巴纳德 26-27,28,234

Battle of Blood River,血河之战 184,187

Battle of Isandlwana, 伊山德瓦纳之战 115

Battle of Ventersdorp, 芬特斯多普战役 198-99

Beeld,《映像报》 194

Beyers, Andries, 安德里斯·贝耶斯 174, 199, 202

Biko, Steve, 史蒂夫·比克 183

Bisho massacre, 比绍大屠杀 219-20, 224, 226, 228, 229, 249, 267

Bizos, George, 乔治·比佐 147, 149, 150, 152

Black Cat gang, 黑人猫党 242, 244

Black Consciousness Movement, 黑人觉醒运动 49

black nationalists, 黑人民族主义者 7, 8, 41, 82, 83

blacks, 黑人：

    black violence against, 黑人暴力反抗 4-6, 117-22, 124, 25, 225-26

    de Klerk as viewed by, 德克勒克的愿景 78, 79, 259

    majority rule by, 多数人统治 12, 28, 30, 57-58, 80, 81, 99, 169, 170, 171, 186, 189, 214, 215-16, 226, 247, 251, 257-62

    Mandela supported by, 对曼德拉的支持 13, 19, 21, 84

    political power of, 政治权力 26, 80, 251, 253

    political rights of, 政治权利 57, 73, 79-80

    poverty of, 贫困 33-34

    power-sharing by, 权力分享 31, 60, 66, 68, 81-82, 99, 101, 169-71, 174, 189, 223, 227-28, 247-48, 259, 261, 262-63

    white violence against, 白人暴力反抗 4, 5, 193-99, 200, 203-4

    see also Xhosas; Zulus, 参见科萨人；祖鲁人

Boere Republikeinse Leer, 农民共和政体研究 203

Boerestaat Party, 南非布尔人州党 178

Boesak, Allan, 艾伦·波萨克 90

Boipatong massacre,波帕屯大屠杀 232-33,237-38,267

Bombings,爆炸 193,194,195,196-97

Booyce,Wim,维姆·博伊斯 197,203,204

Bophuthatswana homeland,博普塔茨瓦纳黑人家园 63,177,201,216,254

bosberaad,户外战略会议 74,100,246

Boshoff,Carel,卡雷尔·博肖夫 189,190,192

Botha,David"Piet",戴维·皮特·博塔 195

Botha,Koos,库斯·博塔 182-83

Botha,Louis,路易斯·博塔 163,164

Botha,Pieter,彼得·博塔 182-83

Botha,P. W.,彼得·威廉·博塔:

    Buthelezi and,布特莱奇和 119,122

    de Klerk and,德克勒克和 52-53,55-56,60,66,69-71,73,74

    Mandela's meeting with,曼德拉的会谈和 28-29

    Mandela's release and,曼德拉的释放和 25,29,73,77,93

    as NP leader,作为民族党领导人 52-53,54,69-71,98,99,100,101

    as president,作为总统 52-53,65,69-71

    reforms by,改革 26,27,55-56,60,66,68,73,98

    resignation of,辞职 28,53,58,69-71

Botha,Roelof"Pik",鲁洛夫·皮克·博塔 26,53-54,55,101,106,183-84

Botswana,博茨瓦纳 239

Brier,David,戴维·布里尔 54

British Broadcasting Corporation(BBC),英国广播公司(BBC) 241

Broederbon,兄弟会 67,100,188,189

Brokaw,Tom,汤姆·布罗科 17

Bruce, David, 戴维·布鲁斯 232

Buchner, Jacques, 雅克·毕希纳 243

Bush, George, 乔治·布什 45-46, 69, 77, 183

Buthelezi, Mangosuthu Gatsha Ashpenaz Nathan 曼戈苏图·盖夏·阿什克纳齐·内森·布特莱奇

 Botha and, 博塔和 119, 122

 CODESA talks and, 南非民主公约和 174-75, 245-46

 de Klerk and, 德克勒克和 121-22, 126, 165-68

 government support for, 政府支持 119, 124, 125, 126, 129-30, 163-65, 167-68, 243-44

 Inkatha influenced by, 因卡塔受……的影响 113, 116, 117-18, 239, 243-44, 270-71

 isolation of, 隔离 268, 270-71

 Mandela's relations with, 和曼德拉的关系 96-97, 114-16, 120, 129-30, 156, 161, 164, 165-68, 225, 229, 243

 peace negotiations and, 和平谈判 113, 115, 122, 265

 as politician, 作为政治家 114-16, 120, 121-22, 129, 175, 264, 265

 as Zulu leader, 作为祖鲁领袖 4, 5, 34, 41, 86, 114, 116, 117-19, 125, 164, 174-75, 219, 244, 270-71

C

Cabral, Amilcar, 阿米卡尔·卡布拉尔 37

Calata, Fort, 福特·卡拉塔 208

Campaign for the Defiance of the Unjust Laws, 挑战不公正法律的运动 42

Cape Province, 开普省 99, 100, 176

capitalism, 资本主义 91-92, 121, 227

Carletonville police riot,卡尔顿维尔警察暴乱 235

Carolus,Cheryl,谢里尔·卡罗鲁斯 158

Castro,Fidel,菲尔德·卡斯特罗 45,46,263

Cebekhulu,Katiza,卡提扎·切贝克胡鲁 145

Central Intelligence Agency(CIA),中央情报局(CIA) 38

Cetshwayo,King of Zulus,塞奇瓦约,祖鲁国王 115,116

Chikane,Frank,弗兰克·奇凯尼 144

Children of Africa Concert,非洲儿童音乐会 159

China,People's Republic of,中华人民共和国 86

Ciskei homeland,西斯凯家园 63,224,256

Citizen,《公民报》 7

City Press,《城市新闻报》 158

Civil Cooperation Bureau(CCB),军事民用合作调查局(CCB) 123,234

Claiborne,William,威廉·克莱本 55,73,143

Coetsee,Hendrik"Kobie",亨德里克·科比·库切 25–28,101

Coetzee,Dirk,德克·库切 240

Coloureds,有色人种 19,26,32,56,66
 Afrikaners vs.,南非白人和 191,192
 electoral support by,选举的支持 258,259–60

Commission of Inquiry Regarding the Prevention of Public Violence and Intimidation,关于预防公共暴力和恐吓的调查委员会 236–44,256

Comprehensive Anti-Apartheid Act(1986),《全面反种族隔离法》(1986) 79–80

Congress of South African Trade Unions(COSATU),南非工会联盟(COSATU) 88,89–90,96,146,163,196,209

Conradie,Alwyn,沃伟恩·康拉迪 241

Conservative Party,保守党：

in CODESA talks, 在南非民主公约的会谈中　247, 265

　　NP vs., 民族党和　66, 68, 71, 79, 82, 98, 100–101, 102, 173, 174, 200, 203, 259

　　terrorism and, 恐怖主义和　196–97

consociation, 联合　170

Convention for a Democratic South Africa (CODESA), 南非民主公约 (CODESA):

　　ANC armed struggle and, 非国大的武装斗争　178–81

　　ANC position on, 非国大的地位　210–12, 215, 216–17, 223–28, 233, 245–46

　　bilateral meetings in, 双边会谈　246–48, 265–67

　　Buthelezi and, 布特莱奇和　174–75, 245–46

　　constitutional reform in, 宪法改革　177–78, 180, 181, 210, 211, 213, 214, 215, 216, 245, 265

　　de Klerk-Mandela relationship in, 德克勒克与曼德拉的关系　177–81, 212–15, 216–17, 245–46, 266–67, 271–72

　　de Klerk's views on, 德克勒克的愿景　176, 209–10, 213–14, 245–48, 250–51, 257

　　first session of, 第一届会议　175–81, 209, 213, 267

　　government position in, 政府的地位　169–71, 177–78, 209–12, 214–15, 245–48

　　government scandals and, 政府丑闻和　206–209

　　initiation of, 启动　169, 172–73

　　Mandela's views on, 曼德拉的愿景　171–72, 176, 214, 216–17

　　obstacles to, 障碍　180–81, 214, 215–16

　　organizations in, 组织　171, 172, 173, 176, 215–16, 247, 265

　　Parliament proposed in, 议会提议　177, 210, 211, 212, 215, 216, 245

power-sharing as concept in,权力共享概念　169-71,174,176,177

referendum as issue in,公投作为问题　177-78,212,214

second session of,第二届会议　206-17,230,246

sufficient consensus for,有足够共识　172,177,215

suspension of,暂停　233

third session of,第三届会议　228,247-48

Transitional Executive Council proposed by,拟议过渡期间的执行委员会会议　246-47

white reaction to,白人的反应　178,181,204-5

Cradock activists,克拉多克积极分子　208-9,230

Crist Project,"克里斯特项目"　239

Cronin,Jeremy,杰里米·克罗宁　221,224,227,263

Cruise,Nick,尼克·克鲁斯　195

Cuba,古巴　263

Cuna,Joao,若昂·库纳　240

D

Dalindyebo,Jongintaba,琼金塔巴·达林岱波　34

Daveyton massacre,戴维顿大屠杀　131

death penalty,死刑　14,75

death squads,敢死队　234

de Beer,Zach,扎克·德·比尔　262

Dekelidi,Meshak,莫萨克·德克里迪　232

de Klerk,Frederik Willem,弗雷德里克·威廉·德克勒克

anti-communism of,反共产主义　93,95

apartheid dismantled by,拆除种族隔离　73,75-76,78,82,183,213,

251-52, 255

apartheid supported by, 种族隔离的支持　55, 58, 61, 62-63, 186

assassination plots against, 反对暗杀阴谋　193, 204-5

background of, 背景　60-66

black reaction to, 黑人的反应　78, 79, 259

Botha and, 博塔和　52-53, 55-56, 66, 69-71, 73, 74

Buthelezi and, 布特莱奇和　121-22, 126, 165-68

CODESA talks as viewed by, 南非民主公约大会被认为　176, 209-10, 213-14, 245-48, 250-51, 257

as conservative, 作为保守派　53, 54-56, 57-58, 66, 68-69

credibility of, 信誉　207-8, 228, 239, 242

as Dopper, 作为多普勒　61-62, 64, 186

economic policies of, 经济政策　75, 77, 79-80, 83, 86

electoral reform proposed by, 提出选举制度改革　57-58

Goldstone investigation and, 戈德斯通调查和　236, 239, 240-42, 256

Gorbachev compared with, 戈尔巴乔夫相比　3, 59-60, 63, 74, 81, 98, 99, 104, 250-51, 255, 257

government scandals and, 政府丑闻和　206, 207-8, 228, 255, 256-57

at Groote Schuur conference, 格鲁特·索尔会议　106-7

Inkathagate and, "因卡塔门"和　163, 165, 179, 234, 241

leadership of, 领导　8-9, 52, 59, 63, 98-102, 181, 185, 200, 249, 250-52, 257, 266

mandate of, 任务　71, 74-75, 79

Mandela opposed by, 曼德拉反对　4, 162, 167-69, 177-81

Mandela's personal relationship with, 曼德拉与德克勒克的私人关系　8, 10, 74, 96, 97, 109, 111, 132-34, 137, 160, 167-68, 169, 213

Mandela's release and,曼德拉的释放和　12,14,15,20,73,74,76-77,78,81,82,126,229

Mandela supported by,曼德拉得到支持　3,20-21,41,104,108-10

Nigerian trip of,访问尼日利亚　183-84

1990 Parliament opening speech of,1990年议会开幕式上的讲话　13-14,59,72-84,103

as NP leader,作为民族党的领导人　52-55,57-58,63,70-71,74,98-102,199

a NP member,一位民族党成员　64,65,67,68-69

"own affairs" concept supported by,"自治"概念得到支持　55,58,62,81

political career of,政治生涯　52-71

as politician,政治家　9-10,59,69,76-77,199-200

as president,作为总统　71,101,105,229

referendum won by,全民公决获胜　199-204,213

reform program by,改革计划　13-14,54,60,62,63-64,67-68,71,72-84,100,102-4,199-204,250-51,255-56

security forces and,安全部队和　233-35,256-57

violence condoned by,纵容暴力　229,232-35,236

white support for,白人支持　9,77-78,79,82-83,84,173-74,178,181,185,197,198,199-204

de Klerk,Jan,简·德克勒克　61,64

de Klerk,Marike,玛丽·德克勒克　56-57,61-62,64-65,67-69,183

de Klerk,Willem(brother),威廉·德克勒克(其兄)　61,64,67,68,264

Klerk,Willem(grandfather),威廉·德克勒克(其祖父)　60-61

de Klerk,Willem(son),威廉·德克勒克(其子)　57

de Lange,Pieter,彼得·德·兰格　67,188

Delport, Tertius, 特尔蒂乌斯·德尔波 211, 212, 213
democratic centralism, 民主集中制 39
Democratic Party, 民主党 71, 79, 102, 119, 211
democratic socialism, 民主社会主义 45, 92, 225, 227
Department of Development Aid, 发展援助部门 206-8
Derby-Lewis, Clive, 克莱夫·德比-刘易斯 204
Derby-Lewis, Gaye, 盖伊·德比-刘易斯 204
de Villiers, Dawie, 戴维·德·韦里尔斯 68, 100-101, 177
Dingaan, King of Zulus, 丁安, 祖鲁国王 105, 115, 187
Directorate of Covert Collections (DCC), 秘密情报搜集指挥部(DCC) 240-41
Dopper Church, 多普勒教会 61-62, 64, 186
Dorkin, Cyril, 西里尔·多金 5
Dunkel, West, 邓克尔·维斯特 6-7
du Plessis, Barend, 巴伦德·杜·普莱西斯 53, 54, 101, 255
du Preez, Max, 马克斯·杜·普里兹 193
Durban massacre, 德班大屠杀 195
Dutch Reformed Church, 荷兰改革教会 61-62, 185-86, 259
du Toit, Andries, 安德里斯·杜·图特 196-97

E

Eastern Europe, 东欧 80, 84
Eglin, Colin, 科林·埃格林 213
Erasmus, John, 约翰·伊拉莫斯 131
Ethiopia, 埃塞俄比亚 37
European Community, 欧洲共同体 80, 110
Exiles, political, 政治流亡者 27, 108, 110, 123

Exit Operation,退出行动 218

F

Fabricius,Peter,彼得·法布里修斯 54
Falati,Xoliswa,弗莱蒂·休利萨瓦 143,149,151,152
Fanon,Frantz,弗朗茨·法侬 37
federalism,联邦制 121,122,125,126,170,215,216,217,247,264
feminists,女权主义者 57
Fick,Thys,泰斯·菲克 191
First,Julius,朱利叶斯·福斯特 94,95
First,Ruth,露丝·福斯特 94,95
Flores,William,威廉·弗洛雷斯 240
Fort Hare University College,海尔堡大学 34,120
Frontline File,《前线文件》 142,158
Fugard,Athol,阿索尔·富加德 62

G

Garvey,Marcus,马库斯·加维 41
Geldenhays,Deon,德隆·戈登海斯 264
Ghana,加纳 8
Giliomee,Hermann,赫尔曼·基利欧米 187
Gluckman,Jonathan,乔纳森·格鲁克曼 238
Goldreich,Arthur,阿瑟·戈德莱希 36
Goldstone,Richard,理查德·戈德斯通 9,236-44
Goldstone Commission,戈德斯通委员会 236-44,256
Goldstone raid,戈德斯通突袭检查 240-41

Goniwe, Matthew, 马修·戈尼维 208

Goniwe, Mbulelo, 马布勒罗·戈尼维 208

Goodwill Zwelithini, King of Zulus, 古德维尔·祖韦利蒂尼, 祖鲁国王 116, 117, 167, 168, 174–75

Gorbachev, Mikhail, 米哈伊尔·戈尔巴乔夫 224–25
  de Klerk compared with, 德克勒克与戈尔巴乔夫相比 3, 59–60, 63, 74, 81, 98, 99, 104, 250–51, 255, 257

Gqozo, Oupa, 欧帕·葛克佐 124, 219, 220

Gregory, James, 詹姆斯·格雷戈里 16

Gumede, Archie, 阿奇·越多 97

Gwala, Harry, 哈利·夸拉 90, 91, 97, 129, 225–26

H

Hani, Chris, 克里斯·哈尼 3, 4, 154, 156, 204, 218, 219, 222, 225, 226–27

Harmel, Michael, 迈克尔·哈尔麦勒 36

Harms, Louis, 路易斯·哈姆斯 234

Harms Commission, 哈姆斯委员会 234

"Has Socialism Failed?" (Slovo),《社会主义失败了吗？》(斯洛沃) 225

Herstigte Nasionale Party (HNP), 重组民族党 (HNP) 173

Heunis, Chris, 克里斯·霍尼斯 53, 54, 56, 67

Heymann, Philip, 菲利普·海曼 237

Hillview High School, 山景高中 196

Holomisa, Bantu, 班图·霍洛米萨 208, 209

hoofleier, 民族党的主席 52

hospitals, segregated, 医院隔离 251

Houphouet-Boigny, Felix, 费利克斯·乌弗埃-博瓦尼 40

Hussein, Saddam, 萨达姆·侯赛因 45-46

I

Ikaneng, Lerothodi, 勒若斯迪·艾卡能 142

The Independent (London),《伦敦独立报》 142

Indians, 印度人 26, 32, 56-57, 66

 electoral support by, 选民的支持 258, 259-60

Ingwavuma district, 纳塔尔的某个城市区域 122

Inkatha Freedom Party, 因卡塔自由党

 ANC vs., 非国大与 90-91, 96-97, 116, 117-22, 123, 124-34, 164, 165, 168, 221, 225-26, 230, 236-39, 243-44, 271

 Buthelezi's influence on, 布特莱奇的影响 113, 116, 117-18, 239, 243-44, 270-71

 government support for, 政府的支持 163-65, 167, 229, 230-32, 2335, 242-44

 NP's alliance with, 民族党联盟 258-59

 peace negotiations and, 和平谈判 174, 175, 216, 245-46, 265

 tribal nationalism advocated by, 倡议的部落民族主义 83

 violence used by, 使用暴力 4, 5-6, 96-97, 117-18, 120, 124-34, 166, 230

Inkathagate, "因卡塔门"（丑闻） 163-65, 167, 179, 234, 241

Internal Security Act,《国内安全法》 109, 193

International Monetary Fund, 国际货币基金组织 44, 77, 85, 262

International Network Information, 国际网络信息 239

Irish Republican Army, 爱尔兰共和军 239

Israel Vision Church,以色列愿景教会 195

J

Jackson,Jackie,杰姬·杰克逊 19

Jackson,Jesse,杰西·杰克逊 18-19

Johannesburg Star,约翰内斯堡《星报》 12,16,54,138

Johnson,Shaun,肖恩·约翰逊 210

Jordan,Pallo,帕洛·乔丹 226

K

Kasrils,Ronnie,罗尼·卡斯里尔斯 217-21

Kaunda,Kenneth,肯尼斯·卡翁达 40,44,70

Kerzner,Sol,索尔·科斯纳 254

Kgase,Kenneth,凯斯·肯尼斯 144,148-49

Khumalo,Melchizedec Z.,麦基泽德·Z.库马洛 165,244

kitskonstabels,速成警察 235,243

Knobkerries,圆头棒 5

Kriel,Hernus,赫鲁斯·克里尔 167

KwaNdebele homeland,夸恩德贝勒家园 256

KwaZulu homeland,夸祖鲁家园 116,117,118,122,124,174,242-43,244,256,270-71

L

laager,车阵 167,193

Lain,Sharon,莎伦·莱恩 57

Lands Acts,《土地法案》 255

Leadership,领导 157

Lebowa homeland,莱博瓦家园 256

Legal Resources Center,法律资源中心 128

Lenin,V. L.,弗拉基米尔·伊里奇·列宁 225,227

Lewis,David,戴维·刘易斯 138

"liberated zones","解放区" 141,221,222

Liberation,《解放》 42

liberation theologies,解放神学 37

Liebenberg,A. J. "Kat",A. J. 凯特·利本伯格 233,242

Lijphart,Arend,阿伦·利普哈特 169-70,259

Lilliesleaf Farm,利利斯利夫农场 38,94

Lost City,失落的城市 253-54

Louis Trichardt,路易斯·特里哈特 5,182,197

Louw,Mike,麦克·洛 26-27

Luthuli,Albert,阿尔伯特·卢图利 36,49,183

Luxemburg,Rosa,罗莎·卢森堡 225

M

McDonald,Steve,史蒂夫·麦克唐纳 132

Madala Hostel,马达拉青年旅社 130,230-32

Madiba clan,马迪巴部族 33

Magogo,Princess,玛格格公主(布特莱奇的母亲) 115

Maharaj,Mac,马克·马哈拉杰 47

majoritarian system,多数人(统治)系统 58,170,171,214

Malan,D. F.,达尼埃尔·弗朗索瓦·马兰 105,112

Malan, Magnus, 马格努斯·马兰　133, 234, 255

Malan, Rian, 瑞安·马兰　60

Malan, Wynand, 维南·马兰　102

Mandela, Nelson Rolihlahla, 纳尔逊·罗利赫拉赫拉·曼德拉

 ANC policy influenced by, 非国大政策受……的影响　9, 21 - 22, 35 - 41, 48 - 49, 85 - 86, 89, 90, 95 - 96, 97, 111 - 12, 156 - 61, 249 - 50

 anti-apartheid movement and, 反种族运动和　3, 11, 32, 96 - 97

 armed struggle supported by, 武装斗争的支持　20, 25, 28, 29, 31, 36 - 39, 77, 94

 arrest of, 逮捕　38

 assassination plots against, 反对暗杀阴谋　193, 204 - 5

 authoritarianism of, 独裁的　32, 40, 87, 89, 158

 background of, 背景　33 - 35

 black support for, 黑人的支持　13, 19, 21, 84

 Botha's meeting with, 博塔的会议与　28 - 29

 Buthelezi's relations with, 与布特莱奇的关系　96 - 97, 114 - 16, 120, 129 - 30, 156, 161, 164, 165 - 68, 225, 229, 243

 CODESA talks as viewed by, 看待南非民主公约　171 - 72, 176, 214, 216 - 17

 credibility of, 信誉　132, 137 - 38, 140, 153

 de Klerk opposed by, 德克勒克遭到反对　4, 162, 167 - 69, 177 - 81

 de Klerk's personal relationship with, 与德克勒克的个人关系　8, 10, 74, 96, 97, 109, 111, 132 - 34, 137, 160, 167 - 68, 169, 213

 de Klerk supported by, 德克勒克得到支持　3, 20 - 21, 41, 104, 108 - 10

 first press conference of, 第一次新闻发布会　22 - 24

 as Groote Schuur conference, 格鲁特·索尔会议　106 - 7

as guerrilla commander,作为游击队指挥官 36-37

health of,健康 23-24,25,47,250

homeland visited by,访问家园 33-34

ideology of,思想 35,37,41-47,88

imprisonment of,监禁 9,16,20,21,22-23,24,25-31,47-51,103,115-16,135-36

isolation of,隔离 268,269-70

leadership of,领导 8-9,11,12,13,24,32,40-41,48,85-88,89,91,96-97,98,105,110,111-12,137-38,249-50

loyalty of,忠诚 20,160-61

Marxism of,马克思主义 30,37,43

media coverage of,媒体报道 12,13,14-17,22-24,44,47,269

as moderate,温和的 249-50

nationalization supported by,支持国有化 44-45,85-86

Parade Grounds speech of,阅兵场的演讲 19-22

personal diplomacy of,个人外交 96-97,111,129

political career of,政治生涯 32-51

as political symbol,作为政治象征 3,11,48-49

prison release of,监狱释放 3,4,6,11-31,44,47,73,74,76-77,78,81,82,93,101,115,122,126,130,157,195,229

religious faith of,宗教信仰 50-51

revolutionaries admired by,钦佩革命 45-47

SACP supported by,支持南非共产党 20,21,29-30,41-42,43,45

Slovo supported by,支持斯洛沃 20,21,36,94

socialism of,社会主义 37,42-45,85-86

treason trial of,叛国罪审判 37,38,42,43,47,49,73,137

U. S. visits of,美国访问 24,38,45,88,160,193

white reaction to,白人的反应 12-13,17,20

writings of,著作

as Youth League president,作为共青团主席 35,36,41,49

Mandela,Nomzamo Zaniewe Winnifred"Winnie",诺姆扎莫·扎尼薇·温妮弗雷德·曼德拉,简称"温妮"

    ANC leadership and,非国大的领导和 144,147-48,153

    Brandfort banishment of,被流放到布兰德福特 140-41

    extramarital affairs of,婚外情 136,138,139,158-59

    football club organized by,组织的足球俱乐部 141-45,149-50

    as head of ANC Social Welfare Department,作为非国大社会福利部的领导人 136,153-54,158,159

    as head of Women's League,作为妇女联盟的主席 138,147,153,154,155-56

    house built by,建造的房子 269

    kidnappings allowed by,允许绑架 136,139,141-53,154,156

    Mandela's credibility damaged by,曼德拉的信誉受损 137-38,140,153

    Mandela's imprisonment and,曼德拉的监禁和 23,135-36

    Mandela's legal separation from,曼德拉的法律分离 135-37,159-60,161,270

    Mandela's release and,曼德拉的释放和 15-17,23,138-39,146

    Mandela's support for,曼德拉的支持 138,139,146,152-53,155

    media coverage of,媒体的报道 136,140,141,12-43,146,152,159

    personality of,个性特征 139-40,141,152

    political downfall of,政治衰败 136,137-38,144,145-46,148,154-56,157

Mandela, Zeni, 泽妮·曼德拉 23, 137

Mandela, Zindzi, 辛济·曼德拉 16, 23, 25, 137, 269

Mandela Crisis Committee, 曼德拉危机委员会 144, 145-46

Winnie Mandela Support Ad Hoc Committee, 温妮·曼德拉支持特设委员会 147

Mandela United Football Club, 曼德拉联合足球俱乐部 141-45, 149-50

Mangope, Louis, 曼霍佩·路易斯 177, 219, 254

Marais, Jaap, 雅普·马莱 173-74

Marcus, Gill, 吉尔·马库斯 46

Maritz, Adrian, 阿德里安·马里兹 195, 196

Martin, Henry, 亨利·马丁 195-96

Marxism, 马克思主义 30, 37, 43, 227

Masekela, Barbara, 芭芭拉·麦赛克勒 159-60

Masekela, Hugh, 休·麦赛克勒 160

Mathiane, Nomavenda, 诺玛温达·马希尼 142-43

Mbatha, Sipho Moses, 西弗·摩西·姆巴沙 244

Mbeki, Thabo, 塔博·姆贝基 106, 110-11, 139, 156, 158, 210, 211, 227

Mdlalose, Frank, 弗兰克·马德拉鲁斯 173

Meiring, Georg, 格奥尔格·迈林 241, 242, 260

Mekgwe, Gabriel, 加布里埃尔·米克韦 144-45, 148

Mentz, Jurie, 居里·门兹 53

Methodist Church, 卫理公会教堂 143-44

Meyer, Roelof, 鲁洛夫·迈耶 101-2, 207, 213, 241, 272

Mhlambi, Prince, 普林斯·马哈拉姆 222-23

Military Intelligence (MI), 军事情报局(MI) 123, 230, 233, 239, 240-41, 260

Miller, Arthur, 阿瑟·米勒 33

Mine Workers Union, 煤矿工人工会 196

Mitchell, Brian, 布莱恩·米切尔 235

Mji, Dilisa, 迪利沙·姆吉 97

Mlangeni, Godfrey, 戈德弗雷·马兰戈尼 240

Moahloli, Nora, 诺拉·马霍里 150–51

Mobutu Sese Seko, 蒙博托·塞塞·塞科 118

Modise, Joe, 乔·莫迪赛 105

Mohamed, Ismail, 司马义·穆罕默德 172

Mokaba, Peter, 彼得·莫卡巴 154

Mokoena, Aubrey, 奥布里·莫克纳 144

Mono, Thabiso, 让比索·莫诺 144–45, 148–49

Mooi River, 美丽河 235–36

Morgan, John, 约翰·摩根 149, 152

Morgenzon settlement, 莫干松居民点 189, 192

Moroka, James, 詹姆斯·莫罗卡 36

Moseneke, Dikgang, 狄克冈·莫森尼克 147, 172

Motau, Tabo, 塔波·莫泰 150

Mont Fleur Scenarios, 蒙特弗雷方案 261–62

Mozambique, 莫桑比克 6, 8, 30, 118, 123, 176

Mpofo, Dali, 达利·莫普弗 147, 158–59

Mugabe, Robert, 罗伯特·穆加贝 34, 260

Muzorewa, Abel, 阿贝尔·穆佐雷瓦 264

My Soul Went with Him (W. Mandela), 《我的灵魂与他同在》(温妮·曼德拉) 269

My Traitor's Heart (Malan), 《我的反叛之心》(马兰) 60

N

Naidoo, Jay, 杰伊·奈杜 187

Namibia, 纳米比亚 102-3, 176, 242

Natal Province, 纳塔尔省 4-5, 41, 76, 99, 108, 109, 176, 187, 197, 198

    ANC-Inkatha struggle in, 非国大与因卡塔的战斗 90-91, 96-97, 116, 117-18, 122, 125, 128-29, 164, 225, 236, 271

National Day of Protest (1950), 国庆节抗议 42

National Intelligence Service (NIS), 国家情报局 (NIS) 26, 27, 229, 234

nationalization, 国有化 44-45, 85-86, 121, 160, 263

National Liberation Front (FLN), 民族解放阵线 (FLN) 37

National Party (NP), 民族党 (NP)

    ANC alliance with, 非国大的联盟 126, 163, 171-72, 262-63, 264

    ANC compared with, 与非国大相比较 98, 99, 100, 120, 200, 257-62

    Botha as head of, 博塔作为领导人 52-53, 54, 69-71, 98, 99, 100, 101

    centralization in, 集中在 98, 102

    Conservative Party vs., 保守党与 66, 68, 71, 79, 82, 98, 100-101, 102, 173, 174, 200-203, 259

    decision-making in, 决策 99-100, 101

    de Klerk as head of, 德克勒克作为领导人 52-55, 57-58, 63, 70-71, 74, 98-102, 199

    de Klerk as member of, 德克勒克作为成员 64, 65, 67, 68-69

    electoral victory for, 选举胜利 257-62

    Inkatha alliance with, 与因卡塔自由党的联盟 258-59

    reform supported by, 支持的改革 26, 60, 63-64, 67-68, 81-82, 98-99, 101, 102-4

securocrats in,(南非)白人政权时期的政府官员　54, 66, 68, 99, 101, 233

verkrampte vs. verligte factions in,顽固分子与进步派系在　52, 68 - 69, 82, 101

National Peace Accord,《民族和平协议》　165 - 68, 178, 180, 230, 239

National Security Management System,国家安全管理系统　73 - 74, 99

"necklacing","火项圈"　5, 141, 229

negotiations, peace,和平谈判

    accords signed in,签署了协议　109 - 10, 112 - 13

    ANC-NP meetings in,非国大—民族党会议　104 - 13

    Buthelezi's role in,布特莱奇的作用　113, 115, 122, 245 - 46, 265

    chronology of,年代　273 - 78

    compromise in,妥协　30 - 31

    concessions in,让步　108 - 9, 112 - 13

    de Klerk's initiation of,德克勒克启动　13 - 14, 251

    de Klerk's Parliament speech and,德克勒克的议会讲话和　74 - 75, 84

    at Groote Schuur,在格鲁特·索尔　105 - 8, 172, 176

    Groote Schuur Minute,《格鲁特·索尔备忘录》　107 - 8, 110, 113

    "group rights" in,"集团权力"　68, 107

    Inkatha and,因卡塔和　174, 175, 216, 265

    international impact of,国际影响　79 - 80

    leadership problems in,领导问题　8 - 9

    Malan Accord for,马兰协议　112 - 13, 178, 180

    Mandela's imprisonment and,曼德拉的监禁和　9, 20, 21, 25 - 31, 47, 103

    Mandela's release and,曼德拉的释放和　3, 4, 81

    "own affairs" concept in,"自治"概念　55, 58, 62, 81

preconditions in, 先决条件 107–8, 162

Pretoria Minute on, 比勒陀利亚会议记录 109–10, 113

Umkhonto we Sizwe and, "民族之矛"和 109, 112, 113, 168

violence as hindrance to, 暴力阻碍 8, 9, 78, 104–5, 107, 113, 125, 131, 162–63, 166

see also Convention for a Democratic South Africa, 参见南非民主的惯例

"New Menace in Africa, A" (N. Mandela), 《南非的新威胁》(纳尔逊·曼德拉) 43

New Nation, 《新民族》 208, 209, 235

New Right, 新权利 202

Newslink, 《新闻链接》 239, 260

Nicaragua, 尼加拉瓜 262

Nichaus, George, 乔治·尼克豪斯 236

Nigeria, 尼日利亚 183–84

"Nimbies", "宁闲"（或"邻避"）, 是 NIMBY 的缩写 253

Nixon, Richard M., 理查德·米尔豪斯·尼克松 55, 223

Nkobi, Thomas, 托马斯·尼科比 157

Nkomo, Joshua, 约书亚·恩科莫 34

Nkrumah, Kwame, 夸梅·恩克鲁玛 8, 30

Nwachukwu, Ike, 艾克·恩瓦舒库 183, 217

Nyati, Eugene, 尤金·那亚提 264

Nyerere, Julius, 朱利叶斯·尼雷尔 44

Nzo, Alfred, 阿尔弗雷德·恩佐 88, 156

O

Opperman, Eugene, 尤金·奥普曼 231

Orandia,奥兰治 190

Orange Free State,奥兰治自由邦 99,101,176,197,198

Orania,奥兰治 190-93

Oranjeland,奥兰治家园 189

Orde Boerevolk,布尔人秩序 194,195

Owen,Ken,肯·欧文 214-15

P

Pahad,Aziz,阿齐兹·帕哈德 163

Paile,Marcus,派勒·马库斯 231

Palestine Liberation Organization(PLO),巴勒斯坦解放组织(PLO) 45

Pan-African Freedom Movement of East and Central Africa,非洲中东部的泛非自由运动 37-38

Pan Africanist Congress(PAC),泛非议会(PAC) 39,42,73,75,80,119,123,147,171,172,173,247,264,265

Pangas,短刀 5,96,131

peace negotiations,*see* negotiations,peace 和平谈判

Phola Park squatter camp,颇拉公园寮屋营地 125

Pietermaritzburg attacks,彼得马里茨堡袭击 125

Pollsmoor Prison,波尔斯穆监狱 48

Population Registration Act(1950),《人口登记法》(1950年) 58

Poqo,一个武装派别的名称 123

presidency,collective,集体总统 170-71,247

prisoners,political,政治犯 14,58,73,75-76,80,108,110,113,123,196,246

privatization,民营化 77,80,82,252

Project Echoes,"回声计划" 239-40,260

proportional representation,比例代表制 103,121

Q

Qaddafi,Muammar el-,穆阿迈尔艾尔·卡扎菲 45,46

Qunu,库努 33-34

R

Ramaphosa,Cyril,西里尔·拉马福萨 87,89-90,144,154,156-58,160,173,212,213,219-20,227,266-67,272

Rand Show,兰特秀 196-97

Rapport,布尔语周刊《和谐》 196

Reagan,Ronald,罗纳德·里根 77

Record of Understanding,《理解纪要》 245-46

Renwick,Robin,伦威克·罗宾 74

Retief,Piet,皮特·雷蒂夫 105,187

Reynolds,Andrew S.,安德鲁·S.雷诺兹 258-59,260

Rhodes,Cecil,塞西尔·罗兹 105

Rhodesia,罗的西亚 102,176,250,262

Richardson,Jerry,杰里·理查德森 142,143,149,150,151

Rivonia trial,利沃尼亚审判 37,38,42,43,47,49,73

Robben Island Prison,罗本岛监狱 23,47-48,50-51

rondavels,圆形茅屋 33,34

Roux,Johannes"Jannie",约翰内斯·珍妮·鲁 234

Rudman,Abel,阿贝尔·拉德曼 239

Rudolph,Piet"Skiet",皮特·斯盖特·鲁道夫 194-95,198-99

Rustenburg Declaration,《鲁斯腾堡宣言》 185-86

S

Sachs, Albie, 阿尔比·萨克斯 217

Sadat, Anwar, 安瓦尔·萨达特 140

Savimbi, Jonas, 若纳斯·萨文比 46

Schabort, Petrus J., 佩特鲁斯·J. 斯切波特 172

Schrire, Robert, 罗伯特·撒切尔 56, 66, 67 68, 69

Sebokeng massacre, 色勃肯大屠杀 104-5, 127-28, 131

Seipei, Moketsi "Stompie", 莫克蒂西·斯托比尔·塞佩 142, 143-44, 145, 149

self-defense units (SDUs), 自卫队 (SDUs) 123, 166, 220-23, 226

Senghor, Leopold, 利奥波德·桑戈尔 44

Separate Amenities Act (1953),《隔离礼仪法案》(1953) 73, 76

Sexwale, Tokyo, 托寇·塞克斯瓦莱 222

Shaka, King of Zulus, 沙加, 祖鲁国王 115, 182

Shangaan, 尚加纳族 182

Sharpeville massacre, 沙佩维尔大屠杀 36, 39

Shirley, Millard, 米勒德·雪莉 38

"Shock in the Making, A" (Reynolds),《震惊:在南非举行的普选中》(雷诺兹) 258-59

Shope, Gertrude, 格特鲁德·舒普 155, 156

Sisulu, Albertina, 阿尔贝蒂娜·西苏鲁 16, 155, 156

Sisulu, Walter, 沃尔特·西苏鲁 16, 29, 34, 35-36, 38, 42, 48-49, 135, 155, 157, 158

Slabbert, Frederick van Zyl, 弗雷德里克·范·齐尔·史拉伯特 193-94

Slovo, Joe, 乔·斯洛沃

 as communist leader, 作为共产党的领袖　91-95, 102, 105

 Mandela's support for, 曼德拉支持　20, 21, 36, 94

 "strategic perspective" policy of, "战略"政策　223-28, 261

Smith, Ian, 伊恩·史密斯　102, 250, 262

Smith, Jan Johannes, 简·约翰内斯·史密斯　193

Smuts, Adrian, 阿德里安·史莫兹　195

Soa, Peter, 彼得·索尔　207-8

socialism, 社会主义　37, 42-45, 85-86, 91-92, 225, 226, 227, 263, 264

Society of Orange Workers, 橙色工人协会　189

Somalia, 索马里　8

Sotsu, Ernst, 恩斯特·索特苏　223

South Africa, 南非

 bureaucracy of, 官僚　187-88, 206, 254-55

 canton system for, 行政区系统　67-68, 82

 coalition government for, 联合政府　258-59

 constitution of, 宪法　62, 68, 81, 84, 92, 101, 169-71

 democracy in, 民主的　30, 31, 43, 112, 118, 119, 169-71, 215, 225, 226, 228, 261-62

 economy of, 经济的　75, 77, 79-80, 83, 85-86, 121, 183, 184, 252, 254, 261-62

 education in, 教育　32, 49, 56, 65, 120

 elections in (1989), 选举 (1989)　69, 70, 71, 74-75, 79

 ethnic diversity of, 民族的多样性　4, 7, 81-82, 83-84, 118-19, 121, 122, 125, 170

 foreign relations of, 对外关系　75, 79-81

government of national unity for,民族团结政府 246, 262, 63, 266

group rights in,集团的利益 68, 107, 125, 169-71

homelands in,家园 25, 33, 58, 63, 66-67, 75, 83, 106, 120, 177, 201, 206-8, 219, 256, 260

independence of,独立 61

Jewish Community in,犹太社区 45

labor unions in,工会 88, 89-90, 93, 163-64, 264

land reform in,土地改革 255-56

National Convention of (1909),全国代表大会(1909) 176

nationalism in,民族主义 82-84

proposed elections for,提出选举 103, 121, 122, 171, 178, 210, 214, 216, 227, 247, 265-66, 267

sanctions against,制裁 79-80, 107, 110-11, 121, 160, 175, 184, 252

security forces of,安全部队 95, 109, 112, 113, 123, 124, 208-9, 229-48, 255, 256-57

state of emergency in,紧急状态 76, 108, 141, 208, 251

transitional government for,过渡时期的政府 163, 178, 210-11, 212, 216-17, 246-48, 262-63

unity of,统一 66-67, 83-84, 121, 122, 256

South African Broadcasting Company (SABC),南非广播公司(SABC) 13, 178, 210

South African Bureau for Racial Affairs,南非种族事务局 189

South African Communist Party (SACP),南非共产党(SACP)

ANC alliance with,与非国大的联盟 28, 29, 39, 45, 77, 90, 91-96, 103, 109, 111, 124, 154, 158, 209, 217-28, 249, 263-64

armed struggle of,武装斗争 36

ban lifted on, 解除禁令　13, 75, 78, 80, 81, 88, 92, 123, 225

　　banning of, 禁止　39, 41 – 42, 94

　　counterrevolution feared by, 革命恐惧　264 – 65

　　international communism and, 共产国际和　7, 21, 77, 103

　　Leipzig Option, "莱比锡选项"　219, 224, 249

　　Mandela's support for, 曼德拉的支持　20, 21, 29 – 30, 41 – 42, 43, 45

　　membership of, 会员　204

　　realists vs. radicals in, 现实主义者和自由激进主义者　217 – 19, 224

South African Defence Force, 南非国防军　95, 109, 112, 113, 244, 255

South Africa: 1994 – 2004（Barnard）,《南非：1994—2004》（巴纳德）　264

South African Police (SAP), 南非警察 (SAP)

　　apartheid practices of, 种族隔离的做法　235

　　Goldstone investigation of, 戈德斯通的调查　236 – 44, 256

　　hostels and, 青年旅社和　229

　　murders by, 谋杀　235 – 36, 238

　　reform of, 改革　255

　　SDUs vs., 自卫队和　221 – 222

　　shootings by, 枪击案发生　17 – 18, 36

　　terrorism and, 恐怖主义和　194, 197, 203

South African Press Association, 南非新闻协会　117

South West Africa People's Organization (SWAPO), 西南非洲人民组织　103

Soviet Union, 苏联　7, 77, 95, 102, 103 – 4

Soweto, 索韦托　6, 32, 49, 55

Stalin, Joseph, 约瑟夫·斯大林　90, 225, 227

State Security Council, 国家安全委员会　99, 208, 209

Stegmann, Michael J., 迈克尔·J.施特格曼　148, 151 – 52, 153

Steward, David, 戴维·斯图尔德 257

Steyn, Pierre, 皮埃尔·斯泰恩 241-42

Storey, Peter, 彼得·斯托里 144, 145

Strijdom, J. G., 约翰内斯·赫拉尔杜斯·史垂顿 61, 105

Struggle Is My Life (N. Mandela), 《斗争是我的生活》(纳尔逊·曼德拉) 37, 43

Sunday Mail (Harare), 《星期日邮报》(哈拉雷) 169

Sunday Star (Johannesburg), 《星期日之星》(约翰内斯堡) 56, 58-59

Sunday Times, 《星期日时报》 164-65, 207, 238

Suppression of Communism Act (1948), 《镇压共产主义法案》 39, 41-42, 81, 94

Suttner, Raymond, 雷蒙德·苏特纳 224

Suzman, Helen, 海伦·苏兹曼 54, 57

Swaziland, 斯威士兰 122

Switzerland, 瑞士 67-68, 82

T

Tambo, Adelaide, 阿德莱德·坦博 135

Tambo, Oliver, 奥利弗·坦博 34, 35-36, 49, 79, 88, 89, 111, 120, 135, 145, 146, 157

Tembu tribe, 坦佩部落 33, 35

Terre'Blanche, Eugene, 尤金·特雷·布兰奇 197-99, 203-4

Thokosa massacre, 托克扎大屠杀 166

"Top 20" gang, "20强"团伙 223

township uprisings, 城镇起义 32, 40-41, 113, 125, 221-23, 271

Toyi-toyi, 一种原地不动的战阵舞的名字 13, 79

Tracking Down Historical Myths (Naidoo),《追踪历史的神话》(奈杜) 187

Transkei homeland,特兰斯凯家园 25,33-34,63

Transvaal Province,德兰士瓦省 52,67,69,99,100-101,176,197,198,202

Treurnicht,Andries,安德里斯·特立尼赫特 65-66,82,174,196,202

Trust Feed massacre,塔斯特·费德大屠杀 235

tsocsis,黑帮 142

Turok,Ben,本·图洛克 85-86

Tutu,Desmond,德斯蒙德·图图 22,79,183

U

Umkhonto we Sizwe(Spear of the Nation),"民族之矛"(南非祖鲁语)
  ban lifted on,解除禁令 75,78,123
  disinformation campaign against,造谣活动 239-40,260
  Mandela as commander-in-chief of,曼德拉作为总司令 36-37
  peace negotiations and,和平谈判 109,112,113,168
  SDUs and,自卫队和 221,222
  Slovo as chief of staff of,斯洛沃作为群众的领导人 94
  violence used by,使用暴力 37-38,90-91,96-97,109,112,154,239

Umsebenzi,《工作》 222

United Democratic Front(UDF),联合民主阵线(UDF) 40,73,79,88,89,90,96,138,146,154,157,158,243

United Nations,联合国 243

United Workers Union of South Africa(UWUSA),南非工会联盟(UWUSA) 163-64

University of Witwatersrand,威特沃特斯兰德大学 35,94

"unrest areas","动乱地区" 131

V

Vaal Triangle,瓦尔三角区 223

van der Merwe,Esmare,伊莎美尔·范·德尔·莫维 54

van der Merwe,Fanie,法尼·范·德尔·莫维 26-27

van der Merwe,Koos,库斯·范·德尔·莫维 174,196-97

van der Merwe,Stoffel,斯托菲尔·范·德尔·莫维 67,99,101,104,207,211,212,255,256-58,260,261

van der Westhuizen,Christoffel,克里斯托弗尔·范·德尔·维斯特赫伊曾 208,209,230,233,242

van Rensberg,Danie,丹尼·范·伦斯伯格 191-93,208

van Riebeeck,Jan,简·范·里贝克 56

van Rooy,Jan,简·范·鲁伊 60

van Schalkwyk,Lood,洛德·范·斯卡尔奎克 195

Vaughan,Tim and Brenda,蒂姆和布伦达·沃恩 193

Vend a homeland,出售家园 63

Venter,Rina,里纳·文特尔 251

Verryn,Paul,保罗·威莱恩 143,148

Verwoerd,Hendrik F.,亨德里克·弗伦施·维沃尔德 61,62,66,105,201,205

Verwoerd,Hendrik F.,Jr.,小亨德里克·弗伦施·维沃尔德 189,190

Victor Verster Prison,维克多·维斯特监狱 3,13,28

Vilikazi,Bavumile,布鲁梅尔·维利卡兹 223

Viljoen,Gerrit,格里特·维利欧恩 28,67,103,172,207,255,256-57,267

Villa-Vicencio, Charles, 查尔斯·维拉-文森西奥 50
Vlok, Adriaan, 阿德里安·沃克 105, 127, 133, 164, 167, 234, 235, 255
Volksunie Party, 人民联盟党 202-3
Vorster, John, 约翰·沃斯特 65, 105, 200
Vrye Weekblad, 南非荷兰语《自由周刊》 56, 193
Vula Operation, "战争之门"全国起义 109

W

Waddington, P. A. J., P. A. J. 沃丁顿 237
Waddington report, 沃丁顿报告 237-38
Walus, Janusz, 雅努兹·瓦鲁斯 204
Washington Post,《华盛顿邮报》 13, 58, 88, 143
Webster, David, 戴维·韦伯斯特 240
Weekly Mail,《每周邮报》 69, 163, 164-65, 239, 242
Welverdiend Unrest Unit, 威佛典动荡防卫部队 235
whites: 白人
    black violence against, 反抗黑人暴力 4, 6-7
    de Klerk supported by, 支持德克勒克 9, 77-78, 79, 82-83, 84, 173-74, 178, 181, 185, 197, 198, 199-204
    fantasies of, 幻想 253-54, 259, 262
    liberal, 自由的 181, 252-53, 260
    Mandela as viewed by, 曼德拉被视为 12-13, 17, 20, 21, 23, 196
    political power of, 政治权力的 4, 12-13, 14, 78, 178
    right-wing factions of, 右翼派别的 124, 181, 182-205
    "structural guarantees" for, "结构保证" 31
    suburban communities of, 郊外社区 6-7, 252-53, 271

see also Afrikaners white supremacists,参见南非白人至上主义者

White Wolves,"白人之狼" 196

Willemse,Willie,威利·威廉姆斯 26-27,28

Wilson,Andrew,安德鲁·威尔逊 235

World Bank,世界银行 44,77,85,262

World Council of Churches,世界基督教协进会 24

World Economic Forum (1992),世界经济论坛(1992) 45,86

Wren,Christopher,克里斯托弗·雷恩 18-19

X

Xhosas,科萨人 25,33,124-25,156,184

Xuma,Alfred,阿尔弗雷德·库马 35-36

Y

Yeltsin,Boris Yugoslavia,叶利钦

Z

Zevenfontein squatters,喷泉农场的寮屋 253

Zimbabwe,津巴布韦 8,102,260

Zimbabwe African National Union (ZANU),津巴布韦非洲民族联盟 260

Zimbabwe-Rhodesia,津巴布韦—罗的西亚(1979年成立的津巴布韦过渡政府) 264

Zonkizizwe attack,袭击祖鲁 129

Zulu code 祖鲁暗号 128-29

Zulus：祖鲁人

Afrikaners vs. ,南非白人和 184, 187

Buthelezi as leader of,布特莱奇作为领导人 4, 5, 34, 41, 86, 114, 116, 117 – 19, 125, 164, 174 – 75, 219, 244, 270 – 71

nationalism of,民族主义的 33, 83, 117, 118 – 19, 125

political influence of,政治影响 118 – 20

traditional weapons of,传统武器 5, 96, 128 – 29, 131, 165 – 68, 221, 230, 244, 245 – 46

Xhosas vs. ,科萨人和 124 – 25, 156

Zuma,Jacob,雅各布·祖玛 104, 156

Zwane,Ephraim,埃弗雷姆·兹瓦尼 223

图书在版编目（CIP）数据

德克勒克与曼德拉：用妥协和宽容重建南非／〔美〕奥塔韦著；启蒙编译所译.—上海：上海社会科学院出版社，2014

书名原文：Chained together: Mandela, De Klerk, and the struggle to remake South Africa

ISBN 978-7-5520-0754-1

Ⅰ.①德… Ⅱ.①奥… ②启… Ⅲ.①政治－研究－南非（阿扎尼亚） Ⅳ.①D747.8

中国版本图书馆 CIP 数据核字 (2014) 第 297658 号

David Ottaway
Chained Together: Mandela, De Klerk, and the Struggle to Remake South Africa
Copyright © 1993 by David Ottaway
ALL RIGHTS RESERVED
上海市版权局著作权合同登记号：图字 09-2014-789

德克勒克与曼德拉：用妥协和宽容重建南非

著　者：	〔美〕戴维·奥塔韦
译　者：	启蒙编译所
责任编辑：	李　慧　唐云松
出 版 人：	缪宏才
出版发行：	上海社会科学院出版社
	上海淮海中路622弄7号　电话63875741　邮编200020
	http://www.sassp.org.cn　Email: sassp@sass.org.cn
印　刷：	山东鸿君杰文化发展有限公司
开　本：	890×1240毫米　1/32开
印　张：	12
插　页：	3
字　数：	250 千字
版　次：	2015年5月第1版　2015年5月第1次印刷

ISBN 978-7-5520-0754-1/D·305　定价：48.00元

版权所有　翻印必究

读者联谊表

姓名：　　　　大约年龄：　　　　性别：　　　宗教或政治信仰：

学历：　　　　专业：　　　　　职业：　　　　所在市或县：

通信地址：　　　　　　　　　　　　　　　　　　邮编：

联系方式：邮箱_____QQ_____手机_____

所购书名：_____在网店还是实体店购买：_____

本书内容：满意　一般　不满意　　本书美观：满意　一般　不满意

本书文本有哪些差错：

装帧、设计与纸张的改进之处：

建议我们出版哪类书籍：

平时购书途径：实体店　　网店　　其他（请具体写明）

每年大约购书金额：　　　藏书量：　　　本书定价：贵　不贵

您对纸质图书和电子图书区别与前景的认识：

是否愿意从事编校或翻译工作：　　　愿意专职还是兼职：

是否愿意与启蒙编译所交流：　　　是否愿意撰写书评：

此表平邮至启蒙编译所，即可享受68折免邮费购买背页所列书籍。

最好发电邮索取读者联谊表的电子文档，填写后发电邮给我们，优惠更多。

本表内容均可另页撰写。本表信息不作其他用途。

来信地址：上海市淮海中路622弄7号出版社转齐蒙老师收（邮编：200020）

电子邮箱：2955192619@qq.com

启蒙文库近期书目

里根与撒切尔夫人：政治姻缘 / 尼古拉斯·韦普肖特

德克勒克与曼德拉：用妥协和宽容重建南非 / 戴维·奥塔韦

德克勒克回忆录 / 弗雷德里克·威廉·德克勒克

俾斯麦与德意志帝国 / 埃里克·埃克

甘地自传：我追求真理的历程 / 莫·卡·甘地

米塞斯回忆录 / 路德维希·冯·米塞斯

土地所有制变迁史 / 安德罗·林克雷特

苏格兰：现代世界文明的起点 / 亚瑟·赫尔曼

发明污染：工业革命以来的煤、烟和文化 / 彼得·索尔谢姆

大雾霾：中世纪以来的伦敦空气污染史 / 彼得·布林布尔科姆

甘地与丘吉尔：对抗与妥协的壮丽史诗 / 亚瑟·赫尔曼

妥协：政治与哲学的历史 / 阿林·弗莫雷斯科

市场是公正的 / 约翰·托马西

如何治理国家——献给当代领袖的政治智慧 / 西塞罗

麦克阿瑟回忆录（全本）/ 道格拉斯·麦克阿瑟